朱志信　高级咨询师

白　洁　高级咨询师

《掘金新三板》专家顾问团及联合作者

宋　蓓　培训从业者

段世宁　咨询师

王　宝
准挂牌企业高管

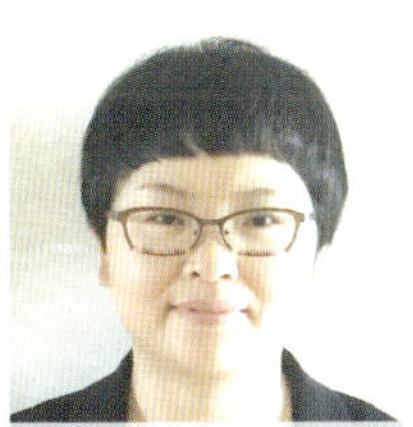

李　莲
文化传媒管理者

黄尚进　咨询师

张从寿　公务员

陈能杰　业务合伙人

张卢锋　高级合伙人

文志宏　合伙人

李长洪　高级咨询师

祝恩明　合伙人

陈克明　业务合伙人

金章育
投资人、资深合伙人

许海平　资深合伙人

周义君　业务合伙人

曾勇华　合伙人

政嘉兴　合伙人

王　燚　合伙人

万志良　合伙人

张烨
互联网行业创业者

薛　亮　自由职业者

朱明月　高级咨询师

范宝禄　高级咨询师

蒋百龙　高级咨询师

刘晓兰　思创创始人

赵　欢　咨询师

李然明　咨询师

王源铤　咨询师

严智勇　咨询师

谢　娟　咨询师

黄志伟　投资人

王　振　券商

张大中　券商

陈韦嫚　券商

刘雅琴
律师、业务合伙人

冯　翱
投资人、资深咨询师

吴士硕　咨询师

杜　鹏　咨询师

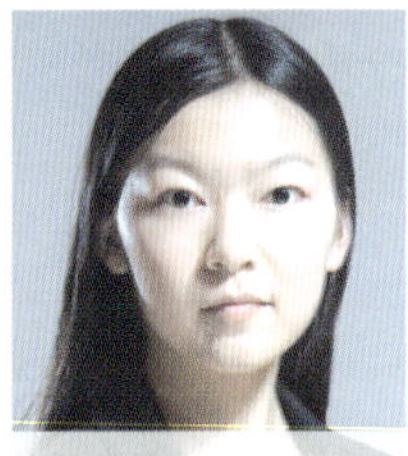
占　妍　高级咨询师

闫保磊　创业者

郭　佳　咨询师

贾玉婷　咨询师

张智强　战略咨询师

任　燕　业务合伙人

郑锦霖　咨询师

伍　洲　咨询师

杨桂斌　咨询师

姜慎索　战略部高管

陈瑞兴　咨询师

李　倩　咨询师

海　龙　投资经理

徐　枫　自由投资人

余　胡
在线教育战略分析师

邢建国　百度资深员工

掘金新三板

金章育　张智强◎主编

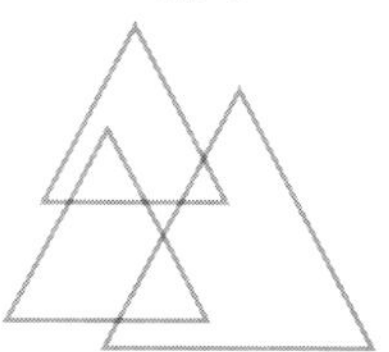

机械工业出版社
CHINA MACHINE PRESS

本书共分三篇，认识篇主要介绍新三板的前世今生、发展现状以及企业在新三板挂牌的利与弊，帮助读者建立对新三板的整体认识；实操篇针对企业在新三板挂牌的条件、流程，给出作者关于企业在新三板挂牌的“三步骤四要素”模型，并结合挂牌后的重要命题，对企业的资本运作进行了解析；案例篇让读者直观了解新三板挂牌的几大方面。

新三板是快速发展与创新的市场，通过扫描书中各章节的二维码，可查看每季度更新一次的新三板扩展阅读内容，一书在手、与时俱进。

图书在版编目（CIP）数据

掘金新三板/金章育，张智强主编. —北京：机械工业出版社，2015.8

ISBN 978-7-111-51305-6

Ⅰ.①掘… Ⅱ.①金… ②张… Ⅲ.①中小企业-上市公司-企业管理-研究-中国 Ⅳ.①F279.246

中国版本图书馆CIP数据核字（2015）第195719号

机械工业出版社（北京市百万庄大街22号 邮政编码100037）
策划编辑：解文涛　　责任编辑：解文涛
责任校对：舒　莹　　责任印制：乔　宇
保定市中画美凯印刷有限公司印刷

2015年10月第1版·第1次印刷
170mm×230mm·18印张·2插页·254千字
标准书号：ISBN 978-7-111-51305-6
定价：59.90元

凡购本书，如有缺页、倒页、脱页，由本社发行部调换

电话服务
服务咨询热线：（010）88361066
读者购书热线：（010）68326294
（010）88379203

网络服务
机工官网：www.cmpbook.com
机工官博：weibo.com/cmp1952
教育服务网：www.cmpedu.com
金书网：www.golden-book.com

推荐序一　新三板会是中小企业的救命稻草吗

艾诚/艾问传媒创始人、财经双语主持人

2015 年 5 月 14 日，第一次拜访位于北京金融街的全国中小企业股份转让系统（新三板），这一次的拜访是受哈佛校友会的邀请，与新三板总经理谢庚和纳斯达克首席代表郑华一力对话，对话的主题围绕一个基本问题：“新三板会是中小企业的救命稻草吗？”

对于中国的中小企业，悖论遍地都是：

大多数企业重复走着“一年发家，两年发财，三年倒闭”的“老路”，能做大做强者寥寥可数。一方面，井喷式创业潮在各地一浪接着一浪，大有全民创业之势，平均每分钟就会诞生 7 家公司；另一方面，中小企业平均寿命逐渐缩短，仅为 2.5 年。

“二八法则”也同样适用，扛鼎中国经济的中小企业的日子从来都不大好过，但在中国经济增速不断放缓的今天，它们的日子更加难过。难过的原因有很多：金融危机和欧债危机的负面影响还未消散，国际经济增长乏力，需求不足，拉低了我国企业出口量；国内居民消费和政府消费低于投资，各行业产能过剩严重，导致实体经济不振……

我忍不住思考，为何在国外国内需求不足双箭齐发射向所有的企业的时候，受伤最严重的永远都是中小企业？除自身经营短板之外，一个必须直视的原因之一就是，它们还承受着缺钱之痛。数据表明，90%的民营企业在发展中的最大瓶颈是资金紧张，最大的困难是缺钱——缺钱渡过难关、扩大生产、转型、做大做强。

但是，中小企业缺钱的背景并非真正意义上的资本稀缺。这里又引出第二个悖论：

现在的中国不缺钱，为何中小企业融资难？原因在于，虽然中国不缺钱，但缺的是把钱送到真正需要的企业手里的渠道。更正统的表达的是，金融体系的不完善。

一方面，这是个全民投资的年代，VC、PE遍地开花，天使投资人随处可见，他们“疯狂”地遍地撒钱，将中国创投市场投资规模哄抬得节节高攀；另一方面，困扰中小企业长达多年的“融资难、融资贵”困境仍未得到缓解，犹如两道勒在中小企业脖子上的“绳索”，让它们难以呼吸、无法呼吸，接下来就是倒闭。

一个健全有效的金融体系，应该能够提供多样化的融资手段，满足企业多样化的融资需求，既“青睐”大企业也不会“嫌弃”中小企业，既可以给成熟企业“注资”也可以为新生企业“找钱”，既可以给公认的优质行业企业融资，也能为业绩一般质量平常的企业“输血”。

反观现在中国的金融体系，不健全之处既有银行体系功能的欠佳，比如借贷门槛高、“嫌贫爱富”（更愿意借贷给大型国有企业），更有资本市场的“功能缺失”，主板门槛高规模小、中小板行业覆盖面狭窄、创业板门槛虽低要求却高……对于绝大多数的中小企业而言，实现通过资本市场的直接融资，仍然是可望而不可即。

在此背景下，被誉为“中国纳斯达克”的新三板推出恰逢其时，其门槛低、不设财务指标的备案制度，被称赞为中小企业的救命稻草。而国务院赋予其为中小企业提供融资服务的历史使命，更是让其备受关注，成为助力广大中小企业实现腾飞的“风口”！

不少中小企业心里可能都深藏一份上市梦，希望通过资本的放大效应，以增强企业“体魄”，最终实现不断成长。就此来说，新三板的确对广大处于融资困境、却又被资本市场排斥的中小企业具有难以抗拒的魔力：

一旦在新三板挂牌，公司股份既可在全国性场内市场公开转让，能够以股权“换”资本，获得流动性溢价；还可以向特定对象进行直接融资，通过发行公司债、中小企业私募债等方式进行债券融资；能够获得风险投资资本、私募股权投资资本等机构的关注和信赖，既可以得到资本，还能在管理、人才等多方面得到益处；挂牌后，公司实力、股权估值即被认可，更容易从银行获得低利率贷款……

还有一个极富诱惑性的便利，即新三板虽不具备公开发行股票等功能，却可以定向增发，能够对接主板和创业板市场，是通往更高层次资本市场的绿色通道。

新三板里隐藏着潜力无穷的“金矿”，疯狂吸引着无数中小企业前赴后继。据全国股转公司发布的最新统计数据，截至2015年4月中旬，新三板挂牌企业数量达2258家，总市值突破1.23万亿元，比2014年底增长近170%。作为多层次资本市场的组成部分，新三板的确属于不可缺少的金融体系创新，未来，也许真的能够成为中国的纳斯达克，甚至总市值将超越上证所、深交所，成为全球最大的证券交易市场之一。

然而，每个繁华背后都有一个暗角甚至陷阱。疯狂或不理智的情绪，很容易让人们忽视脚下的陷阱。作为一个新生事物，新三板里并不是“黄金遍地”，必然还有很多不完善之处。对企业来说，登陆新三板会面临以下两个风险：

其一，目前新三板的交易制度尚不完善：企业可选择的退出方式有限，局限于协议转手或企业 IPO 后卖出，其中的流动性风险不言而喻。截止到今天（2015 年 8 月 31 日）的前三个月，新三板超过一半的企业成交量为零。

其二，新三板不设涨跌幅限制，固然可以让企业“自由发挥”，但是，在股价“被人为操纵”等现象普遍存在的今天，如果一家公司的股价被人为推至“高处不胜寒”，以至于无人接手时，接下来的结果恐怕就只能是破产。

这不是在危言耸听。上海昌瑞投资有限公司曾受益于新三板，且参与了数家新三板公司的定向增发。新三板的流动性缺乏却导致上海昌瑞投资公司所持股份难以变现，2015 年 3 月，公司最终宣布破产，其名下的 4 家新三板公司的股权被法院拍卖。

瑕不掩瑜，目前的不完善无法掩盖新三板的魔力，当然，也无法阻止对中小企业的吸引。作为一位 80 后传媒行业的创业者，我同样对新三板抱有深深的期待，并相信，经过完善和规范之后，新三板一定是中小企业发展的助推器，甚至为中国经济发展贡献应有的活力。

只是，我们在期待新三板的“资本放大效应”的同时，应少一些急功近利，多一些智慧和敬畏。毕竟，除了解企业上新三板的优势和劣势之外，还应该了解的是，自己的企业是否适合新三板、如何上新三板、如何选择合适的中介机构，挂牌成功后，如何实现“资本回报”最大化、如何成功避开“陷阱”……

对于以上疑问，这本机械工业出版社出版的《掘金新三板》对于以上问题做了翔实的梳理。在经济大环境不好的今天，新三板这个更加开放、创新、平等的资本平台，可以成为中小企业的救命稻草。但是，能不能够救你的企业的命，就要看你是否懂得善用！

最后，想感谢作者的信任，让我这个仅仅回国两年、创业一年的财经主持人写序。

也想感谢所有对“艾问传媒”寄予帮助和关注的朋友。

因为你们，《艾问人物》第一季“顶级商界领袖的人生底色”和第二季“顶级投资人之创客法则”得以在近百家电视、视频、广播、报纸、杂志、门户的全媒体形式落地，为中小企业家和创业者提供有趣有用有料的财经人物专访。

因为你们，我愿意每个人都有一个话筒可以问天问地问出所有的不解与好奇。

因为你们，我选择尊重市场，期待市场，但不妥协于市场。

因为你们，我相信一切都是最好的安排！

艾诚

2015 年 8 月 31 日写于纽约市格拉梅西公园

推荐序二　没有健康新三板，就没有“双创”新格局

赵国栋/中关村大数据产业联盟秘书长

毫无疑问，我们正处在伟大的变革时代。大众创业、万众创新成为这个变革时代的主旋律。但是创新的代价是试错，从生物进化的角度来看，凡是没有进化到人类的生物，无疑在地球的生态圈都处于弱势的地位。如果把进化当成创新来看，其实就是各类物种各显神通的过程，可能有成百上千种进化选择，但只有一条进化成人类的道路。这条道路的成功是以成千上万的失败为代价的。

可以这样说，没有允许失败的环境，就不会产生大量的创新。说到这里，问题就来了，谁为失败买单？从国家角度、从产业角度，我们希望万马奔腾、我们希望百花齐放，总会有人脱颖而出。但是要有一个机制，为失败买单。

对比中国两弹一星的光辉成绩，那是另外一种形式的创新机制。中国在非常贫穷的情况下，集合人力物力在短时间形成突破。这种创新机制有一个前提条件，就是清晰地知道目标一定可以实现。但是如果创新失去具体的目标，采用两弹一星那种机制的话，未免创新的成本过于高昂，甚至难以为继。以目前火热的可穿戴设备来看，没有人可以打包票，智能手表和智能眼镜哪

个更受人们欢迎。唯一的选择方法就是大家都在做，看谁能笑到最后。

而且未来的产业创新大多是这种形态，百家争鸣。以特种部队的模式，组织一个精干的团队轻骑突进。人们不能武断地认为哪一个在做的青年人就是未来的乔布斯、就是马斯克。唯一能做的就是说你很有想法，为什么不去试一试呢？

在传统的产业中，和君咨询总结出ECRIM模型，意思是说，一家好的公司必须有一个大的产业空间、有资本支持、有良好的管理、有充足的资源，当然最核心的是要有一位企业家。

但是考虑到创业企业，我们自己能掌控的只有两条，我们自己，再就是一身武艺（知识）和兴趣，身无长物。对于创业者来说，他们只能是利用知识积累资源，再把资源换成资本，如此才能开始自己的事业。但是资本可以反过来做这件事情，资本可以链接资源，对接创业者，发育出管理能力，这就具备了一个完整的公司雏形。这是资本对个体创业者的帮助。

结合本文开头谈到的创新是以失败为代价的，从宏观层面来看，资本就是为大量的失败创新买单的一方。说到底投资也是一门生意，投资的回报就是来自那极少数成功的希望。

说到这里，不得不说说硅谷。

硅谷气候宜人，四季如春。唯一美中不足的是位于地震带上。这片狭长的谷地，一直是美国创新的源泉。硅谷全面领先离不开三个要素：学术（斯坦福大学）、资本、产业。这三者水乳交融，互为依托，形成独特的硅谷文化。在硅谷很少看到穿西装的人，但是在东海岸稍遇到场合就是西装革履。

斯坦福大学位于硅谷的核心地带，周边环绕大家耳熟能详的大公司，苹果、谷歌、惠普等。但离斯坦福最近不是这些公司，而是紧邻斯坦福大学的VC们，他们聚集在紧邻斯坦福大学的一条路上，叫SandGillRoad，翻译成中文叫作沙丘路。这条路是美国最知名的三个“街道”之一，另外两个是华尔街和国会街。华尔街大家都知道，几乎掌管了美国的经济命脉；国会街，是一个游说国会议员的地方。对这条街我不关心，都不知道它的英文名字。

斯坦福大学没有围墙，它的学子不用离开校园，就能和世界上顶级的 VC 们交流。交流的形式也是各种各样，甚至在散步的时候，就能碰到哪些怀揣巨款的投资人。在专门为创业者举行的展示会上，一个乳臭未干的毛头小伙，就可以面对上百位投资人侃侃而谈他的梦想、他的产品。投资人也不是被动消极地守株待兔，而是举办各种各样的活动、沙龙、培训营，尽可能早地发现人才，发掘好的创意。这些投资人或者是投资世家，几代人固守在投资领域；或者是身经百战，有丰富的实业经历。他们的视野、人脉恰恰是年轻的创业者最急需的。

华尔街虽然远在大陆的另一端，但是其价值和沙丘路的投资人不遑多让。

天使投资人需要增值回报，弥补他们承担的失败成本，另外必须需要盈利的渠道。一般有两条退出路径。第一就是在一级市场转让股权，第二就是在二级市场变现。这个两条路径交织，视不同的资本环境和产业周期而灵活选择。

综合来看，创新需要三个条件，缺一不可：第一，求真的学术环境；第二，活跃的资本市场；第三，繁荣的产业生态。这三个条件水乳交融，缺一不可。没有活跃的资本市场，就没有大众创业、万众创新的大格局。

目前，中国最具活力的资本市场，非新三板莫属。我国资产市场自诞生以来，成长路径颇多曲折。注册制喊了十几年，一直听闻楼梯响，不见人下来。但是新三板是事实上的注册制，正是有了新三板，资本才真正形成了市场。新三板对创新的影响是全方位的，甚至改变了企业成长的曲线。

过去，典型的企业成长路径，要经过天使轮融资、A 轮融资，然后接下来是 B、C、D 轮融资，然后才能 IPO 上市，越过龙门。但是新三板缩短了这个进程。大多数企业 A 轮过后，甚至不需要 A 轮融资，就可以登堂入室，成为真正意义上的上市公司。从这个意义上来讲，新三板大大加快了企业的成长，是创新创业的根本保证机制。

金章育和张智强是我的同门师兄弟，都是和君集团董事长王明夫先生的弟子。虽然入门有先后，术业有专攻，但是都是秉持卓有识度、圆融会通的理念在各自的领域耕耘。他们对于新三板的理解、实践无疑都处在这个时代的前列。

祝贺他们！

赵国栋

2015 年 9 月 9 日

推荐序三　新三板圆中小企业资本梦

丁辰灵/知名自媒体人、天使投资人

四个多月前的一天，我的微信新加了一个好友，看介绍是知名咨询公司和君咨询的同仁张智强。加完之后，微信传来消息：丁老师，您还记得三年前在车库咖啡向您请教的我吗？

思绪拉回到了三年多前，彼时的中关村创业大街还只是昊海楼旁边的一条小巷子。几个第一个吃螃蟹的老互联网人在那里开了一家车库咖啡，创业者们只要买一杯咖啡，就可以在车库办公一天。其间各种投资人、创业者穿梭来往于车库咖啡，或寻找新项目，或寻找合伙人。如今这里已经成为中关村创新创业的文化地标，带动着整条街的创业氛围。

那个时候我在上海刚刚给几个项目做完融资，加上以前创业的一些变现，正好有一些资金可以做早期的天使投资。于是我来到了互联网圣地——北京的中关村。既然来到中关村，那么创业者聚集的车库咖啡就成了一个必然的选择。每次在车库咖啡和各种创业者聊天，总有一个员工在旁边默默地听着。直到有一次，这个员工问："丁老师能不能跟您请教几个问题?"

我恍然大悟，原来当初向我请教的车库咖啡早期运营团队成员就是今天和君咨询的张智强。三年多没见，智强已经成为和君咨询的新锐战略咨询师。他通过我的公众号 ding_ chenling 找到了我!

智强邀请我为他们的新书《掘金新三板》作序。坦白说，我觉得自己实在不够资格，因为我并不算新三板市场的专家。但智强坚持信任我，他说由我写序比较好，因为我也比较了解他的过往、现在和未来。感谢他的信任，我花了一个周末把他的书稿完整地读了一遍。应该说，智强这本书是一本较好的新三板大众普及读物，不仅仅把新三板的特点说得明白，而且操作性极强。

新三板和目前国内的主板、中小板、创业板一起形成了国内多层次的资本市场结构。无论近期国内的股票市场如何下行和低迷，作为一个崛起中的大国，仍然需要健康、良好、有活力的资本市场来让优质的企业持续发展，来支撑这个国家的国计民生，来辅助本届政府的经济改革。

过往，中小企业的融资实在是太难了。一方面，银行对于小企业总是惜贷；另外一方面，社会的浮躁让认真做事的企业往往在创业阶段不如那些善于忽悠和包装的企业容易获得资本的认同。企业上市融资门槛很高，为了上市，企业不仅仅要花费不菲，而且往往还得搞定相应的审批和监管部门，各种问题都让不善搞关系的中小企业为了融资疲于奔命。

新三板的推出的确是对广大中小企业的一个利好。因为在成都投资的手游公司，我去年曾经和券商探讨过在新三板挂牌的可能性，所以对新三板还是有一些了解。在我看来，在新三板挂牌对于中小企业来说，有以下优势：

一、门槛低，成本低

新三板挂牌门槛要低很多，企业只需成立两年，净资产不少于 500 万元，即可挂牌。而整个挂牌成本差不多200万元就可以搞定。

二、能达到融资目的

我们都知道对于一个真正有志向把企业做大的企业家，首先考虑的不是自己套现，而是企业融资。新三板挂牌虽然不同于严格意义上的上市，但在融资方面依旧能够帮助真正优质的企业。做市商制度可以很好地帮助新三板公司获得一定的流动性。

从一定意义上来讲，新三板可以被认为是私募基金的股权交易平台。普通散户没有500万元是无法参与到新三板的交易的，所以，实际上新三板基本上都是机构在进行交易。在一定意义上，虽然其交易活跃度不如其他市场，但交易的严谨性却要高于其他市场。

中国的资本市场和国外有很大差异，在中国80%都是散户，而在国外如美国等成熟市场，80%都是机构。新三板目前以机构交易为主的市场更接近国外运营相对良好的资本市场，即优质的公司获得更好的追捧。所以，在新三板市场，劣币驱逐良币这样的怪现象会大幅减少。

三、保持资本运作的灵活性

据统计，截至2014年2月底，相继有9家新三板挂牌公司成功转板至主板或创业板，包括世纪瑞尔、北陆药业、久其软件、博晖创新、华宇软件、佳讯飞鸿、东土科技、粤传媒、安控科技，它们通过IPO合计募集资金44.17亿元。

此外，新三板公司挂牌后，因为财务规范，所以也很容易成为A股公司的并购对象。反过来，优质的新三板挂牌公司，也可以对A股上市公司进行并购，和君商学就是一个典型的案例。

所以，无论是定增、转板、并购，与没有挂牌的中小企业相比，新三板挂牌企业有了更强的资本后续的灵活性。

有了以上这些优势，那就不难理解最近这一年资本市场对新三板的狂热。智强这本《掘金新三板》可以说是一本完整的新三板挂牌指南。

我自己作为一个初级的投资人，有幸提前看到这部书稿，从中也汲取了不少养分。如果说有缺憾的话，我觉得智强这本书在案例分析上还不太够，今天的读者喜欢故事式的阅读快感，这本书案例分析偏少。作为智强及其团队的第一本书，经验不够，可以理解；我猜想这也跟新三板本身作为一个新事物有关。希望在重印时，能增加更多的案例，有更好的表现。

丁辰灵

2015 年 8 月 31 日于北京三里屯永利国际

自序一　只要模糊的正确，不要精确的谬误

新三板已经成为国内资本市场的最热话题之一，中国目前四千多万中小民营企业，按目前设定的新三板上市门槛，足有千万级的中小企业符合新三板挂牌的要求和标准。作为一家中小民营企业的老板，会有这样的思考：是否去新三板挂牌？新三板未来如何演进？挂牌对企业的利弊分别是什么？作为专业的新三板全程服务提供商，我们每天都面对企业家的问询——这很可能是他们事业中最重大的战略选择，也是他们首次面对资本市场的挑战。他们兴奋而焦灼，既跃跃欲试又小心翼翼。

讨论这些问题，我们需要建立思考坐标：无论在哪个交易所上市，对企业和企业家的意义无非用以下四点衡量标准来评判：

（1）**规范化及上市成本**：新三板挂牌需要经过一轮规范化的公司治理，一个规范的公司容易让企业家完成股权传承和职业经理管控，实现家族财富的有序传承。另外，如果不考虑规范化成本，新三板挂牌成本目前可以控制在200万元以内，成本尚可。

（2）**融资能力**：在新三板挂牌后尚不能进行公开融资，但是定向增发非常频繁和火暴，优质公司容易以较好的价格获得多次融资。

（3）**流动性**：新三板的流动性是分层次的，未来TOP5%～10%的挂牌企业将获得竞价交易资格，拥有不低于A股市场的流动性，20%左右的做市企业将获得不错的流动性，但是目前大量协议转让的挂牌企业的流动性并不好。

（4）**估值体系**：新三板的估值也一定是分层次的，未来TOP5%～10%的挂牌企业将获得无与伦比的市场追捧和高市盈率，但也有大量协议转让挂牌企业并不一定会在未来得到非常好的市盈率估值。

从这个意义上讲，新三板作为一家股权交易市场，在与其他交易所的比

较中，目前在具体指标上，除了已经做市的200多家挂牌企业，还没有看到其绝对优势，但为什么我们会如此推崇新三板？我们强烈建议中小民营企业制定自身的资本战略，而尚未接轨资本市场的中小民营企业的重要资本战略就是新三板挂牌战略！这是为什么？

新三板的魅力在哪里？

要回答这个问题，我们需要上溯到更高一个层级的逻辑去寻找答案。

十八大以后，中国经济继续保持经济奇迹的压力前所未有地增大，对于调结构、促创新、保增长的战略目标，很难再用国有经济＋释放投资的原有模式来推动。创新、结构、增长这些命题的唯一解法是让更多的社会资源进入市场化轨道，比如混合所有制改革。当前经济战略的核心之一就是全力扶持中小民营企业。对中小民营企业的扶持，最重要的环节在于其要素资源的市场化，也就是股权融资市场化和债权融资市场化，这就有了新三板这样的纯市场化的全国性股权交易所，有了微众银行、P2P金融这样新生的扶持中小企业的市场化债权机构。

这些新生的、市场化的、针对中小民营企业的金融体系正在以无以伦比的速度高速发展，某种意义上它们的出现也迎合了社会经济的风潮和趋势。毫无疑问，这代表了未来资本市场改革的方向和趋势，对于新三板来说，其肩负了某种历史责任，尽管目前的指标并不明朗，游戏规则尚不明确，但是我们需要认识到某种模糊的正确，而不是精确的谬误。

新三板是中国历史上第一次全部市场化的股权交易所，而且门槛极低，是真正服务中小民营企业的股权交易所。目前这种趋势已经越来越明显，更多的优秀民营企业家，尤其是年轻企业家往往愿意将这里作为他们的上市首选地，而非原有的沪深交易所体系。而现在，这个交易所正处在它的第一轮高潮期，大量资金涌入，财富效应涌现，优秀企业争相涌入，大家热情高涨，认为这里代表了中国经济的未来。

任何事物都逃不过初起、蓬勃、高潮、冷却、规范、平稳这样的进程。蓬勃发展的过程一定伴随着鱼龙混杂和陷阱骗局应运而生的过程，但对于中小民营企业而言，因为门槛比较低，尽快借力新三板市场完成融资，进而乘势而起非常重要。不管是融资还是估值，在狂热的市场气氛中，能够给予优秀中小企业下一轮竞争足够的资金储备，这是借力资本市场周期的重要举措。

更重要的是，但凡市场化的交易所一定遵循二八定律。在三年内，数以万计的大量企业都会登陆新三板，在热情消退之后，大量的资金和资源会追捧20%的优秀企业，而这种追捧一定是高度不理性的，是让人瞠目结舌的高估值、高流动性和高融资能力。但是另外大多数企业很难有很好的指标表现，或者只有一般的资本市场表现。

据此，我可以给出如下建议：

希望接轨资本市场的中小民营企业都应该认真思考登陆新三板的资本战略，至少规范化的挂牌没有什么坏处。如果运作得当，借力资本市场的强周期，甚至很可能有意外之惊喜。但是，这需要系统、全面制定新三板的挂牌筹划、定增、做市等战略并予以实施，并非简单挂牌而已。

资本市场青睐的朝阳行业，成长性非常好，自认为未来大有作为的中小民营企业家，最好登陆新三板，因为你有可能成为这个交易所的 TOP 20%。新三板在风口上，它会给予你胜过其他资本市场的足够的回馈。

传统行业或者夕阳产业，规模和成长平平的企业，可以登陆新三板搏一把资本市场的机遇，但是如果没有成长突变可能或者规范化成本很高，对于挂牌新三板的迫切性和重要程度则没那么高。

中小民营企业登陆新三板是个系统工程，挂牌只是登陆新三板的第一步，如果企业家希望在新三板取得优异的资本回报，则需要系统规划、安排落实、谋定后动，在筹备、保荐、定增、做市等环节做好准备，踩稳资本市场的周期，做好全面的资本运营规划，方能借力资本市场周期，实现跨越式发展。

和君新三板研究和服务中心主任　金章育

自序二　新三板是互联网思维下的“颠覆式”市场

从 2014 年开始，我意识到新三板是互联网思维下的“颠覆式”市场！拥有这样的认识，源于我在和君咨询的同事赵大伟，他写的《互联网思维独孤九剑》，在阅读匮乏的今天，被疯抢了 30 万册，这反映了时代的动态。我用“颠覆”这个词语，有偏颇和过度之嫌，但作为特定名词“颠覆式创新”的一部分及提示性语言，大可不必纠结。让我们一同看看，这个市场是怎么与词语“颠覆”相关联的。

一、符合“颠覆式创新”的要素标准

下面的部分文字读起来可能过于学术和复杂，但对于理解时代的变化，还是值得的。

所谓“颠覆式创新”，总结哈佛大学克莱顿·克里斯坦森教授的说法，即：“服务于新兴市场（或边缘市场）用户，满足其基本需求，使其花费更低成本，提供性能改善曲线很棒的产品及服务。随着新兴市场的发展与壮大，或性能曲线的改善，形成边缘颠覆主流之态！”《连线》杂志创始主编凯文·凯利（KK）也曾提出：“颠覆性商业机会永远在发生，而且是从边缘性的地方出现的。它经过初步创新，不断改进，达到最低客户满意度，突然间市场打开。刚开始，这些颠覆式创新具有这些特点：质量低，高风险，利润低，市场小，未被证实。”两者的说法不约而同地对应着几个类似的关键词：新兴市场、更低成本、基本需求、性能。

因此，新三板恰好符合“颠覆式创新”的要素标准：

（1）服务“新兴市场”——新三板服务的多是有梦想的初创企业，飓风起于青萍之末，这里酝酿着中国商业的巨大动力与机遇。

（2）花费“更低成本”——较其他场内资本市场挂牌条件更低、挂牌时间更短、经济成本更少。

（3）满足“基本需求”——企业对资本市场的基本需求可以简化为“融资”，进一步则为企业家及管理团队的财富梦想；而投资者对资本市场的基本需求是发现合适的标的。“融资”就需要完成对企业的估值和定价，“做市商制度”协助挂牌企业实现了这些。

（4）“性能曲线”改善——新三板的融资能力在不断提升，可供投资者选择的挂牌企业数量也在持续增长。

仅2015年前四个月，新三板挂牌企业股票发行次数、数量、募资金额就在总量上超过了2014年全年，见表0-1。

表0-1　近几年新三板挂牌企业股票发行次数、数量、募资金额

时间	次数	股票数量/亿股	募资金额/亿元
2012年累计	24	1.92	8.55
2013年累计	60	2.92	10.02
2014年累计	329	26.52	132.09
2015年前4月	331	38.11	132.49

综上，新三板是符合“颠覆式创新”的要素标准的。因为新三板所服务群体的质量在不断提升，满足挂牌群体基本需求的融资性能虽然还有很大改善空间，但是其挂牌上市的低“成本”及“性能曲线”的改善能力却是极具竞争力的！

二、对中国商业的颠覆

1. 成为中国有梦想的企业的摇篮

由于新三板的目标企业是创新型、创业型、成长型企业，因此大量有梦想的初创企业挂牌其中，目前不乏很多高质量的企业，如互联网企业、新兴行业的企业等。据新闻报道，目前中概股的分众传媒、学大教育、世纪佳缘、盛大游戏、中国手游等公司，纷纷完成或者开启了私有化进程，同时中搜网络、激动网、百合网、天涯社区、锤子科技等公司也打消在国外上市的念头，拆解 VIE 架构（Variable Interest Entities，可变利益实体），转为在国内上市。《创业家》杂志也向众多创业读者们，举办了新三板的相关推介会。这是一群在中国商业中活跃着的，极具生命力、颠覆性的群体。

2. 成为中国企业并购重组的“新商业军火库”

新三板的另外一个“颠覆性”作用是已经成为中国企业并购重组的“新商业军火库”。越来越多的上市公司、大型企业通过新三板寻找并购重组标的，实现业务转型或业务扩张。多数被并购企业属于初创类企业，由于其商业模式与发展环境匹配性较高，属于典型的“互联网+”或“新商业”类公司，具有高成长性和高性价比。

新的趋势还包括越来越多的新三板企业主动开展并购重组，甚至还有新三板企业控股 A 股上市公司的事件发生。截至目前，已有 100 家挂牌公司被并购重组以及 70 家挂牌公司通过定向增发等方式主动出击并购，具体见图 0-1~图 0-3。

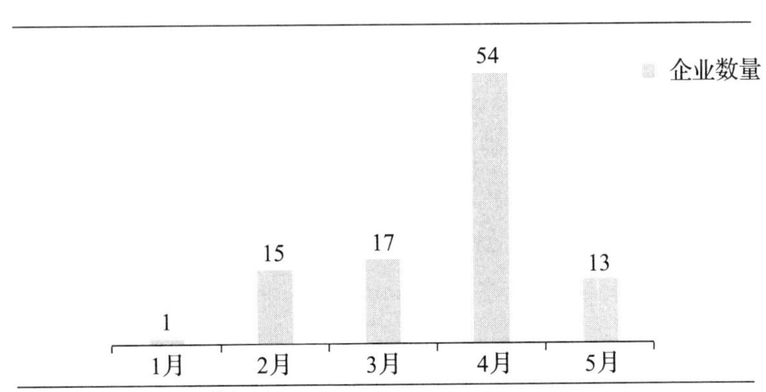

资料来源：Choice数据。

图 0-1　新三板 2015 年并购行情火暴

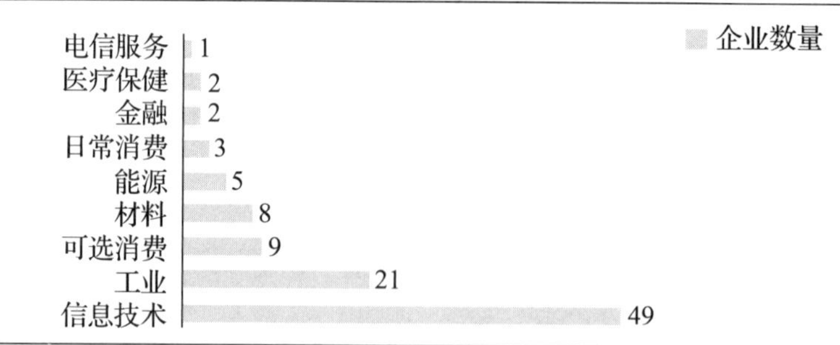

资料来源：Choice数据。

图 0－2　新三板企业中信息和工业标的最受并购方欢迎

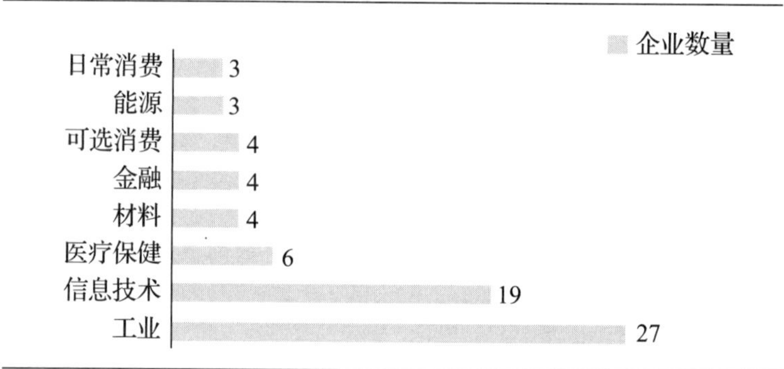

资料来源：Choice数据。

图 0－3　工业和信息技术行业新三板企业主动并购意愿最强烈

三、对资本市场的“颠覆性”

1. 成为具有互联网思维的最大的“P2P 平台”

新三板的融资性能不断完善，成为具有互联网思维的最大的“P2P 平台”，去中介化特性，使符合挂牌条件的优质企业定价与融资情况得以改善。因此，相关初创企业越来越清晰地认识到自身价值，不愿意轻易“拱手让人”。这也使部分 PE 机构不得不延伸至更早期的业务链条中去。

2. 颠覆证券从业机构的原有格局

新三板的兴起，还会颠覆资本市场从业机构的现有格局：券商等从业机构的“管道”功能将被弱化，而金融服务功能被强化。2014 年 12 月 26 日，证监会在新闻发布会上公开发布《关于证券经营机构参与全国股转系统相关业务有关问题的通知》，明确非券商也可开展推荐和做市业务。关于牌照方面，据说股转公司已将新三板推荐、做市业务牌照放开相关细则上报证监会，很多 VC、PE、证券咨询公司都在积极筹备之中。这些事件都在向市场各方传递一个信号：莫要陈守旧规，需用创新思维对待新三板机遇！

3. 颠覆中国多层级资本市场结构

新三板这样的蓬勃发展速度，迅速壮大了市场挂牌企业规模，将颠覆中国多层级的资本市场结构，具体见图 0－4。成熟的美国资本市场呈金字塔结构，场外市场的规模比场内更大。纽交所有 3000 多家企业，纳斯达克有 2000 多家企业，OTCBB 市场（场外电子柜台交易市场）有 2000 多家企业，粉单市场（地方产权交易所）有 6000 多家企业。而以前，我国资本市场建设还处于初级阶段，呈现“倒金字塔”结构。目前在交易所上市的企业数量为 2467 家，而新三板挂牌企业总数从 2013 年的几百家，到 2015 年中的 2000 多家，会迅速发展到 2015 年年末预期的四五千家。

图 0－4　中国多层级资本市场

几年前，有人曾有过这样的畅想：新三板是否有可能迈入“场内市场”范畴？目前这样的大胆假设已经实现，但随着新三板市场的火热、融资性能的提升，是否有朝一日会出现企业宁可选择挂牌新三板，而非其他场内资本市场的现象？曾几何时，创业板的火热，也曾出现过部分企业宁愿选择去创业板而非主板上市的现象。我的大胆假设是：分层制度下新三板内一部分挂牌企业的估值将会超过主板、中小板和创业板部分企业的估值！真到那时，转板制度是否出台，也都无所谓了。我们并非在鼓吹一个市场，而是坚信更加开放、平等、创新的人类社会，就在前方的不远处！

和君咨询　张智强

目 录

CONTENTS

第二篇 实操篇

第一篇 

认识篇

- 第一章　认识新三板
- 第二章　新三板发展现状
- 第三章　新三板挂牌对企业的利与弊

第一章 认识新三板

第一节 新三板前世今生

资本市场自诞生以来，就以实体经济转型升级助推器的定位存在，在拉动经济增长方面起到了重要的作用。为适应不同规模、行业、经营状况、盈利水平和发展阶段的实体经济融资需求，各国往往采用多层次资本市场体系作为资本市场结构的基础。2013 年，我国结合自身特点，在现有多层次资本市场结构的基础上推出了新三板，设计出新的资本市场制度、实施配套措施，以资本手段刺激我国高科技产业的繁荣发展。

新三板，是指全国中小企业股份转让系统（下文新三板皆同此定义）。执行政策是《全国中小企业股份转让系统业务规则（试行)》（以下简称“业务规则”)。2013 年 2 月 8 日，全国中小企业股份转让系统有限责任公司发布实施该政策。

新三板的名称来源要从 2001 年建立的老三板说起。老三板学名为“代办股份转让系统”，其前身可以追溯至 20 世纪 90 年代初期成立的 STAQ 系统和 NET 系统。当时，全国股份制改造如火如荼，法人股流通问题凸显，国家体改委与中国人民银行分别成立了 STAQ 和 NET 这两个法人股交易市场。

然而，1998 年，由于地区证券柜台交易泛滥，国家决定整顿场外非法交易市场。1999 年 9 月，在证券市场的大整顿中，STAQ 系统和 NET 系统停止交易。几乎是同一时期，中国资本市场开始有了一批公司退市，股民利益受到严重影响，引发了诸多矛盾。为解决主板退市公司的股份转让和两网系统的历史遗留问题，同时维护资本市场的稳定，2001 年，证监会建立了一个由申银万国等6家证券公司主办的、中国证券业协会兼管的代办股份转让系统。这个场外股份转让市场区别于主板市场被称为三板市场，即现在所谓的老三板。

老三板市场的成立，站在历史的角度来看，确实完成了维护资本市场稳定、完善退市机制建设的历史问题。但是，由于老三板市场缺乏流动性，以及转板上市实现难度很大等原因，老三板短暂繁荣过后便备受冷落，很快沦落成为资本市场的边缘角色。

随着时代的发展，中小企业特别是高科技企业的融资问题开始凸显。尽管深圳交易所陆续推出了中小板和创业板，但在现有制度下，符合中小板或创业板上市条件的中小企业少之又少，核心问题并未得到有效解决。在多层次资本市场的建设中，为中小企业的融资渠道开辟一条新的路径已然成为管理层的当务之急。在这样的历史机遇中，新三板应运而生。

2006年1月23日，证监会与北京中关村科技园区管委会开通了中关村科技园区非上市公司代办股份转让系统，先后有77家中关村科技园区高新技术企业进入该系统。因为挂牌企业均为高科技企业而不同于原转让系统内的退市企业及原STAQ、NET系统挂牌公司，故形象地称为新三板。

此后，新三板发展迅猛：2009年7月，《中关村报价转让试点办法》正式实施；2011年年初，新三板规则制度设计初步完成，同年12月，新三板挂牌企业突破100家；2012年8月，经国务院批准，证监会新增上海张江高新产业开发区、东湖新技术产业开发区和天津滨海高新区为新三板试点园区，完成了新三板的首次扩容；2013年1月，新三板发展成为全国中小企业股份转让系统并正式揭牌运行；2013年12月，国务院发布《关于全国中小企业股份转让系统有关问题的决定》，标志着多层次资本市场建设取得实质性进展。

全国中小企业股份转让公司最新发布的统计数据（见表1-1）显示，截至2015年4月底，新三板挂牌公司已达2343家，相比同年1月初的1580家，在短短4个月的时间里，新挂牌的企业数量增加了近50%。预计到2015年年底，新三板挂牌公司数量将达到4000家左右，一举超过主板上市公司的总数！得益于近两年的突飞猛进，新三板已成长为中国资本市场一股不可小觑的新生力量。

表 1-1 2006 年至 2015 年 6 月 1 日新三板市场发展概况主要指标统计

年份	2006 年	2007 年	2008 年	2009 年	2010 年	2011 年	2012 年	2013 年	2014 年	2015 年年初至 6 月 1 日
累计挂牌公司/家	10	24	41	59	74	97	200	351	1 572	2 491
总股本/亿股	5.77	12.36	18.86	23.59	26.90	32.57	55.27	95.77	658.35	1157.3
成交笔数/笔	235	499	479	874	635	827	638	927	67 509	1190943
成交股数/亿股	0.15	0.43	0.54	1.07	0.69	0.95	1.15	1.75	12.14	96.56
成交金额/亿元	0.78	2.25	2.93	4.82	4.17	5.60	5.84	6.85	66.70	898.23

数据来源：全国中小企业股份转让系统；Choice 数据终端。

第二节 新三板发展历程

新三板的发展演变经历了三个重要阶段：法人股流通阶段、“老三板”阶段、“新三板”阶段。

第一阶段：法人股流通阶段

1990 年 12 月 5 日，全国证券交易自动报价系统（STAQ 系统）正式开始运行。STAQ 系统是一个基于计算机网络进行有价证券交易的综合性场外交易市场，中心设在北京，链接国内证券交易比较活跃的大中城市，为会员公司提供有价证券的买卖价格信息以及结算等方面的服务。

1992 年 7 月 1 日，法人股流通转让试点在 STAQ 系统开始试运行，开创了法人股流通市场。

NET 系统是由中国证券交易系统有限公司（简称“中证交”）开发设计，并于 1993 年 4 月 28 日投入试运行的。系统中心设在北京，利用覆盖全国 100 多个城市的卫星数据通信网络连接起来的计算机网络系统，为证券市场提供证券的集中交易及报价、清算、交割、登记、托管、咨询等服务。NET 系统由交易系统、清算交割系统和证券商业务系统这三个子系统组成。

按有关规定，凡具备法人资格且能出具有效证明的境内企业、事业单位以及民政部门批准成立的社会团队，均可用其依法可支配的资金，通过一个NET系统证券商的代理，参与法人股交易。

由此，在全国形成了上海、深圳两个证券交易所和STAQ、NET两个计算机网络构成的“两所两网”的证券交易市场格局。在其后的发展中，STAQ和NET两个交易系统日益萎缩，1998年3月25日，为整合中国证券市场多头管理，防范亚洲金融危机，国务院办公厅转发证监会关于《清理整顿场外非法股票交易方案》的通知（国办发〔1998〕10号），将非上市公司股票、股权证视为“场外非法股票交易”，予以明令禁止，随后在1999年STAQ、NET系统也相继关闭。

第二阶段：“老三板”阶段

2001年7月16日，中国证券协会为解决原STAQ、NET系统挂牌公司的股份流通问题，开展了“代办股份转让系统”，并在国务院体改委领导下，由中国证券市场研究设计中心（联办）和中国人民银行牵头，正式成立“代办股份转让系统”三板市场，即“老三板”，股票代码以400、420开头。

从2002年8月29日起，为了解决退市公司股份转让问题，承接主板的退市股票纳入代办股份转让试点范围。

“老三板”的设定是符合证券从业协会规定，具有代办股份转让资格的证券公司，以其自有或租用的业务设施，为非上市公众公司和非公众股份有限公司提供股份转让服务的平台。“老三板”主要挂牌公司为原STAQ、NET系统挂牌公司挂牌的不具备上市条件的公司，以及主板退市公司。

“老三板”的存在，实质上是为了解决历史遗留问题，弥补中国证券市场发展过程中的结构性缺陷。

第三阶段：“新三板”阶段

2006年1月23日，由于“老三板”挂牌股票品种少、质量较低、转板难度大等原因，为了改变中国资本市场这种柜台交易过于落后的局面，同时为了给更多的高科技成长型企业提供股份流动的机会，由中国证监会、科技部发起和组织，并经国务院批准在北京中关村科技园区建立了专为国家科技园区非上市科技公司提供的代办股份转让平台，即非上市股份有限公司代办股份报价转让系统“新三板”，股票代码以430开头。

2006年10月25日，中关村科技园企业中科软科技股份有限公司和北京时代科技股份有限公司发出了定向增发的公告，两公司将通过向新、老股东非公开定向发行人民币普通股的方式获得新鲜资本的注入。这一消息标志着“新三板”融资大门正式打开。

2010年，新三板的定向增发迎来井喷。

2012年8月3日，经国务院批准，决定扩大非上市股份公司股份转让试点，即“新三板”扩容，首批扩大试点新增上海张江高新技术产业开发区、武汉东湖高新技术产业开发区和天津滨海高新技术产业开发区。

2013年1月6日，经国务院批准设立的全国性证券交易场所——全国中小企业股份转让系统有限责任公司正式揭牌成立。2月8日，《全国中小企业股份转让系统业务规则（试行）》（以下简称“业务规则”）由全国中小企业股份转让系统有限责任公司发布实施。6月19日，国务院常务会议决定将全国股份转让系统试点范围扩大至全国。12月14日，为更好地发挥金融对经济结构调整和转型升级的支持作用，进一步拓展民间投资渠道，充分发挥全国中小企业股份转让系统的功能，提出《国务院关于全国中小企业股份转让系统有关问题的决定》（国发〔2013〕49号）。12月31日，贯彻落实“国务院决定”，全国股份转让系统公司配套制定、修订14项制度。至此，除了做市商制度外，“新三板”的制度规则基本完备了。

2014年5月19日，全国中小企业股份转让系统交易支持平台和登记结算系统（以下简称“新交易结算系统”）在北京正式上线运行。为规范系统上线后的登记结算业务，《中国证券登记结算有限责任公司关于全国中小企业股份转让登记结算业务实施细则》同期正式实施，届时《全国中小企业股份转让系统过渡期登记结算暂行办法》将废止。8月25日，全国中小企业股份转让系统（简称“全国股份转让系统”）做市转让方式正式上线实施，对提升订单成交效率、挂牌企业的成长性有积极的推动作用。

“新三板”的诞生和蓬勃发展，实质上是中国多层次资本市场体系的结构性调整，同时，为高科技成长型企业提供了股份转让场所，为创新型企业吸收风险投资、引入战略投资者、重组并购和提高公司治理水平等提供了有利的条件。

第三节 资本市场的对比

一、中国多层次资本市场全景图

从20世纪90年代至今，中国资本市场已有二十几年的历史，发展过程中资本市场投资者与融资者对金融服务逐渐产生多样化的需求，这种需求决定了资本市场上今日多层次资本市场体系的结构。

2014年5月9日，国务院印发了《关于进一步促进资本市场健康发展的若干意见》，又称“新国九条”，对新时期资本市场改革、开放、发展和监管等进行统筹规划和总体部署。“新国九条”提出了“到2020年基本形成结构合理、功能完善、规范透明、稳健高效、开放包容的多层次资本市场体系”的任务目标。

2015年7月29日，中国证券业协会发布公告，经证监会批准，《场外证券业务备案管理办法》已正式发布，从2015年9月1日起正式实施。原《证券公司私募产品备案管理办法》自本办法实施之日起废止。

办法指出，场外证券业务是指在上海、深圳证券交易所、期货交易所和全国中小企业股份转让系统以外开展的证券业务，包括场外证券销售与推荐、场外自营与做市业务、私募股权众筹、场外金融衍生品交易、场外证券产品信用评级等。

自国务院决定将新三板晋升为沪深两市外第三个全国性证券交易所后，新三板的定位依然为全国性的非上市股份有限公司股权交易平台，主要针对的是中小微型企业。该办法的出台，将打破新三板“非上市股份有限公司股权交易平台”的历史定位，意味着新三板挂牌企业等同于沪深两市的上市企业，全国性证券交易所的地位得到巩固。

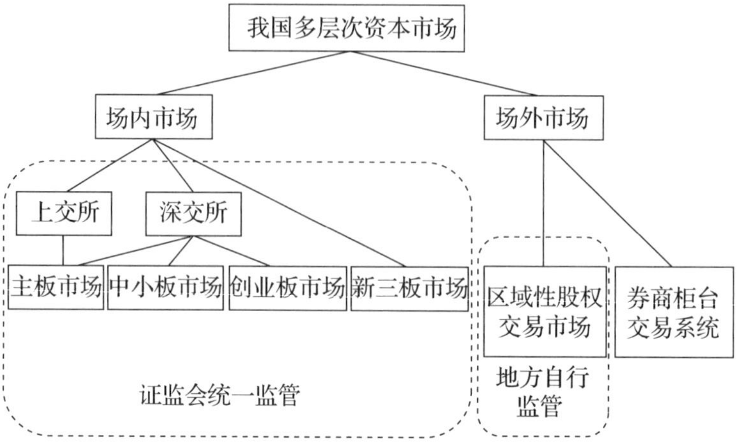

图1－1 我国多层次资本市场体系示意图

然而，我国多层次资本市场在发展过程中，一度由正三角的设计原则变成了倒三角形，即如果把多层次的资本市场体系看作金字塔结构，场外交易市场就应当成为“塔基”，创业板和中小企业板是“塔中”，主板则是塔尖。而我国则是主板市场力量最强，场外交易市场却发育不健全，这一问题直到近几年随着新三板的蓬勃发展才得以解决（自2015年9月1日起，新三板正式划归场内证券交易行列）。

2014年5月9日，国务院印发了《关于进一步促进资本市场健康发展的若干意见》，又称“新国九条”，对新时期资本市场改革、开放、发展和监管等进行了统筹规划和总体部署。“新国九条”提出了“到2020年基本形成结构合理、功能完善、规范透明、稳健高效、开放包容的多层次资本市场体系”的任务目标。

二、各资本市场的企业定位（见图1－2）

主板市场：也称为一板市场，主要包括主板与中小板。主板市场是一个国家证券发行与上市的主要场所，在主板市场上市的企业一般都有较高的市场地位和稳定的利润来源。通常主板市场是一个国家资本利润的主要来源，主板市场企业的变动影响着国家经济的发展，主板市场又被称为国家经济的晴雨表。

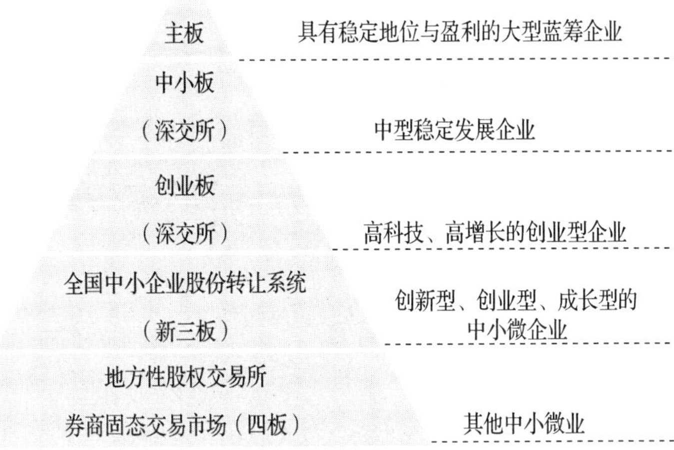

图1-2　各资本市场的企业定位

中小板市场也称为中小板，是中小企业上市融资的主要渠道。通常来说，有些企业在达不到主板市场上市的标准时会选择中小板市场融资上市。中小板为中小企业提供了一个有效融资的平台，使得那些没有达到主板市场实力的中小企业拥有了被投资者认知、了解、投资的机会。中小板市场虽然与主板市场拥有类似的企业定位，但是其更加针对于资本规模较小、融资规模较小的中小型企业，中小板市场的产生丰富了我国资本市场体系。

二板市场：也称为创业板市场，是主要针对高科技创业型企业而设立的资本市场。进入创业板远没有进入主板条件那么严苛，但其对发行保荐人的责任要求更重，在信息披露、指数设立、风险提示等多个方面，创业板市场的要求都更为及时。与主板市场不同，在主板市场发行的大多是稳定成熟的大公司，而创业板市场则是抓住时代创业点的高风险市场，因此更加注重风险提示与信息披露，以免投资者的利益受到损害。

三板市场：指的是全国中小企业股份转让系统，是中关村为了解决退市股份股权交易而发明的股份交易系统。新三板的进入比创业板与主板市场难度更低，所需要的资金支持也更低，某种程度上来说，这是因为现阶段的国家政策十分支持新三板的发展，在减少企业挂牌费用的同时，进一步鼓励更多的小型创新性企业挂牌上市。

四板市场：指的是我国场外交易市场中的区域性股权交易市场，比如天津股权交易所、重庆股份转让系统、大连股权托管交易中心等。这些股权交易市场是在特定区域内为特定的股权交易市场提供股权交易的私募市场，对于促进地方企业资金的融通、鼓励当地金融服务的提升起到了重要的作用，在我国多层次资本市场中占有重要地位。

三、新三板与中小板、创业板的对比

虽然定位各不相同，中小板、创业板、新三板三者依然常常被中小企业当作对比对象，下面分别从中小板、创业板、新三板对挂牌企业的各个主要指标要求来详细论述三者的共性和差异，见表1-2。

表1-2 中小板、创业板、新三板对挂牌企业的要求

	中小板	创业板	新三板
经营年限	持续经营满3年	持续经营满3年	持续经营满2年
股东数	不少于200人	不少于200人	不作要求
盈利	最近3个会计年度净利润均为正且累计超过3000万元；最近3个会计年度经营活动产生的现金流量净额累计超过5000万元或最近3个会计年度营业收入累计超过3亿元	最近2年连续盈利，净利润累计不少于1000万元且持续增长；或最近1年盈利，且净利润不少于500万元，最近1年营业收入不少于5000万元，最近两年营业收入增长率不低于30%	不作要求
资产	最近1年期末无形资产占净资产比例不超过20%，且不存在未弥补亏损	最近1年期末净资产不少于2000万元，且不存在未弥补亏损	不作要求
股本	发行前股本总额不少于3000万元，发行后股本总额不少于5000万元	发行后股本总额不少于3000万元	500万元以上（含500万元）

（续）

	中小板	创业板	新三板
主营业务	最近3年没有发生重大变化	最近2年没有发生重大变化	业务明确
公司治理	完善	完善	完善
信息披露	强制性披露，定期报告	强制性披露，定期报告	强制性披露，定期报告
审核	审核制，证监会审核	审核制，证监会审核	备案制，券商实质性审核
发行	公开发行，投资者数量不受限制	公开发行，投资者数量不受限制	非公开发行，向合格投资者定向增资；投资者累计超过200人的事后需向证监会申请核准
周期	券商进场2年或更长	券商进场2年或更长	券商进场3～6个月
投资者	无限制	对投资者进行适当性管理，自然人投资者须有2年或2年以上股票交易经验，并签署《创业板市场投资风险揭示书》	合格投资者制度，自然人投资者证券类资产不低于500万元
定价	询价；集合竞价	询价；集合竞价	询价；做市商、集合竞价、协议转让选择其一
交易	公开交易，100股一手，集合竞价	公开交易，100股一手，集合竞价	公开交易，1000股一手；做市商、协议转让及竞价备选
涨跌幅限制	涨跌幅限制比例为10%，ST和*ST等特别处理股票价格涨跌幅限制比例为5%	涨跌幅限制比例为10%，ST和*ST等特别处理股票价格涨跌幅限制比例为5%	不设限制

四、与四板的对比与选择

新三板的产生是对中国资本市场体系原有结构的一种补充。然而，在资本市场上也有与新三板功能类似的股权交易场所，比如上海股权托管交易中心的E板市场、Q板市场、前海股权交易中心、天津股权交易所等多种地方性的股权交易中心的出现，也为创业型企业、创新性企业、小微企业的融资提供了更多途径。

那么，企业在选择上市场所的时候，需要怎么识别各类资本市场的优劣呢？经过长期研究我们发现，企业家在选择资本市场时，需要考虑的问题可以归纳为规范化及上市成本、融资能力、流动性、估值体系这四个维度。为了方便企业在上市时就以下资本市场进行选择，下面这四个维度对新三板市场、E板市场、地方股权交易中心（以天津股权交易所为例）进行一个综合性的对比分析，见表1-3。

表1-3 新三板市场、E板市场、天津股权交易所综合对比

	新三板市场	E板市场	天津股权交易所
规范化及上市成本	在上新三板之前，按照上市的规定，企业需要规范公司治理，提高企业的经营效率及效益，提高企业财富的有效继承。不考虑公司规范化所提高的成本，公司在新三板的上市成本在120万到200万元之间，大部分上市企业可以接受	E板市场与新三板市场同样要求对企业信息进行披露，而且其披露规则更为严格，需要强制性披露定期报告（年报、半年报）+重大事项临时报告。不考虑企业规范化所作出的改变，公司在E板的上市成本一般在100万到150万元之间	天津股权交易所的推荐机构为取得其报价商业务资格的公司或者银行、证券、信托类公司。天津股权交易所主要通过定向增资，挂牌融资总成本一般在100万元左右
融资能力	新三板企业挂牌后尚不能进行公开融资，但是定向增发非常频繁和火爆，优质公司容易以较好的价	与新三板市场相比，E板市场拥有更为多样的融资方式，主要包括定向增发、股权质押、信用贷款、以私募和直销的方式发债、发股融资，融资方式的多	天津股权交易所的信息披露要求与新三板的信息披露要求一致，但新三板的要求更为严格。天津股权交易所为企业提供“小额、多次、快速、低成本”

（续）

	新三板市场	E 板市场	天津股权交易所
融资能力	格获得多次融资	样性意味着企业能向更多的资本市场寻求资金，拥有更多的资本来源	的股权融资模式 小额：根据中小企业的资金需求特点，为中小企业向私募融资，融资额为1000 万至 3000 万元；多次指的是根据企业的需要，一年内多次向私募融资
流动性	新三板的流动性是分层次的，首先是未来 TOP 5% ~10% 的挂牌企业将获得竞价交易资格，拥有不低于 A 股市场的流动性。其次是 20% 左右的做市企业将获得不错的流动性。但是目前大量协议转让的挂牌企业的流动性并不好	股份转让价格实行涨跌幅限制，涨跌幅比例限制为前成交均价的 ± 30%，挂牌公司股份成交首日及上海股交中心认定的其他情形不设涨跌幅限制。挂牌公司股份的前成交均价是指前一转让日该股份所有成交的加权平均价；前一转让日无成交的，以前一转让日的前成交均价为当日的前成交均价	包括天津股权交易所在内的国内股权交易平台企业股权交易非常有限，交易平台内资本流动性差，市盈率更是远低于沪深市场，企业融资额度受到诸多方面的限制
给企业带来的价值	①有利于三板上市企业转板 IPO，企业挂牌新三板后，融资能力增强，有利于企业的资本运作，为企业的长期发展注入活力。②将公司的资本扩大，实现公司的财富增值。③挂牌新三板后，企业在市场上将被更多地曝光，受到投资人的信赖，吸引更多的投资人。④对于新三板企业来说，在企业资金缺乏时，公司只需在市场上出售一部分股权就能够实现价值变现，而且考虑到	①有利于建立现代企业制度，规范企业运作，完善法人治理结构，促进企业健康发展。②有利于提高股份的流动性，完善企业的资本结构，提高企业自身抗风险的能力，增强企业的发展后劲。③有利于企业扩大宣传，树立品牌，促进企业开拓市场。④有利于企业吸收风险资本的投入，引入战略投资者，进行资产并购与重组等资本运作。⑤通过规范运作、适度信息披露、相	①能够得到快捷、高效、低成本融资。②提供了多种交易方式，为企业融资提供了多种渠道、多交易品种，提供了畅通、便捷的进入与退出通道。③为“两高两非”公司股权、私募基金份额提供挂牌交易平台，通过独特的电子交易系统，形成较强的市场定价能力。④提高了企业治理的规范程度，增强了企业的受信程度，提高了企业在市场上的

（续）

	新三板市场	E 板市场	天津股权交易所
给企业带来的价值	市盈率，股权变现还能形成一部分溢价。⑤上市新三板后，企业在需要融资时可以通过出售一部分股权实现股权融资，而无须通过借贷。⑥定向增发股权可以帮助企业在保持原有资本不变的情况下，增加企业资本原始积累。⑦新三板企业可以为银行增加授信并提供贷款。⑧上市新三板后，企业可以提供股权质押，为企业增加融资渠道	关部门监管等，可以促进企业尽快达到创业板、中小板及主板上市的要求。⑥开展股份报价转让业务，完善了股份退出机制，使企业定向增资更容易实现。⑦公司在公共平台上挂牌，增加了企业的信用等级，更利于获得银行贷款。⑧有利于企业获得订单，增加新的投资者，增强企业综合竞争力	运作市场效率，降低了市场风险

E 板又称为非上市股份有限公司股权转让系统，其运营管理机构为上海股权托管交易中心。在 E 板挂牌需要满足一定的条件，与新三板挂牌相比，E 板整体要求更为宽松，对挂牌企业的业务规模、经营能力等要求远不如新三板。如 E 板市场对企业所属区域无特殊要求，而新三板要求挂牌企业位于国家科技园区，以后才会逐渐扩展到全国所有企业。E 板市场的推荐机构通常是证券公司、银行、投资机构，挂牌前的信息披露对企业来说非常重要，挂牌的费用略低于新三板企业挂牌费用，股东人数不能超过 200 人。

Q 板市场针对的企业形态更加多样化，主要包括有限责任公司、股份有限公司或者其他的组织机构。申报条件和信息披露的条件也比较简单，企业可以选择自主披露，企业挂牌费用相对低廉，需要花费的时间较短，股东人数一般不超过 200 人。

与上海股权托管交易中心一样，其他各省级单位也有同样性质的股权交易中心。以天津股权交易所为例，天津股权交易所对企业所属区域、存续年限、挂牌企业持续经营能力等要求均没有新三板要求高。新三板市场更加适合有一定业务规模、经营能力较强、治理结构更为完整的企业，这样可以在上市源头上有效降低投资者风险，增加新三板挂牌企业在市场上的受信程度。在新三板市场上，企业在全国中小企业股份转让系统有限责任公司审查后又由中国证监会校准，而天津股权交易所的审批由天津股权交易所审核，报天津市金融办备案，审批流程较为简单，但简单的审核程序有可能使某些特殊风险不能被有效查出，严格的审核程序有利于企业在挂牌后的后续规范发展，有利于企业在国内甚至国际资本市场上取得进一步成功。

经过与多个地方性股权交易市场的对比分析，可以发现，地方性股权市场更加适合资本规模较小、经营年限不长、业务规模不大的处于初创期的小微企业，而新三板更加适合有一定业务规模、资本规模相对较大的高科技、创业型、创新性、处于成长期的中小企业。

五、新兴市场的对比

战略新兴板是 2015 年中国资本市场一大新闻。2015 年 5 月 19 日，上海证券交易所副总经理刘世安在出席“上证 2015 中国股权投资论坛”时指出：“战略新兴板聚焦的就是新兴产业企业和创新型企业。重点服务于已跨越了创业阶段、具有一定规模的新兴产业企业和创新型企业，尤其是这两类企业中战略意义明显的企业。”中国人民银行在 5 月 29 日发布了《中国金融稳定报告（2015）》，称“今年将继续壮大主板、中小板市场，积极推动证券交易所市场内部分层，在上海证券交易所推出战略新兴板，全面推进创业板改革，提高服务实体经济能力”。6 月 16 日，中国政府网发布了《国务院关于大力推进大众创业万众创新若干政策措施的意见》，提出“积极研究尚未盈利的互联网和高新技术企业到创业板发行上市制度，推动在上海证券交易所建立战略新兴产业板”，还提出“加快推进全国中小企业股份转让系统（俗称新三板）向创业板转板试点”。由此，中央政府对上交所战略新兴板、创业板、新三板的鼎立局面再次确定。当下战略新兴板的具体细则仍在探讨中，市场预计，战略新兴板将在 2015 年年底或 2016 年年初，在注册制前后或与注册制同时推出。

新三板、创业板和战略新兴板的对比：

（1）功能定位及目标企业。新三板主要服务于创新型、创业型、成长型中小微企业，其核心是为中小微企业提供融资平台，促进中小微企业的发展。创业板主要服务于成长性的创业企业，与新三板相比，其对于企业的要求更高，具体体现在进入门槛上。而战略新兴板以新兴产业与创新企业为核心，同时针对的是跨过创业阶段的企业，初期以“十二五”国家战略性产业发展规划为依据，重点支持七大战略新兴产业，以及“中国制造 2025”十大重大发展领域企业和科技创新型企业。尽管这三个市场所服务的企业可能存在一定的交叉，但是在功能定位上，它们主要服务的并不是同一个层次的企业。战略新兴板也会为中概股的回归提供便利。中概股回归最大的障碍在于需要拆除 VIE 结构，《国务院关于大力推进大众创业万众创新若干政策措施的意见》明确提出“研究解决特殊股权结构类创业企业在境内上市的制度性障碍，完善资本市场规则”，为股权架构或公司治理方面存在特殊性的公司预留了上市空间。

（2）上市条件。新三板的上市条件要求最低。战略新兴板在传统的“净利润+收入”的标准之外，引入以市值为核心的财务指标组合，形成不同市值层次的不同上市标准体系，允许暂时达不到要求的新兴产业企业、创新型企业上市融资。为了支持未盈利但具有一定规模的科技创新企业，上交所提出了四套财务标准，囊括和创业板类似的企业。而创业板也已做好多层次布局，设立了明确的新三板转板机制，降低风险的同时保证对优质企业的服务。证监会在 2014 年出台的《关于支持深圳资本市场改革创新的若干意见》中明确表示：将在创业板设立专门层次，允许符合一定条件尚未盈利的“互联网+”和科技创新企业在新三板挂牌满一年后到创业板发行上市。

(3) 投资者。对于投资者来说，新三板500万元的投资门槛具有一定的保护作用，不会让没有专业投资能力的散户去承担风险，造成市场混乱。而战略新兴板的投资门槛相对较低。

上交所战略新兴板的推出一方面是为了更好地推动新兴产业、创新企业的发展，另一方面也是交易所之间竞争优质企业资源的体现。

当下，新三板的运作模式已然趋于稳定，由于较低的上市门槛和成熟的转板机制，被众多创新成长型中小微企业看做是资本市场入口。有理由相信，未来我国多层次资本市场体系将会日趋完善，根据企业不同类型和不同发展阶段的资本运作需求，各板块将会有更清晰的定位与界定。同时，为适应企业发展过程中的需求变化，各板块之间的转板与互动将会更加顺畅。

第二章 新三板发展现状

第一节　市场建设及现状

一个市场繁荣与否，与市场置身的宏观环境、市场建设者的战略用意、市场参与者的活跃程度等密切相关。本章内容为读者阐述了新三板市场所面临的宏观环境背景、国家建设新三板市场的战略用意、新三板市场内外各方参与者所构建的市场生态状况、新三板市场现状。

一、新三板面临的宏观环境

我们认为，判断一个市场的成长速度和成功概率，不仅要分析政府的支持力度，更要从该市场面临的宏观环境背景入手分析。俗话说的天时地利与人和，宏观环境就是天时，宏观环境为市场制造的是风口和浪潮。

如果我们回顾美国纳斯达克交易市场产生的背景可以发现，纳斯达克产生并成功的背景中存在以下四点重要因素：①场外交易市场多年发展的积累：1971 年 2 月 8 日，纳斯达克交易系统启动，从粉单市场上挑选了 2500 家规模、业绩和成长性都名列前茅的股票进行交易。②先进的电子网络技术：纳斯达克允许多个市场参与者基于先进的计算机网络交易股票。③健全的法律环境：1929 年美国经济大萧条过后，出台了一系列证券业的法律规范：《证券法》（1933）、《证券交易法》（1934）、《公用事业控股公司法》（1935）、《信托契约法》（1939）、《投资公司法》（1940）、《投资顾问法》等。④以信息技术为代表的知识经济：20 世纪 90 年代，美国以信息技术为主的第三产业发展迅猛，知识经济助力美国完成经济转型。纳斯达克成为硅谷高新企业和技术工业企业的主要市场，水涨船高。

倘若我们将以上四点宏观背景与中国此时此刻新三板面临的宏观背景相对比，可以发现它们是如此的相似！中国经济经历了30多年的高速增长后，在这个时间节点，国家倡导的是深化改革，中国面临着经济转型和结构调整。在这样的转型和调整浪潮中，中小微企业扮演着主力军的角色，新三板市场的建设则为大量中小微企业的生存与发展提供了养分。

二、我国建设新三板的战略用意

我国建设新三板的战略用意就是为企业建立一个完整的多层次资本市场，尤其是为中国产业结构转型浪潮中的主力军——中小微企业提供一个融资平台。

新三板的建设在我国多层次资本市场的格局当中具有重大意义。新三板对挂牌公司的门槛要求极低，换句话说，任何有潜质的企业都有登陆新三板的机会。产业强国战略下的深层意义是大力扶持对融资有高度需求的中小企业、新兴行业企业，这些企业代表着产业的未来。而现实是，小企业在盈利能力和公司规模上存在缺陷，需要依靠资本的力量来推动公司的发展，新三板建设的意义就在于为这样一批小企业提供了强有力的融资平台。小企业在挂牌后的资本实力、品牌影响力等不言而喻，随之带来的就是客户、人才、规模……新三板就像推进小企业实现快速发展的催化剂，瞬间打开了小企业生存环境的格局，搬走了其在短期盈利能力上不足而造成经营困难的这座大山。

中小企业成长规律的研究理论——飞轮理论充分说明了小企业一步步壮大的因果循环，如太极一般，见图2-1。

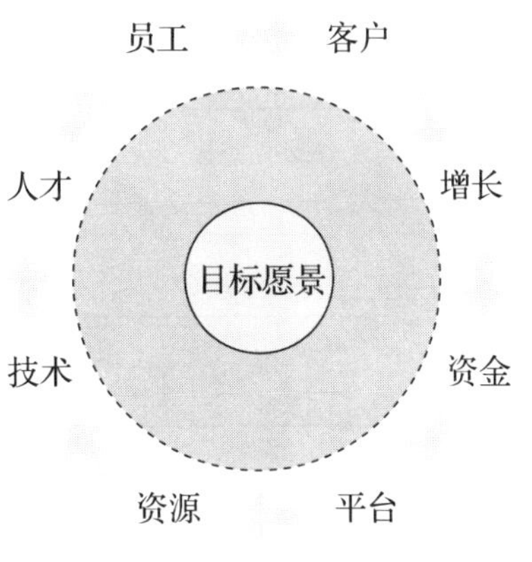

图2-1　飞轮理论

绝大多数中小企业当前的生存困境就存在于这个飞轮之中。企业难以实现高速成长，是因为企业飞轮没有转动起来。缺人才、缺技术这样的现象，在中小企业当中普遍存在，从而制约着中小企业对自身核心竞争优势的构建。

飞轮理论的解释：优秀的员工带来优质的客户服务，优质的客户服务带来业绩上的增长，业绩上的增长带来企业资本实力的积累，通过资本可以为企业打造更大的资源平台，以便引进更先进的技术与人才，最终产生更为优秀的员工与服务，带来更优质的客户服务，形成新一轮的业绩增长，如此循环往复。以上就是企业一步步长大的内在逻辑。我们仔细观察可以发现，在这个飞轮当中存在一个杠杆点，那就是资本！新三板市场的建设用意就在于为广大无法形成飞轮转动的企业提供一个杠杆，着力点就在资本上，企业利用新三板的平台，资本这一因素被瞬间放大，随之而来的就是更大的平台和资源，从而实现对技术和人才的囊括，最终推动企业增长。

三、市场建设——新三板市场内外各方参与者所构建的市场生态状况

我们认为，新三板的快速发展不仅仅是由于政策的推动，一个市场的繁荣还在很大程度上取决于市场周边各方角色的参与热情。图2－2是一幅新三板市场的“生态图”，图中描述了市场内外的九大角色，九大角色在市场当中扮演着不同的职能，推动着市场的发展与升级。我们将九大角色划分为两大主要“角色”：建设者与服务者。其中，国务院证监会、全国中小企业股份转让系统、各地方政府为“建设者”角色；券商、VC/PE机构、会计事务所/资产评估机构、律师事务所、管理咨询公司为“服务者”角色。

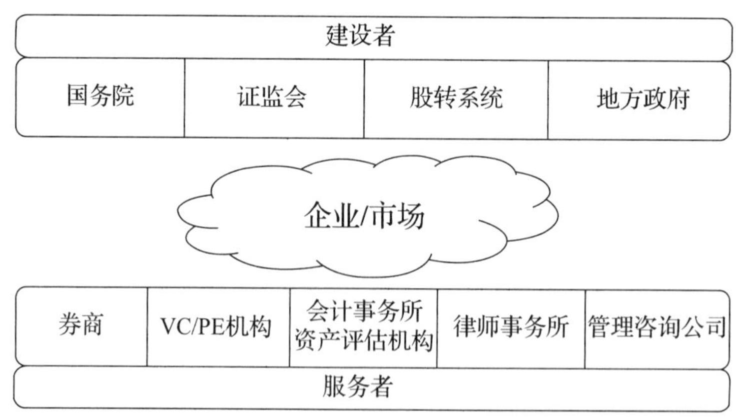

图2－2　新三板市场“生态图”

市场内外各角色围绕新三板市场“专业化分工”，各司其职，下面我们对

各大角色进行解析。

1. 国务院

为更好地发挥金融对经济结构调整和转型升级的支持作用，国务院于2013年与证监会共同启动了全国中小企业股份转让系统的建设，当年12月底，国务院49号文——《全国中小企业股份转让系统有关问题的决定》明确了股转系统在全国范围内的法律地位，也明确指明了股转系统的服务对象为创新型、创业型、成长型的中小微企业。国务院针对全国中小企业股份转让系统提出了一系列市场建设建议，包括但不限于：充分发挥全国股份转让系统服务中小微企业发展的功能；建立不同层次市场间的有机联系；简化行政许可程序；建立和完善投资者适当性管理制度；加强事中、事后监管，保障投资者合法权益；加强协调配合，为挂牌公司健康发展创造良好环境。

2. 证监会

为了防范市场风险、加强市场秩序管控，证监会在市场当中扮演的是市场秩序监管者的角色。为此，证监会出台了一系列市场监管制度，具体内容请见本章第三节——新三板制度建设的相关内容。

3. 股转系统

“股转系统”全称为“全国中小企业股份转让系统”，全国中小企业股份转让系统有限责任公司为其运营管理机构。公司的经营宗旨是：坚持公开、公平、公正的原则，完善市场功能，加强市场服务，维护市场秩序，推动市场创新，保护投资者及其他市场参与主体的合法权益，推动场外交易市场健康发展，促进民间投资和中小企业发展，有效服务实体经济。经营范围为组织安排非上市股份公司股份的公开转让；为非上市股份公司融资、并购等相关业务提供服务；为市场参与人提供信息、技术和培训服务。

为保护市场的稳定与业务规范，全国中小企业股份转让系统出台了一系列业务规程管理制度，具体内容请见本章第三节——新三板制度建设的相关内容。

为做好全国中小微企业的服务工作，提升挂牌效率与服务质量，股转系统不断地简化、优化挂牌程序，让挂牌流程愈加简约、便捷。再者，为加速我国民族自治区的经济发展步伐，推动我国民族自治区中小微企业的发展速度，股转系统出台了一系列暂免征收民族自治区挂牌公司挂牌费用的政策，从政策层面推动民族自治区的产业、经济发展。

股转系统将在中国证监会的领导下，不断改善中小企业金融环境，大力推动创新、创业，积极推动我国场外市场健康、稳定、持续发展。

4. 地方政府

为了支持新三板市场建设、提高全国各地区中小企业新三板挂牌的动力，全国各地政府均出台了各类围绕新三板市场的财政补贴政策，具体政策可查阅本书附录内容。由于政策随时间的迁移也处于不断变化当中，读者如果想了解最新政策支持情况，可拨打所在地方政府金融服务办公室（简称“金融办”）或其他相关部门的电话进行查询。我们整理出全国主要城市金融办及其他相关部门电话供读者参考，见表2-1。

表2-1 全国主要城市金融办及其他相关部门电话

省/直辖市/自治区	省/市/区（金融办）	电话
北京市	市金融办	010-8801 1263
	海淀区	010-8849 6397
	东城区	010-6525 8782
	西城区	010-6629 0840
	丰台区	010-6325 8269
	朝阳区	010-6597 8750
天津市	市金融办	022-5898 0073
	河东区	022-2430 4613
	滨海新区	022-6530 9563
	河西区	022-8558 2800
上海市	市金融办	021-2311 1111
	浦东新区	021-6854 1726
	金山区	021-5792 1001
	张江高科技园	021-3383 3149

（续）

省/直辖市/自治区	省/市/区（金融办）	电话
江苏省	省金融办	025 - 8339 8944
	南京市	025 - 6878 6328
	苏州市	0521 - 6509 5075
	无锡市	0510 - 8182 0589
	连云港市	0518 - 8582 5131
	淮安市	0517 - 8365 3318
浙江省	省金融办	0571 - 8705 7872
	宁波市	0574 - 8281 5375
	杭州市	0571 - 8525 6722
	温州市	0577 - 8896 7858
	绍兴市	0575 - 8826 5673
	台州市	0576 - 8890 9716
广东省	省金融办	020 - 8313 5614
	广州市	020 - 8317 1683
	珠海市	0756 - 2133 690
	佛山市南海区	0757 - 8639 8008
	佛山市顺德区	0757 - 8639 8008
	深圳市	0755 - 8210 7542
	东莞市	0769 - 2283 1554
湖北省	省发改委	027 - 8723 1516
	武汉市	027 - 8856 9521
	襄阳市	0710 - 3611 091
	宜昌市	0717 - 6256 951
	十堰市	0719 - 8111 269
辽宁省	省金融办	024 - 8690 6077
	大连市	0411 - 3999 6917
	沈阳市	024 - 2272 1754
	鞍山市	0412 - 5556 772
	抚顺市	024 - 7500 076

（续）

省/直辖市/自治区	省/市/区（金融办）	电话
黑龙江省	省金融办	0451－8280 7170
	哈尔滨市	0451－8466 4147
陕西省	省办公厅	029－8729 2887 029－8729 2775
	西安市	029－8678 6140
山东省	省金融办	0531－8606 1319
	潍坊市	0536－8090 484
	济南市	0531－6660 2953
	威海市	0631－5273 705
	青岛市	0532－8591 1252
安徽省	省金融办	0551－6269 0953
	合肥市	0551－6269 0965
	淮北市	0561－3053 356
	芜湖市	0553－8827 803
	阜阳市	0558－2239 110
河南省	省金融办	0371－5330 1001
	洛阳市	0379－6320 9731
	郑州市高新区	0371－6798 3665
	濮阳市	0393－6666 591
湖南省	省金融办	0371－8221 2350
	长沙市	0731－8866 6292
	株洲市	0731－2868 0762
	岳阳市	0730－8880 431
	常德市	0731－5857 0025
江西省	省金融办	0797－8392 803
	南昌市	0791－8388 3761
	赣州市	0797－8392 803
四川省	省发改委	028－8670 5500
	成都市	028－6188 2460

（续）

省/直辖市/自治区	省/市/区（金融办）	电话
四川省	绵阳市	0316 - 2539 419
	德阳市	0838 - 2230 636
	宜宾市	0831 - 2337 518
重庆市	市金融办	023 - 6094 2799
	九龙坡区（发改委）	023　6878 1292
	渝中区	023 - 6094 2800
内蒙古自治区	省金融办	0471 - 6944 901
	鄂尔多斯市	0477 - 8580 995
	阿拉善经济开发区	0483 - 8188 070
	包头市（金融网）	0472 - 2534 510
新疆维吾尔自治区	自治区金融办	0991 - 2950 536
宁夏回族自治区	自治区金融办	0951 - 5056 783
广西壮族自治区	自治区金融办	0771 - 2613 836
	南宁市	0771 - 5520 038
	玉林市	0775 - 2821 293
	柳州市	0772 - 2827 793
河北省	省金融办	0311 - 8787 9568
	石家庄市	0311 - 8668 8752
	唐山市（工信局）	0315 - 2823 762
	沧州市	0317 - 202 0686
	邯郸市	0310 - 3112 388
贵州省	省发改委	0851 - 8528 3331
	贵阳市办公厅	0851 - 8798 9005
	遵义市	0852 - 3119 928
福建省	福州市	0591 - 8757 5076
	厦门市	0592 - 5398 998
	泉州市	0595 - 2838 8539
云南省	省金融办	0871 - 3132 852
	昆明市	0871 - 6371 9260

（续）

省/直辖市/自治区	省/市/区（金融办）	电话
山西省	省金融办	0351－3046 679
	太原市高新区	0351－7033 750
吉林省	省金融办	0431－8890 4449
海南省	省金融办	0898－6530 5018
甘肃省	省金融办	0931－4609 049
青海省	省金融办	0971－8068 824

（以上电话号码为本书写作期间的有效号码，部分地区的电话号码可能存在变动情况，请参照当地有关部门的通知或采取其他方式查询）

5. 券商

券商在企业挂牌新三板前后扮演着指挥官的角色，企业挂牌前的尽职调查、合规性审核、财务梳理、挂牌申报等一切事务均由券商主导，期间涉及的法务人员、会计人员、资产评估人员时常也由券商来统一调配。企业挂牌成功率、效率也均会受到券商方挂牌主办人员能力、经验的影响。

6. VC/PE 机构

由于新三板市场的登台，VC（Venture Capital，俗称风险投资）与 PE（Private Equity，俗称私募股权投资）机构的投资将存在大量的退出空间，新三板市场的建设与发展加强了各类资本机构对中小微企业的投资信心，在这种投资环境下，创业热进一步高涨。因此，资本机构在市场中起着推波助澜的作用，扮演了市场外部推动者的角色。新三板的全国扩容为 VC、PE 机构的发展带来了前所未有的新空间，意味着 VC、PE 的退出方式新增了一条快且便捷的路径，从而引发 VC、PE 机构的活跃程度提升了一个量级，专设新三板业务板块，专注于投资预挂牌新三板的潜力公司。社会资本的推波助澜，又带动了中小微企业的创业热情，围绕新三板市场的创业热、资本热蒸蒸日上。

7. 会计事务所及资产评估公司机构

会计事务所及资产评估机构主要的职能就是为挂牌公司进行股改前的资

产评估、折股和一系列的审计与财务规范化工作。

8. 律师事务所

律师在企业挂牌新三板过程中的主要职能是配合主办券商使目标公司在法律层面完成合规的工作。目标公司、律师、主办券商、会计师事务所、资产评估机构会成立专家小组到相关部门沟通并协调解决挂牌前后的各类问题，并在此过程中制定股改思路、出具股改方案、法律意见书等一系列相应的挂牌申请必要文件。

9. 管理咨询公司

中小企业的管理大多粗犷，挂牌新三板之后能否有能力接纳新三板带来的新格局与新机遇、控制住如此大的“盘子”呢？中小企业的发展路径往往是业务先行，管理滞后。这样的矛盾在挂牌新三板的格局下会被瞬间放大，对于组织管理能力本身就欠缺的中小企业来说，这样的矛盾如果不快速解决，新三板给企业带来的可能就不是机遇，而会是灾难。新三板是一把双刃剑，始终效命于有能力挥舞它的人。管理咨询公司的服务在中小微企业价值塑造和管理能力提升上发挥着重要作用。

四、新三板市场现状

新三板扮演着我国经济结构转型、中小企业发展的温床提供者这一角色。无论从政策推动层面抑或中小企业发展诉求层面来看，各方的推力都对市场发展速度起到了关键性作用。我们将从市场规模的壮大、挂牌企业数量的增长、市场总市值的增长、平均市盈率的增长等多个角度来为读者诉说新三板市场渐渐如日中天的发展节奏。对于存在较强融资需求的中小企业来说，新三板市场具备了充足的资金供应能力，无疑成为中小企业融资平台的首选。

1. 市场规模体现——新三板总市值及挂牌企业数量

统计从 2012 年到 2014 年的市值和挂牌企业数量可以发现，新三板市场的增长趋势是相当迅猛的（尤其在 2013 年，新三板市场扩容至全国后，市值和挂牌企业数量增长了整整好几个量级），见图2－3。

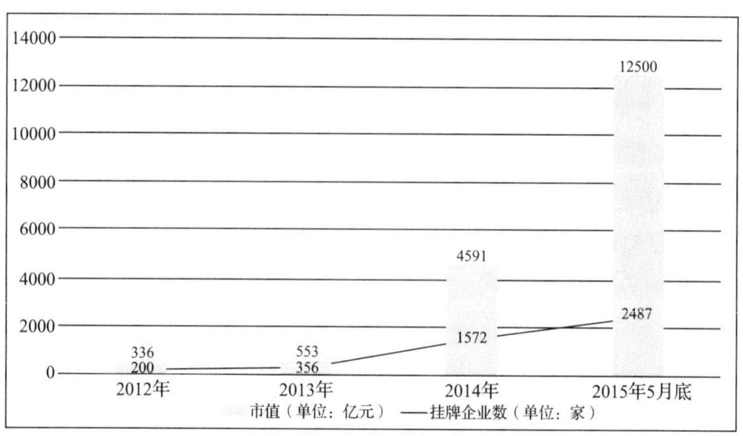

图2－3 新三板市场的发展

2. 市场投资价值体现——新三板市盈率

新三板市场2014年至今平均市盈率增长情况，见图2－4。

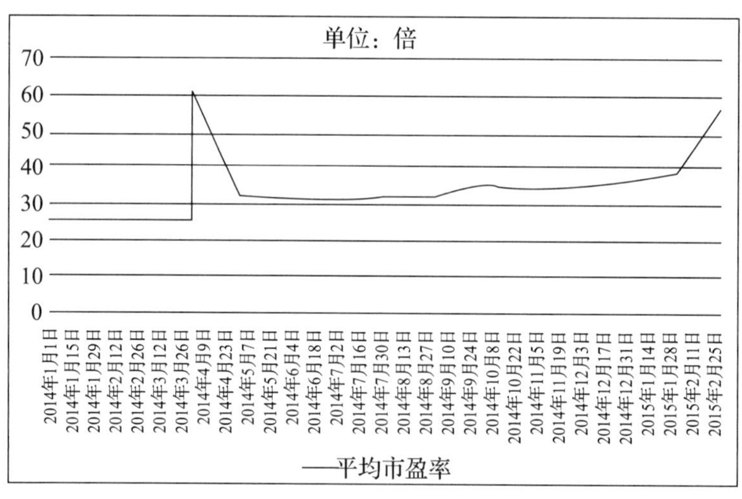

图2－4 新三板市场2014年至今平均市盈率增长

3. 市场资本热度体现——多层次市场指数对比

新三板指数的发布是新三板市场建设的里程碑事件，该举措将在提升市场关注程度、吸引机构投资者参与等方面产生积极作用和深远影响。

通过比较新三板与创业板、主板的历史收盘指数趋势可以发现新三板的资本热度上升趋势相当明显。对于一个新兴市场，这样的成绩是客观的。各市场指数对比，见图2－5。

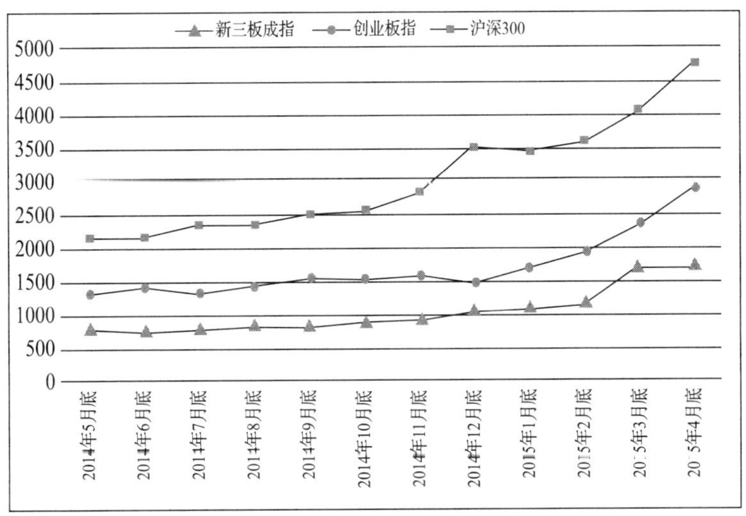

图2－5　各层次资本市场指数对比

从成交量数据来看，新三板市场的成交量与创业板不相上下。多层次市场历史成交量对比，见图2－6。

（单位：手）

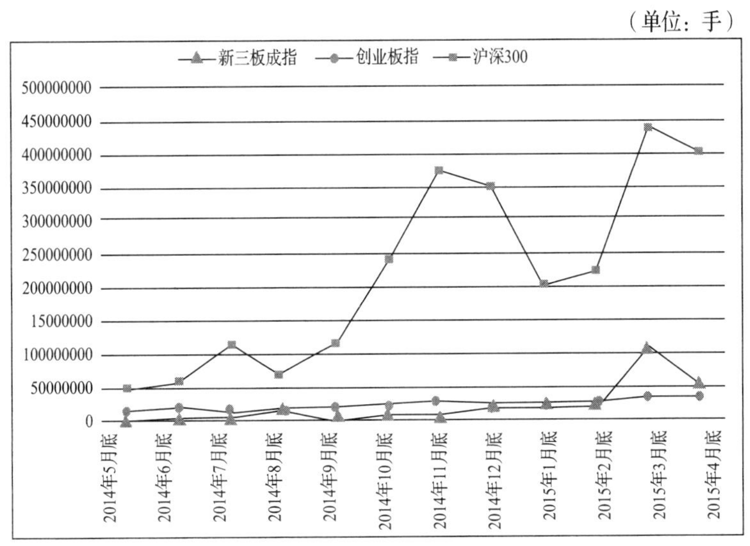

图2－6　各层次资本市场成交量对比

第二节 已挂牌公司现状

在万众创新的时代，新三板成为广大中小企业成长的温床，大量中小企业纷纷排队挂牌，据股转系统预测，2015 年新三板最终挂牌数量有望超过 A 股。通过分析已挂牌企业的行业分布情况，可知挂牌企业以科技创新型为主，尤其是信息技术产业在其中占了很大比例，新三板与美国资本市场的市值占比结构非常类似，这无疑是中小企业发展战略的一条关键性指引。

一、已挂牌公司总数及增长情况

全国中小企业股份转让系统官方数据显示，截至 2015 年 5 月，新三板挂牌企业总数达 2486 家，挂牌企业增长趋势见图 2－7。

（单位：家）

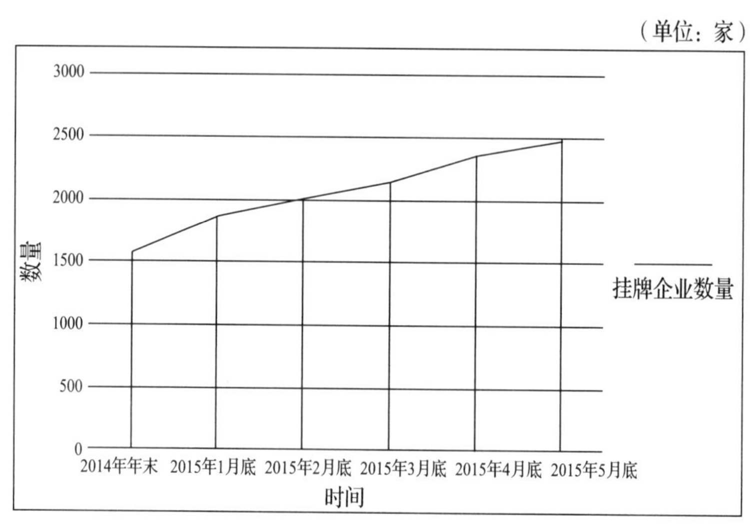

图 2－7 新三板挂牌企业数量增长趋势

二、挂牌企业所属区域划分情况

目前新三板挂牌企业分为园区类与非园区类（股转系统挂牌）两大类，其中，挂牌企业所属园区共涉及：中关村、天津滨海、唐山高新区、安阳高新区、蚌埠高新区、包头稀土、宝鸡高新区、昌吉高新区、成都高新区、大连高新区、东莞松山湖、佛山高新区、福州高新区、广州高新区、贵阳高新区、哈尔滨高新区、杭州高新区、合肥高新区、衡阳高新区、惠州高新区、济南高新区、昆明高新区、莱芜高新区、乐山高新区、临沂高新区、洛阳高新区、绵阳高新区、南昌高新区、南京高新区、南宁高新区、宁波高新区、厦门火炬高新区、上海张江、绍兴高新区、深圳高新区、沈阳高新区、石嘴山高新区、苏州高新区、太原高新区、泰安高新区、唐山高新区、天津滨海、威海火炬高新区、潍坊高新区、温州高新区、乌鲁木齐高新区、无锡高新区、芜湖高新区、武汉东湖、武进高新区、西安高新区、湘潭高新区、襄阳高新区、新乡高新区、徐州高新区、烟台高新区、杨凌农业高新区、银川高新区、营口高新区、长春高新区、长沙高新区、肇庆高新区、郑州高新区、中山火炬高新区、重庆高新区、珠海高新区、淄博高新区。

截至2015年3月中旬，我们统计的2112家挂牌公司当中，通过股转系统（非园区类）挂牌的企业共有1311家；属中关村园区的企业共305家；属上海张江高科技园区的共70家；属武汉东湖高新区的共61家；属郑州高新区的共30家；属天津滨海高新区的共25家；属成都高新区的共25家；属西安高新区的共24家；属大连高新区的共22家；属济南高新区的共20家。除以上外，其他企业分布在全国各地大大小小的园区当中。各区域挂牌企业占全国挂牌企业数量的比重，见图2－8。

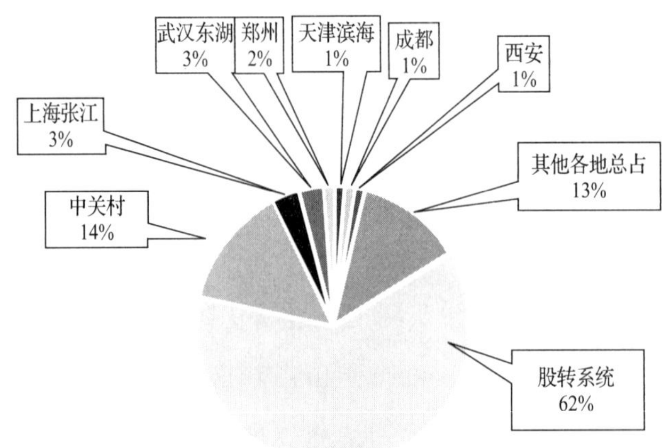

图2-8　各区域挂牌企业占全国挂牌企业数量的比重

三、挂牌企业行业分布情况

1. 按管理型划分

全国中小企业股份转让系统官方数据显示，截至2015年5月底，新三板挂牌企业总数达2486家。其中，按管理型分类来看，制造业公司占比最多，共1428家；其次分别为信息传输、软件和信息技术服务业，共489家；科学研究和技术服务业共94家；建筑业共86家；租赁和商业服务业共84家；批发零售行业共76家；农林牧渔业共53家；文体娱共33家；交通运输、仓储和邮政业共30家；金融业共28家；水利、环境和公共设施管理业共26家；采矿业共13家；电力、热力、燃气及水生产和供应业共13家；房地产业共10家；卫生和社会工作共10家；教育业共6家；居民服务、修理和其他服务业共4家；住宿、餐饮业共3家。具体情况见图2-9。

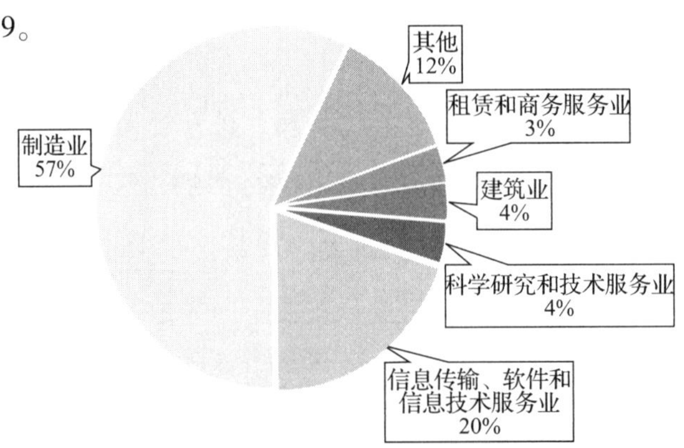

图2-9　按管理型分类挂牌企业

2. 按投资型划分

按投资型划分来看，截至2015年5月底，2486家挂牌企业当中信息技术行业企业占比最大，共724家。各行业占比见图2－10。

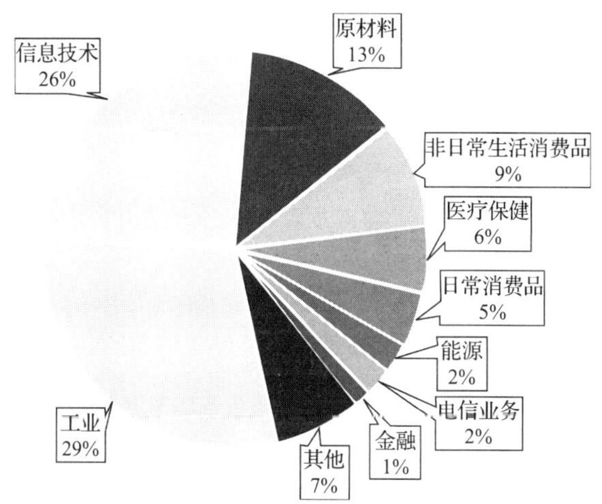

图2－10　按投资型分类挂牌企业

随着新三板市场扩容新政的实施，行业属性也会逐渐放开。广大读者欲了解具有时效性的新三板现状信息，可以通过微信扫本书二维码信息获取。

第三节　新三板制度建设

图2－11是法律合规全景图，反映了企业挂牌新三板前后必须熟知的一切法律规程，其中包括《中华人民共和国公司法》《中华人民共和国证券法》、证监会以及股转系统为新三板市场制定的一系列监管制度与业务规程。为了让读者便于理解，我们将公司挂牌前后的一系列动作流程化分解，通过流程切片的方式向读者剖析公司挂牌前后各阶段须注意的法律规程。

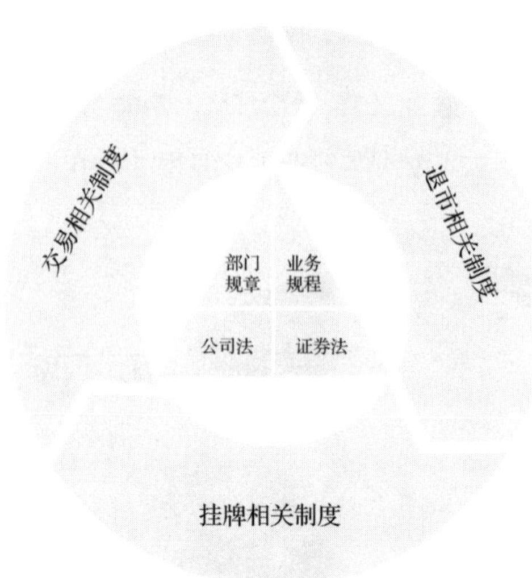

图 2－11 新三板法律合规全景图

一、公司挂牌流程三阶段涉及制度一览

公司挂牌前后流程可大致划分为三部分（见图 2－12）：挂牌前阶段、挂牌准备与申请阶段、挂牌后阶段，预挂牌公司可根据自身所处阶段从本书查询该阶段须注意的相关法律、制度内容，以便与券商、律师事务所等形成有效沟通，促进挂牌前合规效率。

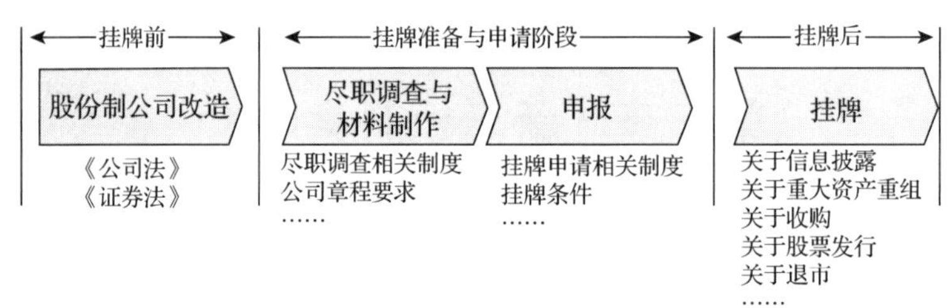

图 2－12 新三板公司挂牌流程及相关制度

1. 挂牌前须知的法律根基

《公司法》与《证券法》的内容相当于是一家公司合法合规的根基，公司在挂牌前进行股改时，需要特别熟知《公司法》中关于“三会”（股东大会、董事会、监事会）的管理内容以及与公司治理相关的法律内容。《公司

法》与《证券法》的全文内容可从全国中小企业股份转让系统官方网站或本书的官方微信公众账号中查阅。

2. 挂牌申请（准备）阶段须知的监管制度

（1）关于尽职调查。公司进行挂牌前尽职调查相关工作时须遵循《全国中小企业股份转让系统主办券商尽职调查工作指引》的内容，以下为根据原文件整理归纳出的简化内容，供读者参考。

业务层面调查

业务调查	行业研究	公司产品考察	关键资源调查
公司业务流程调查	公司收益情况调查	公司趋势调查	—

公司治理调查

三会调查	公司股东调查	公司治理机制调查
独立性调查	公司董事监事调查	董事会对治理机制的评估
同业竞争调查	管理层诚信调查	政策制定执行情况调查

公司财务调查

内部控制五要素调查	财务风险调查	应收账款调查	存货调查	公司投资调查
固定资产与折旧调查	无形资产调查	资产减值准备情况调查	历次评估情况调查	应付账款调查
收入调查	成本调查	费用调查	非经常性损益调查	鼓励政策调查
合并财务报表调查	关联方及关联关系调查	审计意见及事务所变更调查	—	—

公司合法合规调查

公司设立及存续情况调查	重大违法违规调查	股权情况调查	财产合法性调查
环境/产品质量/技术标准调查	纳税情况调查	重大债务调查	其他调查

（2）关于公司章程。公司章程是指公司依法制定的规定公司名称、住所、经营范围、管理制度等重大事项的基本文件，也是公司必备的规定公司活动

基本规则的书面文件。公司在挂牌新三板的命题之下，公司章程须按照合规要求进行编制。

新三板挂牌公司的公司章程内容应当符合《非上市公众公司监管指引第3号——章程必备条款》的指引，具体要求如下：

第一条　公司章程应当符合《非上市公众公司监管指引第3号——章程必备条款》的相关规定。

第二条　章程总则应当载明章程的法律效力，规定章程自生效之日起，即成为规范公司的组织和行为、公司与股东、股东与股东之间权利义务关系的具有约束力的法律文件，对公司、股东、董事、监事、高级管理人员具有法律约束力。

第三条　章程应当载明公司股票采用记名方式，并明确公司股票的登记存管机构以及股东名册的管理规定。

第四条　章程应当载明保障股东享有知情权、参与权、质询权和表决权的具体安排。

第五条　章程应当载明公司为防止股东及其关联方占用或者转移公司资金、资产及其他资源的具体安排。

第六条　章程应当载明公司控股股东和实际控制人的诚信义务。明确规定控股股东及实际控制人不得利用各种方式损害公司和其他股东的合法权益；控股股东及实际控制人违反相关法律、法规及章程规定，给公司及其他股东造成损失的，应承担赔偿责任。

第七条　章程应当载明须提交股东大会审议的重大事项的范围。章程应当载明须经股东大会特别决议通过的重大事项的范围。公司还应当在章程中载明重大担保事项的范围。

第八条　章程应当载明董事会须对公司治理机制是否给所有的股东提供合适的保护和平等权利，以及公司治理结构是否合理、有效等情况，进行讨论、评估。

第九条 章程应当载明公司依法披露定期报告和临时报告。

第十条 章程应当载明公司信息披露负责机构及负责人。如公司设置董事会秘书的，则应当由董事会秘书负责信息披露事务。

第十一条 章程应当载明公司的利润分配制度。章程可以就现金分红的具体条件和比例、未分配利润的使用原则等政策做出具体规定。

第十二条 章程应当载明公司关于投资者关系管理工作的内容和方式。

第十三条 股票不在依法设立的证券交易场所公开转让的公司应当在章程中规定，公司股东应当以非公开方式协议转让股份，不得采取公开方式向社会公众转让股份，并明确股东协议转让股份后，应当及时告知公司，同时在登记存管机构办理登记过户。

第十四条 公司章程应当载明公司、股东、董事、监事、高级管理人员之间涉及章程规定的纠纷，应当先行通过协商解决。协商不成的，通过仲裁或诉讼等方式解决。如选择仲裁方式的，应当指定明确具体的仲裁机构进行仲裁。

第十五条 公司股东大会选举董事、监事，如实行累积投票制，则应当在章程中对相关具体安排做出明确规定。公司建立独立董事制度的，应当在章程中明确独立董事的权利义务、职责及履职程序。公司如实施关联股东、董事回避制度，则应当在章程中列明需要回避的事项。

（3）关于申请挂牌的相关制度。

1）挂牌相关制度。

① 挂牌相关规定：2013 年 12 月 30 日，全国中小企业股份转让系统有限责任公司和中国证券登记结算有限责任公司共同发布《关于境内企业挂牌全国中小企业股份转让系统有关事项的公告》，内容如下：

为贯彻落实《国务院关于全国中小企业股份转让系统有关问题的决定》（国发〔2013〕49 号）和《非上市公众公司监督管理办法》，做好全国中小企业股份转让系统（以下简称全国股份转让系统）市场覆盖范围扩大至全国的工作，现就有关事项公告如下：

（一）境内符合条件的各种所有制、各种行业的企业均可申请股票在全国股份转让系统挂牌。

申请时股东人数未超过200人（含200人）的股份公司，直接向全国中小企业股份转让系统有限责任公司（以下简称“全国股份转让系统公司”）申请挂牌；申请时股东人数超过200人的股份公司，取得中国证监会核准文件后，向全国股份转让系统公司申请办理挂牌手续。

（二）自本公告发布之日起，市场参与人应遵循修订后的《全国中小企业股份转让系统投资者适当性管理细则（试行）》（以下简称《适当性管理细则》）。不符合投资者适当性管理要求的投资者，可通过证券公司、基金公司等金融机构设计推出的定向投资产品，间接参与全国股份转让系统挂牌证券的投资。

本公告发布前，满足300万元人民币以上（含300万元）资产要求且已参与全国股份转让系统的自然人投资者，合格投资人资格继续有效，可以买卖所有挂牌公司的股票。

本公告发布前，股票发行方案已经挂牌公司董事会决议通过的，发行对象可按原投资者适当性管理制度的要求执行；股票发行方案尚未经挂牌公司董事会决议通过的，发行对象应当满足修订后的《适当性管理细则》的要求。挂牌公司的股东、董事、监事、高级管理人员及核心员工参与本公司的股票发行，不符合参与挂牌公司股票公开转让条件的，只能买卖本公司的股票。

（三）在全国股份转让系统交易结算相关技术系统正式上线前，挂牌股票交易结算相关事项仍按《全国中小企业股份转让系统过渡期股票转让暂行办法》和《全国中小企业股份转让系统过渡期登记结算暂行办法》等规定执行。

（四）各市场参与主体应当严格守法、归位尽责。主办券商等中介机构应按照法律、法规、部门规章，以及全国股份转让系统业务规则等要求，勤勉尽责、诚实守信，依法合规地开展各项业务，推动全国股份转让系统稳定、健康发展。

（五）全国股份转让系统公司设服务窗口接收申请挂牌材料，地址为北京市西城区金融大街丁26号金阳大厦；并设热线电话，接受市场咨询和监督。

② 挂牌条件。根据《全国中小企业股份转让系统股票挂牌条件适用基本标准指引》的制度要点，公司挂牌新三板的条件如下：

一、依法设立且存续满两年

二、业务明确，具有持续经营能力

三、公司治理机制健全，合法规范经营

四、股权明晰，股票发行和转让行为合法合规

五、主办券商推荐并持续督导

六、全国股份转让系统公司要求的其他条件

③ 其他与挂牌业务类相关的指引文件如下，具体内容可在全国中小企业股份转让系统官网下载查阅。

一、《全国中小企业股份转让系统主办券商推荐业务规定（试行）》

二、《全国中小企业股份转让系统股票挂牌条件适用基本标准指引(试行)》

三、《全国中小企业股份转让系统公开转让说明书内容与格式指引(试行)》

四、《全国中小企业股份转让系统挂牌申请文件内容与格式指引(试行)》

2）股东人数超200人的公司申请挂牌时须注意以下事项。根据规定，股东超200人的公司申请到全国股转系统挂牌须经过中国证监会合规性审核。取得中国证监会核准文件后，再向全国股转系统报送申请文件，办理信息披露、股份登记等挂牌手续。《非上市公众公司监管指引第4号——股东人数超过200人的未上市股份有限公司申请行政许可有关问题的审核指引》的出台，为该类公司的规范提供了细致周详的可操作性方案，具体内容整理如下：

一、审核标准

（一）公司依法设立且合法存续：

公司历史沿革股权转让、增资合法合规。城市商业银行要符合《关于规范金融企业内部职工持股的通知》（财金〔2010〕97号）。

（二）股权清晰

（1）存在各种形式“代持”的要进行股东确权，挂牌新三板确权股份数量要达80%以上。

（2）没有股权纠纷。

（3）经营规范：不存在破产风险。

（4）公司治理与信息披露健全。

二、申请文件

（一）股东人数超过200人的公司申请行政许可，应当提交下列文件：

（1）企业法人营业执照。

（2）公司关于股权形成过程的专项说明。

（3）设立、历次增资的批准文件。

（4）证券公司出具的专项核查报告。

（5）律师事务所出具的专项法律意见书，或者在提交行政许可的法律意见书中出具专项法律意见。

以上各项文件如已在申请公开发行并在证券交易所上市或者在全国股份转让系统挂牌公开转让的申请文件中提交，可不重复提交。

（二）存在下列情形之一的，应当报送省级人民政府出具的确认函：

（1）1994年7月1日《公司法》实施前，经过体改部门批准设立，但存在内部职工股超范围或超比例发行、法人股向社会个人发行等不规范情形的定向募集公司。

（2）1994年7月1日《公司法》实施前，依法批准向社会公开发行股票的公司。

（3）按照《国务院办公厅转发证监会关于清理整顿场外非法股票交易方案的通知》（国办发〔1998〕10号），清理整顿证券交易场所后“下柜”形成的股东超过200人的公司。

（4）中国证监会认为需要省级人民政府出具确认函的其他情形。

省级人民政府出具的确认函应当说明公司股份形成、规范的过程以及存在的问题，并明确承担相应责任。

（三）股份已经委托股份托管机构进行集中托管的，应当由股份托管机构出具股份托管情况的证明。股份未进行集中托管的，应当按照前款规定提供省级人民政府的确认函。

（四）城市商业银行、农村商业银行等银行业股份公司应当提供中国银行业监督管理机构出具的监管意见。

3）股东超200人的公司申请到全国股转系统挂牌的申请文件应当遵循《非上市公众公司监管指引第2号——申请文件》的内容，具体内容经整理如下。

（一）股票公开转让、股票向特定对象发行或者转让导致股东累计超过200人的公司，在向中国证监会申请核准时，应当按要求制作和报送下列申请文件：

申请报告	企业法人营业执照	财务报表及审计报告
公司章程（草案）	股东大会及董事会相关决议	法律意见书
公开转让说明书/定向转让说明书/定向发行说明书	证券公司关于公开转让/定向发行的推荐工作报告	中国证监会规定的其他文件

（二）公司应当保证申请文件内容真实、准确、完整，不存在虚假记载、误导性陈述或者重大遗漏。证券公司、证券服务机构及人员应当做到勤勉尽责、诚实守信，并对其出具的相关文件及申请文件中引用内容的真实性、准确性、完整性承担相应的法律责任。

（三）公司编制申请文件时，应当尽量使用事实描述性语言；申请文件所有需要签名处，均应为签名人亲笔签名，不得以名章、签名章等代替；公司初次报送申请文件，应当提交原件一份、复印件两份；每次报送书面申请文件的同时，还应当报送一份相应的标准电子文件（标准.doc或者.rtf格式文件）。申请文件一经受理，未经中国证监会同意，不得增加、撤回或者更换。

（四）依法设立的证券交易场所可以要求股票公开转让的非上市公众公司

报送除上述文件之外的其他文件；公司应当遵守证券交易场所的相关规定。

3. 挂牌后各类业务操作须熟知的规程制度

下列内容主要为读者阐述公司挂牌后关于信息披露、股票发行、重大资产重组、并购等业务时须熟知的监管制度。

（1）关于信息披露。为规范公开转让股票的非上市股份有限公司的信息披露行为，保护投资者合法权益，根据《公司法》《证券法》和《非上市公众公司监督管理办法》（证监会令第85号），以及《非上市公众公司监管指引第1号——信息披露》，新三板挂牌公司的信息披露须注意以下内容：

信息披露也称公示制度、公开披露制度，是上市公司为保障投资者利益、接受社会公众的监督而依照法律规定必须将其自身的财务变化、经营状况等信息和资料向证券管理部门和交易所报告，并向社会公开或公告，以便使投资者充分了解情况的制度。它既包括发行前的披露，也包括上市后的持续信息公开，它主要由年报、招股说明书制度、定期报告制度和临时报告制度等组成。

根据《非上市公众公司监管指引第1号——信息披露》的内容，信息披露的内容经整理如下：

（一）股票公开转让、股票向特定对象发行或者转让导致股东累计超过200人的公司，应当在公开转让说明书、定向发行说明书或者定向转让说明书中披露以下内容：

（1）公司基本信息、股本和股东情况、公司治理情况。

（2）公司主要业务、产品或者服务及公司所属行业。

（3）报告期内的财务报表、审计报告。

定向发行说明书还应当披露发行对象或者范围、发行价格或者区间、发行数量。非上市公众公司也可以根据自身实际情况以及投资者的需求，更加详细地披露公司的其他情况。

（二）信息披露的基本要求。

非上市公众公司及其董事、监事、高级管理人员应当保证披露的信息真实、准确、完整，不存在虚假记载、误导性陈述或者重大遗漏，并对其真实性、准确性、完整性承担相应的法律责任。非上市公众公司应当建立与股东沟通的有效渠道，对股东或者市场质疑的事项应当及时、客观地进行澄清或者说明。

（三）信息披露平台。

非上市公众公司应当本着股东能及时、便捷获得公司信息的原则，并结合自身实际情况，自主选择一种或者多种信息披露平台，如非上市公众公司信息披露网站、公共媒体或者公司网站，也可以选择公司章程约定的方式或者股东认可的其他方式。无论采取何种信息披露方式，均应当经股东大会审议通过。股票在依法设立的证券交易场所公开转让的非上市公众公司，应当通过证券交易场所要求的平台披露信息。

（四）依法设立的证券交易场所可以在本指引的基础上，对股票公开转让的非上市公众公司制定更详尽、更严格的信息披露标准；公司应当按照从高从严的标准遵守证券交易场所的相关规定。

（五）非上市公众公司年度报告、半年度报告按照本指引进行披露。

（六）为了让各个公司清晰区别新三板和中小板、创业板、主板的信息披露相关要求，如表对比所示：

对比	新三板	中小板	创业板	主板
性质	适度信息披露原则	强制性信息披露	强制性信息披露	强制性信息披露
年报/中报/季报	要求/要求/鼓励	要求/要求/要求	要求/要求/要求	要求/要求/要求
临时报告	要求	要求	要求	要求
财务报告是否审计	仅年报要求	要求	要求	要求
券商信息披露	主办券商披露推荐报告、风险提示报告等	不要求	不要求	不要求
披露场所	指定网站	指定网站、媒体	指定网站、媒体	指定网站、媒体
信息披露监管	主办券商监督	交易所自律监督，证监会行政监管	交易所自律监督，证监会行政监管	交易所自律监督，证监会行政监管

（七）“新三板”挂牌公司信息披露细则

中国证券监督管理委员会令对新三板信息披露有以下8项细则目录。详细内容可登录全国中小企业股份转让系统官方网站的部门规章栏目下载查看，各类文件名汇总如下：

(1) 非上市公众公司信息披露内容与格式准则第1号——公开转让说明书。

(2) 非上市公众公司信息披露内容与格式准则第2号——公开转让股票申请文件。

(3) 非上市公众公司信息披露内容与格式准则第3号——定向发行说明书和发行情况报告书。

(4) 非上市公众公司信息披露内容与格式准则第4号——定向发行申请文件。

(5) 非上市公众公司信息披露内容与格式准则第5号——权益变动报告书、收购报告书、要约收购报告书。

(6) 非上市公众公司信息披露内容与格式准则第6号——重大资产重组报告书。

(7) 非上市公众公司信息披露内容与格式准则第7号——定向发行优先股说明书和发行情况报告书。

(8) 非上市公众公司信息披露内容与格式准则第8号——定向发行优先股申请文件。

(2) 关于股票发行的备案文件制作。根据《全国中小企业股份转让系统股票发行业务指引第1号——备案文件的内容与格式（试行）》的要求，挂牌公司进行股票发行业务时所需的备案文件须遵循以下规程制度：

向全国股份转让系统公司履行股票发行备案程序的挂牌公司，应按照本指南要求制作和报送备案文件。公司报送备案文件应提交原件一份，复印件两份。

每次报送书面备案文件的同时，应报送一份与书面文件一致的电子文件（WORD、EXCEL、PDF及全国股份转让系统公司要求的其他文件格式）。

涉及非现金资产认购的，非现金资产若为股权资产，则应当提供具有证券、期货相关业务资格的会计师事务所出具的标的资产最近一年及一期（如有）的审计报告，审计截止日距审议该交易事项的股东大会召开日不得超过6个月；非现金资产若为股权以外的其他非现金资产，应当提供资产评估事务所出具的评估报告，评估基准日距审议该交易事项的股东大会召开日不得超过1年。

下面附录规定的备案文件目录是对股票发行备案文件的最低要求。根据备案审查需要，全国股份转让系统公司可以要求公司、主办券商、律师事务所及其他证券服务机构补充材料。

附录：《全国中小企业股份转让系统股票发行备案文件目录》

第一部分　要求披露的文件

股票发行方案	股票发行情况报告书	股票发行认购公告	股票发行法律意见书
主办券商关于股票发行合法合规性意见	公司关于股票发行的董事会决议	公司关于股票发行的股东大会决议	具有证券、期货相关业务资格的会计师事务所或资产评估机构出具的资产审计或评估报告（如有）

第二部分　不要求披露的文件

挂牌公司相关文件	备案登记表	股票发行备案报告	认购合同或认购缴款凭证
其他文件	挂牌公司全体董事对备案文件真实性、准确性和完整性的承诺书	签字注册会计师、律师或者资产评估师的执业证书复印件及其所在机构的执业证书复印件	生产经营所需行业资质的资质证明或批准文件（如有）
	资产权属证明文件（如有）	本次股票发行的验资报告	要求报送的其他文件

（3）其他有关公司股票发行的业务规程。与公司股票发行相关的业务规

程指引目录如下，具体公告文件可登录全国中小企业股份转让系统官方网站下载查阅。

一、《全国中小企业股份转让系统股票发行业务细则（试行）》

二、《全国中小企业股份转让系统股票发行业务指引第1号（试行）》

三、《全国中小企业股份转让系统股票发行业务指引第2号》

四、《全国中小企业股份转让系统股票发行业务指引第3号》

五、《全国中小企业股份转让系统股票发行业务指引第4号》

六、《全国中小企业股份转让系统挂牌公司年度报告内容与格式指引(试行)》

七、《全国中小企业股份转让系统挂牌公司半年度报告内容与格式指引(试行)》

（4）交易制度。新三板交易制度是指对公司主体资格、交易规则、报价规则和登记结算等要求制定的相关法规制度。2013年2月2日，中国证监会公布《全国中小企业股份转让系统有限责任公司管理暂行办法》规定，在该转让系统挂牌股票转让，可以采取做市方式、协议方式、竞价方式或证监会批准的其他转让方式。接下来我们详细解读协议转让和做市转让这两种主要的新三板市场的交易方式，以及现阶段规划中且将于未来推行的竞价交易。

1）协议转让。协议转让指的是转让方与受让方进行充分协商，依法妥善处理转让中所涉及的相关事项，签署产权转让合同，严格按照规定产权转让程序执行的交易方式。新三板协议转让交易方式也就是转让方应与受让方议定价格，通常转让方应和受让方直接洽谈，然后通过股转系统（新三板）交易。新三板协议转让方式包括意向委托、定价委托、成交确认委托三种委托类型。

2）做市转让。2014年8月，新三板的做市商系统正式上线。为了规范做市转让，股转系统为做市商制定了做市商制度。

做市商制度是指在证券市场上，由具备一定实力和信誉的证券经营法人作为特许交易商，不断地向公众投资者报出某些特定证券的买卖价格（即双向报价），并在该价位上接受公众投资者的买卖要求，以其自有资金和证券投资者进行证券交易。

做市制度规定，股票挂牌时拟采取做市转让方式应当具备以下条件：

① 两家以上做市商同意为申请挂牌公司股票提供做市报价服务，且其中一家做市商为推荐该股票挂牌的主办券商或该主办券商的母（子）公司。

② 做市商合计取得不低于申请挂牌公司总股本5%或100万股（以孰低为准），且每家做市商拥有不低于10万股的做市库存股票。

③ 全国股份转让系统公司规定的其他条件。

3）竞价交易。竞价交易是指在交易市场组织下，买方或卖方通过交易市场现货竞价交易系统，将可供需商品的品牌、规格等主要属性和交货地点、交货时间、数量、底价等信息对外发布要约，由符合资格的对手方自主加价或减价，按照“价格优先”的原则，在规定时间内以最高买价或最低卖价成交并通过交易市场签订电子购销合同，按合同约定进行实物交收的交易方式。

目前来看，新三板市场还未推行竞价交易制度。但根据目前新三板市场现状来看，股转系统推出竞价交易是迟早之事，企业管理层需熟知此内容，未雨绸缪。

其他关于股票交易的制度目录指引如下，具体公告文件可登录全国中小企业股份转让系统官方网站下载阅读。

一、全国中小企业股份转让系统转让异常情况处理办法（试行）

二、全国中小企业股份转让系统股票转让方式确定及变更指引（试行）

三、全国中小企业股份转让系统股票异常转让实时监控指引

四、全国中小企业股份转让系统交易单元管理办法（试行）

五、关于发布全国中小企业股份转让系统过渡期交易结算暂行办法的通知

六、《全国中小企业股份转让系统股票转让细则（试行）》

七、《全国中小企业股份转让系统证券代码、证券简称编制管理暂行办法》

（5）关于挂牌公司的重大资产重组。根据《非上市公众公司重大资产重组管理办法》，整理出股转系统对非上市公众公司（以下简称公众公司）重大

资产重组行为的管理制度如下：

一、重大资产重组的定义

是指公众公司及其控股或者控制的公司在日常经营活动之外购买、出售资产或者通过其他方式进行资产交易，导致公众公司的业务、资产发生重大变化的资产交易行为。

二、重大资产重组的界定标准

公众公司及其控股或者控制的公司购买、出售资产，达到下列标准之一的，构成重大资产重组：

（一）购买、出售的资产总额占公众公司最近一个会计年度经审计的合并财务会计报表期末资产总额的比例达到50%以上。

（二）购买、出售的资产净额占公众公司最近一个会计年度经审计的合并财务会计报表期末净资产额的比例达到50%以上，且购买、出售的资产总额占公众公司最近一个会计年度经审计的合并财务会计报表期末资产总额的比例达到30%以上。

三、公众公司实施重大资产重组，应当符合下列要求：

（一）重大资产重组所涉及的资产定价公允，不存在损害公众公司和股东合法权益的情形。

（二）重大资产重组所涉及的资产权属清晰，资产过户或者转移不存在法律障碍，相关债权债务处理合法；所购买的资产，应当为权属清晰的经营性资产。

（三）实施重大资产重组后有利于提高公众公司资产质量和增强持续经营能力，不存在可能导致公众公司重组后主要资产为现金或者无具体经营业务的情形。

（四）实施重大资产重组后有利于公众公司形成或者保持健全有效的法人治理结构。

四、重大资产重组的信息管理

公众公司与交易对方就重大资产重组进行初步磋商时，应当采取有效的保密措施，限定相关敏感信息的知悉范围，并与参与或知悉本次重大资产重

组信息的相关主体签订保密协议。公众公司应当按照全国股份转让系统的规定及时做好内幕信息知情人登记工作。

公众公司的股东、实际控制人以及参与重大资产重组筹划、论证、决策等环节的其他相关机构和人员，应当及时、准确地向公众公司通报有关信息，并配合公众公司及时、准确、完整地进行披露。

五、重大资产重组的程序（见下图）：

董事会决议	（1）由董事会依法做出决议。
股东大会审议	（2）提交股东大会审议。
安排披露文件	（3）安排披露，信息披露文件报送全国中小企业股份转让系统。
编制申请文件	（4）经股东大会决议后，应当按照中国证监会的有关规定编制申请文件并申请核准。
实施重组方案	（5）公众公司重大资产重组完成相关批准程序后，应当及时实施重组方案。
披露实施情况/提交专业意见	（6）编制并披露实施情况报告及独立财务顾问、律师的专业意见。
财务督导	（7）独立财务顾问履行持续督导职责。
报送督导意见	（8）报送出具持续督导意见至全国股份转让系统，并披露。

六、中国证监会依法对公众公司重大资产重组实施监督管理。

全国中小企业股份转让系统对公众公司重大资产重组实施自律管理。中国证监会发现公众公司进行重大资产重组未按照本办法的规定履行信息披露及相关义务、存在可能损害公众公司或者投资者合法权益情形的，有权要求其补充披露相关信息、暂停或者终止其重大资产重组；有权对公众公司、证券服务机构采取《证券法》第一百八十条规定的措施。违反《非上市公众公司重大资产重组管理办法》的规定构成证券违法行为的，比照《证券法》等法律法规的规定追究法律责任。

（6）挂牌公司收购行为管理制度。为了规范公众公司的收购及相关股份权益变动活动，保护公众公司和投资者的合法权益，维护证券市场秩序和社会公共利益，促进证券市场资源的优化配置，根据《证券法》《公司法》《国务院关于全国中小企业股份转让系统有关问题的决定》《国务院关于进一步优化企业兼并重组市场环境的意见》及其他相关法律、行政法规，中国证券监督管理委员会制定了文件令第102号——《非上市公众公司收购管理办法公司收购管理办法》。文件当中明确阐述了新三板挂牌公司收购行为中须遵循的管理制度，其要点包括四大项：权益披露、控制权变动披露、要约收购、监管措施与法律责任。具体内容可登录全国中小企业股份转让系统官方网站下载查阅。

（7）退市制度。退市制度指由全国中小企业股份转让系统公司规定的相关新三板的退市方案，将一些不符合规定的上市公司从股票市场驱逐的制度。

根据《全国中小企业股份转让系统两网公司及退市公司股票转让暂行办法》，整理出有关退市条件规定如下：

（一）挂牌公司出现下列情形之一的，全国中小企业股份转让系统公司对股票转让实行风险警示，在公司股票简称前加注标识并公告：

（1）最近一个会计年度的财务会计报告被出具否定意见或者无法表示意见的审计报告；

（2）最近一个会计年度经审计期末净资产为负值；

（3）全国中小企业股份转让系统公司规定的其他情形。

（二）挂牌公司未在规定期限内披露年度报告或者半年度报告，应当向全国中小企业股份转让系统公司申请暂停转让，直至按规定披露或相关情形消除后恢复转让。

（三）挂牌公司出现下列情形之一的，全国中小企业股份转让系统公司终止其股票挂牌：

（1）未在规定期限内披露年度报告或者半年度报告，自期满之日起两个月内仍未披露年度报告或半年度报告；出现以下情况者被视为“未在规定期限内”，且会被特别处理：

①年报被出具否定意见、无法表示意见的，会被特别处理。

②年报中净资产为负的，会被特别处理。

③不能在4月底之前公告年报，暂停转让；公告后可恢复转让。

④不能在6月底之前公告年报，即终止挂牌。

（2）中国证监会核准其公开发行股票并在证券交易所上市，或者证券交易所同意其股票上市。

（3）终止挂牌申请并获得全国中小企业股份转让系统公司同意。

（4）主办券商和挂牌公司解除持续督导协议，挂牌公司未能在股票暂停转让之日起三个月内与其他主办券商签署持续督导协议的。

（5）挂牌公司经清算组或管理人清算并注销公司登记。

（6）全国中小企业股份转让系统公司规定的其他情形。

关于两网及退市公司其他制度规定的指引目录如下，具体公告文件可登录全国中小企业股份转让系统官网进行下载。

一、《关于两网公司及退市公司股票除权除息、缩股相关事项》

二、《关于原代办股份转让系统挂牌的两网公司及交易所市场退市公司相关制度过渡安排有关事项的通知》

三、《全国中小企业股份转让系统两网公司及退市公司信息披露暂行办法》

4. 挂牌公司须知的其他监管制度

（1）《非上市公众公司监督管理办法》。

为了规范非上市公众公司股票转让和发行行为，保护投资者合法权益，维护社会公共利益，根据《证券法》《公司法》及相关法律法规的规定，制定本办法。

《非上市公众公司监督管理办法》所称非上市公众公司（以下简称公众公司）是指有下列情形之一且其股票未在证券交易所上市交易的股份有限公司：

（一）股票向特定对象发行或者转让导致股东累计超过200人。

（二）股票公开转让。

公众公司应当按照法律、行政法规、本办法和公司章程的规定，做到股权明晰，合法规范经营，公司治理机制健全，履行信息披露义务。

公众公司公开转让股票应当在全国中小企业股份转让系统进行，公开转让的公众公司股票应当在中国证券登记结算公司集中登记存管。

公众公司可以依法进行股权融资、债权融资、资产重组等。

公众公司发行优先股等证券品种，应当遵守法律、行政法规和证监会的相关规定。

为公司出具专项文件的证券公司、律师事务所、会计师事务所及其他证券服务机构，应当勤勉尽责、诚实守信，认真履行审慎核查义务，按照依法制定的业务规则、行业执业规范和职业道德准则发表专业意见，保证所出具文件的真实性、准确性和完整性，并接受证监会的监管。

关于公司治理、信息披露、股票转让、定向发行、监督管理、法律责任等内容均于《非上市公众公司监督管理办法》做出了详细的规定。具体内容可登录全国中小企业股份转让系统官网进行下载查阅。

（2）其他须知的监管制度指引目录。挂牌公司除了以上法规制度需要严格执行外，还有其他法规制度同样需要在主办券商和其他中介机构的指导下，严格按照证监会和全国中小企业股份转让系统公司制定的相关新三板的法规制度执行。除本节上述内容外，挂牌公司还须熟知的其他监管制度目录如下，读者可根据目录指引进行独立查阅或法律咨询。

一、《上市公司股东大会规则》（2014 年修订，证监会公告〔2014〕46 号）

二、《优先股试点管理办法》

三、《非上市公众公司监管指引第 2 号——申请文件》

四、《非上市公众公司监管指引第 4 号——股东人数超过 200 人的未上市股份有限公司申请行政许可有关问题的审核指引》

五、《关于转让优先股有关证券（股票）交易印花税政策的通知》

六、《关于在全国中小企业股份转让系统转让股票有关证券（股票）交易印花税政策的通知》

七、《关于实施全国中小企业股份转让系统挂牌公司股息红利差别化个人

所得税政策有关问题的通知》

八、《全国中小企业股份转让系统有限责任公司管理暂行办法》

二、制度建设方向展望

随着新三板市场的发展势头愈加猛烈，股转系统必须逐步完善制度建设的内容，创造一套“制度创新的组合拳”。制度建设的方向包括但不限于以下动作（以实发制度为准）：增强市场融资功能、引入符合条件的非券商机构、大力发展做市转让、优化挂牌审查、探索内部分层、建立自律监管规则、股票质押式回购业务试点、对违规违法行为“零容忍”。

由于挂牌企业总体质量的不断提高，经各方预测，全国股转系统 2015 年制度创新的重头戏应为市场分层，分层可理解为“外部分层”与“内部分层”两个维度。

外部分层是将新三板与创业板、中小板、主板市场实现层次递进划分。2015 年 6 月 16 日，国务院发布了《国务院关于大力推进大众创业万众创新若干政策措施的意见》，该意见已明确指出应加快推进全国中小企业股份转让系统向创业板转板试点。就此可见，外部市场分层建设已初见端倪。市场普遍预计，至 2015 年年底，新三板总挂牌公司数量将超过 4000 家，即超越我国主板上市公司数量，外部市场分层将由当下的“正三角形”转变为“倒三角形”。

内部分层的目的是实现差异化管理，即实现对挂牌公司的差异化管理，即将挂牌企业的资质分为优、中、低三个层级，根据其所在层级匹配相应的股票交易方式。其中，资质最好的企业预计将被纳入竞价交易，资质稍差的企业预计将被纳入协议转让的交易方式，介于两者之间的企业预计将被纳入做市交易。市场分层管理制度出台的同时，竞价交易制度也可能随之出台，转板制度也将展开试点。

全国股转系统还处于初创阶段，需要不断跟踪且分析、判断市场的走势，加快市场的制度创新，后续制度的出台将不断地对整个市场产生深远的意义。

第三章
新三板挂牌对企业的利与弊

第一节　新三板挂牌对企业发展的好处

新三板挂牌企业从原来只有北京、上海、天津、武汉四个城市的高新园区到三十几个高新园区，再到现在突破原有的高新园区限制，扩展为全国不限城市、省份、规模，新三板进入了一个新的发展阶段。对中小民营企业来说不设准入门槛、以信息披露为核心的新三板是一个重大机会。为什么我们会如此推崇新三板？借新三板的东风，下面将从提升品牌价值、提供融资渠道、利于转板上市、促进公司管理、享受政策支持五方面予以阐述。

好处1：提升品牌价值

企业挂牌新三板的意义不仅在于其融资渠道变得便利，还在于对企业未来的预计。企业的信誉度从根本上说是由企业信息公开程度决定的。因此，随着企业信息的公开，挂牌企业的品牌价值将得到不断的提升。

（1）提升企业竞争力。新三板要求挂牌企业主营业务明确，能够规范运作，具有持续的经营能力。挂牌新三板意味着企业具有健全的治理机制和突出的主营业务，体现了企业的整体实力、发展前景和行业竞争力。

（2）提升企业品牌价值。企业成功挂牌新三板带来的积极效应有助于提升企业的品牌价值。一方面，经过改造，规范财务管理，有利于在公众中树立良好的口碑，增加公众对企业的信任；另一方面，挂牌新三板的企业容易吸引媒体和投资人的关注，有利于企业品牌等无形价值的提升。

（3）提升企业信用度。在新三板挂牌的企业以及正在申请挂牌的企业需要按照规定披露信息，其财务状况更加透明。经过市场检验的企业信用有利于提高信用评级，使挂牌企业更方便地获得投资者的直接融资。新三板的品牌效应，会使企业在市场融资中赢得更多的信任。

（4）提升企业知名度。由于挂牌新三板，企业的相关信息将通过媒体等渠道公开，免费地对企业进行宣传。企业能够在新三板挂牌，意味着企业已经得到相关监管部门的认可，这是公众对企业信任的基础。通过主办券商的筛选和规范后纳入证监会统一监管会增强投资者的信心，而企业能够在新三板市场上进行定向增发、股份转让，能够使公众更方便地了解企业，有助于提升企业知名度。

（5）吸引人才。在证券协会以及主办券商的多方监管下，挂牌公司作为定期进行信息披露的公众公司，在公众、客户、政府和媒体中的形象和认知度都会明显提升，更加容易获得市场拓展机会及地方政府支持。信息公开使企业变成了公众公司，资本的聚集效应使人才也会向企业靠拢，对于企业吸引人才起到了积极的促进作用。

好处2：提供融资渠道

挂牌新三板的企业获得了比非挂牌企业更多的市场关注，使风险投资更愿意为企业提供融资服务。企业不再局限于通过传统的银行贷款和民间借贷等渠道融资，企业也无须承担高额的资金压力。

（1）增强股份流动性，提升公司的整体估值水平。企业在新三板挂牌，相当于为企业提供了一个股份流通交易平台，将会吸引投资者的关注，提高股权的价值。挂牌后企业信息的披露以及经营情况的曝光，增加了投资者购买其股份的可能。投资者的投资在一定程度上解决了企业的融资问题，同时也给企业的相关股东带来了投资收益。通过媒体对挂牌企业的追踪报道，投资者能够对企业进行进一步的调查和行业分析，进一步挖掘企业的潜在价值。

中小企业发展的关键就是使企业的品牌让更多的人所认知，中小企业在新三板市场挂牌可以满足企业的这一愿望。一方面，中小企业成功在新三板挂牌，从一定程度上讲得到了证监部门的认可，这给中小企业创造了一个提高品牌知名度的有效途径；另一方面，挂牌新三板的中小企业的证券的涨跌将从一定程度上表明企业的经营状况，有助于帮助投资者及早发现企业潜能。

（2）增强股权激励的吸引力和股权价值。任何一个中小企业在发展中都会遇到两个风险，一个是资金风险，一个是团队风险。对于团队来说，人才是最重要的资源。企业常用股权激励的手段吸引人才，将公司未来的发展与公司员工的利益进行捆绑，有助于激发个人工作的积极性。而股权的价格高低和股权流动性的大小决定了股权激励的吸引力，由于挂牌后企业的隐藏价值被更好地挖掘，投资者更愿意把资金投入有巨大隐藏价值的中小型企业中去，企业的自身价值也随之提高，为股权激励提供了保障。

（3）增强定向增发的吸引力。挂牌新三板的企业一方面通过完整披露的企业经营信息减少企业与公众沟通的成本，另一方面企业经营信息的透明化为准确的市场定价提供基础。挂牌新三板的企业具有的流动性和定价机制，将吸引公众投资者的关注，有利于增大企业定向增发的价格空间。

（4）增加企业融资机会。“融资难”是大多数中小企业发展中最棘手的问题之一，和成熟企业相比，中小企业在创业阶段很难进行品牌宣传，在融资方面往往存在资产定价难、信用评价低、信贷周期长的问题。挂牌新三板的企业需要按时披露企业信息，经营信息的披露有利于减少公众与企业间信息的不对称，降低企业的沟通成本。公众更真实地对企业的价值进行判断，有利于吸引风险投资者的关注，获得战略性投资。

现阶段，挂牌新三板的企业多属新兴行业，轻资产的运营模式让传统的银行信贷支持非常有限。挂牌新三板带来的信用额度的提升能够使企业更方便地从银行拿到股权质押贷款，从一定程度上解决企业资金困难的问题。挂牌企业可以通过新三板实现定向增资外，还可以通过发行中小企业集合债券的方式获得融资。

好处 3：利于转板上市

随着利用新三板进行转板上市的趋势越来越明显，更多的优秀民营企业，尤其是年轻企业家更愿意将新三板作为他们的上市首选。通过新三板挂牌进行转板 IPO，有利于企业进入主板市场等资本市场，为企业后期资本运作打下基础。

在新三版挂牌，一方面，企业的改造让自身成长为一个具有强大竞争力的企业；另一方面，企业自身的不断发展让企业走向成熟。随着企业实力的增强，挂牌企业将逐步满足中小板、创业板或者主板的挂牌条件。在这个时候，中小企业可以考虑转板，以获得更多的资金，把企业的发展推向一个新的阶段。

好处4：促进公司管理

在新三板挂牌的企业，有了新三板的制度保障，一方面有利于完善公司的治理结构，为后期企业资本运营提供良好保障；另一方面有利于加强企业规范运营，对公司内部管理将有很大的促进作用。

（1）有利于完善企业治理结构，为今后资本运营打下良好基础。挂牌新三板的企业必须在主办券商的督导下进行规范改制、改造，建立规范的法人治理结构，促进公司资产的独立性。新三板还要求主办券商的推荐和终身督导，主办券商长期对挂牌新三板的企业进行监管，让挂牌企业更加规范有效地运行。

（2）有利于加强企业规范运营，对公司内部管理将有很大的促进作用。挂牌企业必须进行尽职调查，改善管理，这是挂牌新三板的标准之一。因此，企业必须规范自身内部管理，明确企业的股权结构和管理层职责。企业挂牌成功之后，需要定期对公众进行信息披露，这对企业的管理造成了约束，对企业内部管理提出了更高的要求，使企业走上内部结构合理、运营健康规范的可持续发展之路。

好处5：享受政策支持

地方政府为鼓励企业在新三板挂牌提供各种补助、奖励等政策扶持，这是企业挂牌新三板的政策优势。寻求政府政策支持能够为一些现金流紧张的重资产型企业，解决短期内承担不起挂牌费的问题，以顺利登陆新三板。但另一方面，取消补贴是趋势，因为有太多要挂牌新三板的企业。对于目前的政策支持，我们在附录 C 中将予以具体展现。

第二节　新三板挂牌对企业发展的考验

新三板挂牌，对于企业意味着机遇的同时，也不得不考虑挑战的存在。这些考验和挑战将体现在方方面面，既有对于企业家自身的，也有对于企业管理及资本运作的。所谓“知己知彼，百战不殆”，如果我们能够更清楚地认识考验，那么这些考验也许会成为成功道路上的助推剂，帮助我们在新三板挂牌的机遇期内借势而为，创出一片新天地。下面，我们将通过五个层面来诠释新三板挂牌对企业发展的考验：企业家、资本运作、公司管理、风险管控和其他方面。

考验 1：新三板挂牌对企业家的考验

新三板挂牌对企业家的考验主要是商业思维与习惯的升级方面。

为什么这么说呢？原因很简单，企业家的商业思维与习惯在多年的事业打拼中早已根深蒂固，而且难以改变。尤其是创业早期的习惯，会对企业家产生深刻的影响，如果规范化管理意识淡薄，企业家容易以自我为中心，更重要的是，企业的规范程度与上市的标准将相去甚远。从非公众公司变为准公众公司，对规范性提出了很高的要求。企业家甚至高管团队不得不面对挂牌后商业模式、价值观和习惯的升级这一巨大挑战。

众所周知，习惯不是一朝一夕的，是长期养成的，习惯的改变对于个人及企业都需要一个漫长的过程，更需要全方位的辅助，比如思维方式、情感境界都需要升华，而且氛围和机制需要配套改变，包括内部管控、监督到自组织学习，从非公众到接收公众监督，需要勇气和智慧的双重努力。只有企业家真正转变了思维与习惯，更加适应市场需要，在新三板挂牌后企业才有可能取得新的战略突破。

考验 2：新三板挂牌对资本运作的考验

新三板挂牌将会给企业的资本运作带来方方面面的考验，这其中，企业对资本市场的熟悉程度有限、所能获得的直接融资有限、转板之路较复杂等是较为突出的考验。

（1）企业对资本市场的熟悉程度有限。由于企业在挂牌之前较少接触资本市场，很多中小企业在资本运作方面的经验甚至为零，而挂牌后，对于资本市场的把握却至关重要。很多企业不得不从头开始逐渐积累资本运作的经验，逐步建立对资本市场的感觉，这对于企业及人才都是不小的考验，有些企业甚至要在组织架构及人员上做些调整，来更好地适应挂牌后的改变。

（2）企业所能获得的直接融资有限。目前的新三板市场发展，活跃度还较为欠缺，企业所能获得的直接融资非常有限。据统计，真正从新三板市场融到资的企业大约只有 15% ~20%，甚至当前登陆新三板市场对于企业来讲，规范公司治理结构的意义远远大于实际融资的意义。所以，任重道远，由于企业所能获得的直接融资有限，需要企业在资金链条等各方面做充足的准备。

（3）转板之路较复杂。目前，新三板的转板机制仍然不够完善，对于企业来讲，这一特点在一定程度上为上市后的发展带来一定考验，企业需要等待市场的逐步完善，而多层次市场间转板机制是个较复杂的问题，解决起来也并非易事。但挑战也是机遇，近期证监会发布新三板与创业板转板机制试点等消息让我们看到了希望。

考验 3：新三板挂牌对公司管理的考验

新三板挂牌会引起一连串的连锁反应，首先，对于企业的未来发展战略是一个考验，为了更好地适应新三板挂牌后的改变，企业需要进行战略转型和变革。另外，新三板挂牌对企业持续规范运行提出了很高的标准，尤其对于很多中小企业来讲任务艰巨。同时，商业模式落地、管理升级也势在必行。

而这些都会对企业文化造成一定程度的影响，要想实现跨越式发展，新文化的塑造必不可少。归根结底，团队素质需要不断提高。因此，对于企业管理者来说，如何让团队实现尽快成长会成为摆在面前亟待解决的问题。

（1）战略转型的考验。首先新三板挂牌将考验企业战略转型的实力。战略变革是挂牌企业未来发展的基本保障，战略即是方向，而方向比努力更加重要，所以能否把握好战略机遇非常关键，需要每个企业家深入思考。新三板挂牌的一个最大贡献是让企业重新梳理产业链、重构价值链，这是通过引入新的战略投资者完成的，通过一系列举措获得新的成长，打造新的竞争优势，提高核心竞争力。转型时重构产业思维、调整方向，是至关重要的一个环节。

（2）持续规范运行的考验。对于绝大多数中小企业而言，持续规范运行是较薄弱的环节，挂牌之前对于规范化运行并没有太高要求，挂牌后将发生翻天覆地的变化，而且需要实时接受各方面的监督检查。同时，对监管企业的规范化要求提到了更高的门槛。公司的责权利分配、资源配置、规章制度等各方面均应做出相应的调整，是每个企业不得不面临的新挑战。

（3）商业模式落地的考验。商业模式决定了企业未来发展的活力和潜力，决定了企业能否打造生态圈、实现产业生态化并进而缔造新的盈利逻辑系统。具体问题具体分析，不同行业、不同企业的商业模式存在很大差异，企业在新三板挂牌后，团队需要花很大的精力去思考商业模式的落地。新的商业模式必须具备较高的可行性，切忌停留在概念上，“束之高阁”的商业模式没有意义。

（4）管理升级的考验。除了商业模式需要落地以外，新三板挂牌对于管理升级也是较大的考验。上文中提到过新三本挂牌对企业持续规范运行的考验，企业的规范运行必然要落实到管理的升级。一个企业怎样才能够实现可持续发展是长久以来经常被讨论的话题，这需要各环节的共同配合，包括：战略体系、人力资源体系、组织管控体系、财务体系、质量与品牌体系、营销与渠道体系、风险控制体系、资本运作体系等。管理升级的考验牵涉全局，不容小觑。

（5）企业文化运营的考验。挂牌新三板，对于企业文化的考验不言而喻，进入资本市场对于很多中小企业而言就是走上了财富之路，但这将可能引起一大批上市企业股东之间的利益冲突和矛盾滋生。在现实生活中，我们听到过很多一起创业的企业家最后因为利益分道扬镳的故事，挂牌新三板后如何避免此类的故事发生呢？需要文化提升，使企业文化真正深入人心，去宣导创业精神，将企业引向更强大的发展道路，而不是流于口号的形式主义。可通过不同的手段使企业文化落地，比如宣贯培训、员工活动等，将企业文化落实到方方面面，用企业文化指引员工的共同进步，倡导学习型组织。在企业文化上下足功夫，才有可能实现基业长青。

（6）团队成长的考验。新三板挂牌，对于团队成长将会提出更多的要求。随着管理的升级，对团队整体的素质要求在不断提高，团队成长既要快又要稳。通过学习的提高是一方面，更多的是需要适应和转化，适应新三板挂牌所带来的一切变化，将工作和新的要求结合起来，构建新的生态体系。这是对企业家的考验，更是对全体员工的考验，持续学习、接受新知识、提升能力、实战锻炼，都是进入资本市场后的重要战役。

考验4：新三板挂牌对风险管控的考验

新三板挂牌在一定程度上对于企业的风险管控是不小的考验。

在风险管控方面，首先一个直接影响就是优秀人才有可能卖出股票离开企业。对于企业股票持有者而言，挂牌新三板市场提供了转让渠道，而核心人才卖出股票后，企业的吸引力将降低，进而有可能导致企业的经营者与所有者的利益不统一，更加促进企业的核心人员离开企业，联动效应可能导致不良循环。人员的工作热情降低之后，其在工作中的效率会大打折扣。若有些新三板股份转出后的人员获得了较大的利益，则会使得企业现持有股份人员的心理失去平衡，失衡会造成方方面面的影响，从而影响其正常的工作和生活，会大大降低企业的团结合作，不利于企业的长期稳定发展，甚至给今后的转板上市工作带来负面的影响。

考验5：新三板挂牌的其他相关性考验

新三板挂牌对于企业的考验是多方面的，除了上述的四个考验之外，信息公开所带来的压力及影响也不容小觑。对于企业而言，新三板挂牌增加了不确定性，减少了企业在创业板或中小企业板 IPO 时的灵活性。另外，还有一个最直观的考验就是增加了企业的成本费用支出。

（1）信息公开的压力及影响。信息公开会给企业经营管理带来压力。企业挂牌新三板市场后，作为准公众公司，公司的各项制度及经营状况需按规定进行公开披露，相关信息的公开有利于企业的利益，体现了企业的自信心，让企业从封闭式的管理走向开放式的管理，塑造了企业在公众心中的良好形象，为企业增加了一笔无形的形象资产。同时，企业信息的公开化，使得企业的一举一动都完全展露在公众以及竞争对手面前，而这些信息的影响是深远的，可能会影响到转板上市，必将给企业的经营管理带来压力，而这种压力不容小觑。

另外，信息公开可能会造成一定的心理影响，这主要指的是相关利益者的信心。拟挂牌新三板市场的中小企业成立时间短、前期研发投入大，经营业绩一般并不理想，不佳的财务状况可能会影响到利益相关者的信心。

（2）对于企业而言，增加了不确定性。新三板挂牌会带来股票交易，而股票交易会带来不确定性，首先是股东人数的增加，而这些新增加的股东，一是股东资料难以查找，二是难以联系，为今后的转板上市增加了很多不确定因素。因为按照规定，企业在创业板或中小板 IPO 时，需要全体股东签字，新增加的股东可能很难联系，企业的 IPO 之路就可能更加漫长。

（3）降低了企业在创业板或中小板 IPO 时的灵活性。上文提出，在新三板挂牌，企业信息将进行公开披露，这减少了企业今后在创业板或中小板 IPO 时的灵活性。如果未进行新三板挂牌，可以在会计师或是中介机构的提议下，进行一定程度的包装美化，而企业信息的公开化，使企业失去了一定的变通性，会为企业的长期发展经营带来一定的负面影响。

（4）增加了企业的成本费用支出。新三板挂牌增加了企业相关的成本费用支出。这些费用主要包括：①挂牌时的费用，主要指的是主办券商、律师、会计师等相关费用，这些费用对于一些中小企业来说，是一笔相对较大的费用开支。②相应的维护费用，例如每年都需缴纳相关的费用给交易所和主办券商，增加了企业在经营过程中的投资成本。③相应的规范化管理也为企业带来了一定的资金压力，最直接的比如工资增加、社保增加，都将成为企业投资中一笔必要的开支。这些开支都将对中小企业造成很多影响。

第二篇

实操篇

- 第四章　挂牌综合决策——细说企业挂牌“三步骤四要素”
- 第五章　挂牌流程及指引
- 第六章　新三板企业挂牌前后的资本运作

第四章
挂牌综合决策——细说企业挂牌“三步骤四要素”

越来越火热的新三板挂牌，对企业而言，品牌的提升、融资能力的增强、倒逼企业管理水平的提高、资本与实业产生较好的产融结合效应等多方面的利好不言而喻。然而，一方面，随着新三板融资功能逐步健全、管理逐步规范、关注度逐步增加，加入新三板挂牌企业的队伍不断扩大，出现了挂牌券商等承办机构资源严重供不应求的局面，服务费用增加、项目选择标准提高、审核周期变长，新三板挂牌开启了排队模式；另一方面，政府机构等的补贴也出现了下滑趋势，如何摸清挂牌要求、抓住挂牌时机成为了企业负责人迫切需要考虑的问题。

明确基本标准、熟悉机构规则、利弊平衡决策，本章从这个三个步骤（见图4－1）谈起，以求简单清晰地介绍与新三板挂牌决策相关问题。

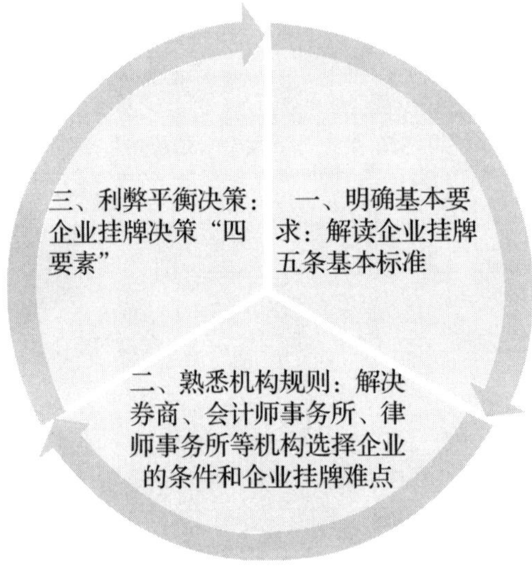

图4－1　企业新三板挂牌三步骤

第一节　明确基本要求

企业挂牌基本标准即《全国中小企业股份转让系统业务规则（试行）》中规定的标准，原则上来讲，企业挂牌，只需满足以下五项标准，见图4－2。

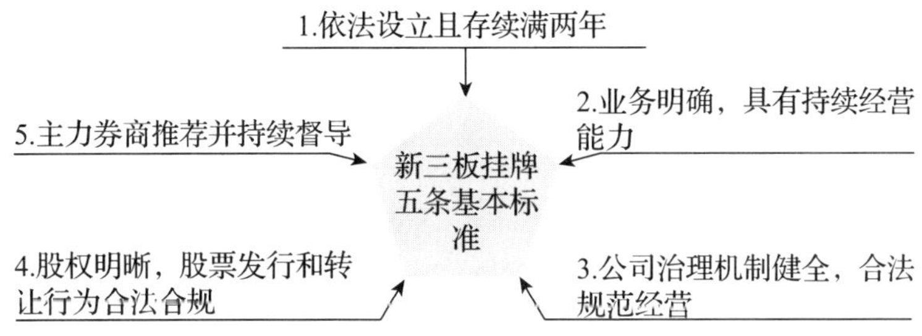

图4－2　企业挂牌五条基本标准

具体来说，五条基本标准解释如下。

一、"依法设立且存续满两年"

（1）依法设立，是指公司依据《公司法》等法律、法规向公司登记机关申请登记，并已取得《企业法人营业执照》。

（2）公司设立的主体、程序须合法、合规。① 企业挂牌时，国有企业需要提供相应的国有资产监督管理机构或国务院以及地方政府授权的其他部门、机构关于国有股权设置的批复文件。② 外商投资企业要提供商务主管部门出具的设立批复文件。③《公司法》修改（2006年1月1日）前设立的股份公司，须取得国务院授权部门或者省级人民政府的批准文件。

（3）公司股东的出资合法、合规，出资方式及比例应符合《公司法》相关规定。① 以实物、知识产权、土地使用权等非货币财产出资的，应当评估作价，核实财产，明确产权归属，确定财产权转移手续办理完毕。② 以国有资产出资的，应当遵守有关国有资产评估的规定。③ 公司的注册资本缴足，不存在出资不实的情形。

（4）存续满两年是指公司存续时间满两个完整的会计年度。

（5）有限责任公司按原账面净资产值折股，整体变更为股份有限公司的，存续时间可以从有限责任公司成立之日起计算。整体变更不应改变历史成本计价原则，不需要根据资产评估结果进行账务调整，应以改制基准日经审计的净资产额为依据折合为股份有限公司的股本。申报财务报表最近一期截止日不得早于改制基准日。

二、“业务明确，具有持续经营能力”

（1）业务明确，是指公司能够明确、具体地阐述其经营的业务、产品或服务、用途及其商业模式等。

（2）公司可同时经营一种或多种业务，每种业务应当具有相应的关键资源要素，该要素组成应具有投入、处理和产出能力，能够与商业合同、收入或成本费用等相匹配。① 公司业务如需主管部门审批，应取得相应的资质、许可或特许经营权等。② 公司业务须遵守法律、行政法规和规章的规定，符合国家产业政策以及环保、质量、安全等要求。

（3）持续经营能力，是指公司基于报告期内的生产经营状况，在可预见的将来，有能力按照既定目标持续经营下去。① 公司业务在报告期内应有持续的营运记录，不应仅存在偶发性交易或事项。营运记录包括现金流量、营业收入、交易客户、研发费用支出等。② 公司应按照《企业会计准则》的规定编制并披露报告期内的财务报表，公司不存在《中国注册会计师审计准则第 1324 号——持续经营》中列举的影响其持续经营能力的相关事项，并由具有证券期货相关业务资格的会计师事务所出具标准无保留意见的审计报告。财务报表被出具带强调事项段的无保留审计意见的，应全文披露审计报告正文以及董事会、监事会和注册会计师对强调事项的详细说明，并披露董事会和监事会对审计报告涉及事项的处理情况，说明该事项对公司的影响是否重大、影响是否已经消除、违反公允性的事项是否已予纠正。③ 公司不存在依据《公司法》第一百八十一条规定解散的情形，或法院依法受理重整、和解或者破产申请。

三、“公司治理机制健全，合法规范经营”

（1）公司治理机制健全，是指公司按规定建立由股东大会、董事会、监事会和高级管理层（以下简称“三会一层”）组成的公司治理架构，制定相应的公司治理制度，并能证明有效运行，保护股东权益。① 公司依法建立“三会一层”，并按照《公司法》《非上市公众公司监督管理办法》及《非上市公众公司监管指引第 3 号——章程必备条款》等规定建立公司治理制度。② 公司“三会一层”应按照公司治理制度进行规范运作。在报告期内的有限公司阶段应遵守《公司法》的相关规定。③ 公司董事会应对报告期内公司治理机制执行情况进行讨论、评估。

（2）合法规范经营，是指公司及其控股股东、实际控制人、董事、监事、高级管理人员须依法开展经营活动，经营行为合法、合规，不存在重大违法违规行为。

公司的重大违法违规行为是指公司最近 24 个月内因违犯国家法律、行政法规、规章的行为，受到刑事处罚或适用重大违法违规情形的行政处罚。① 行政处罚是指经济管理部门对涉及公司经营活动的违法违规行为给予的行政处罚。② 重大违法违规情形是指，凡被行政处罚的实施机关给予没收违法所得、没收非法财物以上行政处罚的行为，属于重大违法违规情形，但处罚机关依法认定不属于的除外；被行政处罚的实施机关给予罚款的行为，除主办券商和律师能依法合理说明或处罚机关认定该行为不属于重大违法违规行为的外，都视为重大违法违规情形。③ 公司最近 24 个月内不存在涉嫌犯罪被司法机关立案侦查，尚未有明确结论意见的情形。

控股股东、实际控制人合法合规，最近 24 个月内不存在以下情形的重大违法违规行为：① 控股股东、实际控制人受刑事处罚。② 受到与公司规范经营相关的行政处罚，且情节严重；情节严重的界定参照前述规定。③ 涉嫌犯罪被司法机关立案侦查，尚未有明确结论意见。

现任董事、监事和高级管理人员应具备和遵守《公司法》规定的任职资格和义务，不应存在最近 24 个月内受到中国证监会行政处罚或者被采取证券市场禁入措施的情形。

（3）公司报告期内不应存在股东包括控股股东、实际控制人及其关联方占用公司资金、资产或其他资源的情形。如有，应在申请挂牌前予以归还或规范。

（4）公司应设有独立财务部门进行独立的财务会计核算，相关会计政策能如实反映企业财务状况、经营成果和现金流量。

四、“股权明晰，股票发行和转让行为合法合规”

（1）股权明晰，是指公司的股权结构清晰，权属分明，真实确定，合法合规，股东特别是控股股东、实际控制人及其关联股东或实际支配的股东持有公司的股份不存在权属争议或潜在纠纷。① 公司的股东不存在国家法律、法规、规章及规范性文件规定的不适宜担任股东的情形。② 申请挂牌前存在国有股权转让的情形，应遵守国资管理规定。③ 申请挂牌前外商投资企业的股权转让应遵守商务部门的规定。

（2）股票发行和转让合法合规，是指公司的股票发行和转让要依法履行必要的内部决议、外部审批（如有）程序，股票转让须符合限售的规定。

公司股票发行和转让行为合法合规，不存在下列情形：① 最近 36 个月内未经法定机关核准，擅自公开或者变相公开发行过证券。② 违法行为虽然发生在 36 个月前，目前仍处于持续状态，但《非上市公众公司监督管理办法》实施前形成的股东超 200 人的股份有限公司经中国证监会确认的除外。

公司股票限售安排应符合《公司法》和《全国中小企业股份转让系统业务规则（试行）》的有关规定。

（3）在区域股权市场及其他交易市场进行权益转让的公司，申请股票在全国中小企业股份转让系统挂牌前的发行和转让等行为应合法合规。

（4）公司的控股子公司或纳入合并报表的其他企业的发行和转让行为需要符合本指引的规定。

五、挂牌条件“主办券商推荐并持续督导”

（1）公司须经主办券商推荐，双方签署了《推荐挂牌并持续督导协议》。

（2）主办券商应完成尽职调查和内核程序，对公司是否符合挂牌条件发表独立意见，并出具推荐报告。

第二节　熟悉机构规则

一、券商看中企业什么，企业需要关注券商什么

不言而喻，作为企业挂牌的关键，券商选择尤为重要，但随着加入新三板挂牌企业队伍的扩大，供求关系转变，从缺企业客户到缺新三板人才，券商开启了新三板人才抢夺大战，这意味着券商资源越来越抢手，部分大中型券商甚至暂时停止接单。作为企业方，一方面要重点关注券商的综合实力，另一方面券商的项目选择标准，券商的关注点已经逐步变成了企业挂牌潜在标准。学会以券商的视角，熟悉这些规则决定了企业挂牌的可行性。具体见图4－3。

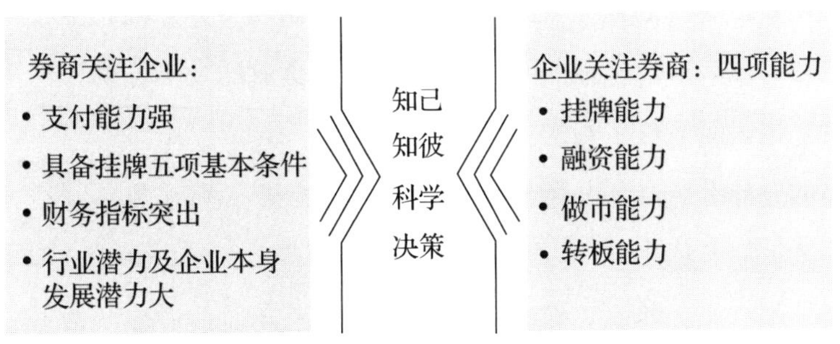

图4－3　券商和企业的关注点

（1）对券商而言，越是支付能力强、具备挂牌基本条件、财务指标突出、行业潜力及企业本身发展潜力大的企业越是它们理想中优先选择的企业，具体选择逻辑见图4－4。

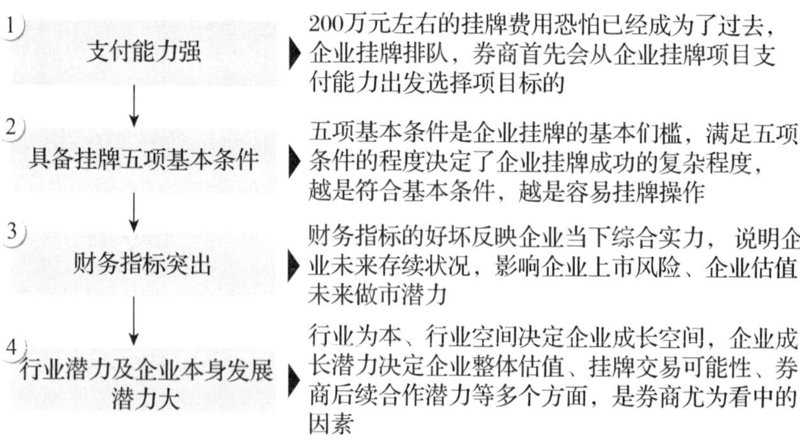

图4－4 券商选择企业的逻辑

其中支付能力、挂牌五项基本条件容易理解，财务指标方面券商重点关注的是企业营业收入、利润、增长率三个方面。而在行业潜力及企业本身发展潜力方面，新三板相关法律法规明确提出鼓励的是创新型、创业型、成长型中小微企业挂牌，主要方向是高新技术产业、现代服务产业、高端装备制造产业。这些行业契合了国民经济的转型升级方向，行业内的企业未来在估值上必然更容易受到资本市场重视。

其中创新型体现的是企业所处行业、技术积累等方面的特点，创业型体现的是企业的发展阶段，成长型更多的是体现企业的发展空间及未来。这三个特点恰好也是新三板市场的主要定位。

具体的方向上，高新技术产业、现代服务产业、高端装备制造产业分别有以下解读：

高新技术产业，即航天航空器制造业、电子及通信设备制造业、电子计算机及办公设备制造业、医药和医疗设备及仪器仪表制造业等行业。

现代服务业是指以现代科学技术特别是信息网络技术为主要支撑，建立在新的商业模式、服务方式和管理方法基础上的服务产业。它既包括随着技术发展而产生的新兴服务业态，也包括运用现代技术对传统服务业的改造和提升。总体上现代服务业具备“两新四高”的特点，即新服务领域、新服务模式、高文化品位和高技术含量、高增值服务、高素质高智力的人力资源结构、高感情体验高精神享受的消费服务质量。

现代服务业大体上包含四个类别，一是包括通信服务和信息服务在内的基础服务；二是包括金融、物流、批发、电子商务、农业支撑服务以及中介和咨询等专业服务在内的生产和市场服务；三是包括教育、医疗保健、住宿、餐饮、文化娱乐、旅游、房地产、商品零售等在内的个人消费服务；四是包括政府的公共管理服务、基础教育、公共卫生、医疗以及公益性信息服务等在内的公共服务。

高端装备制造产业既包括传统制造业的高端部分，也包括新兴产业的高端部分。关键体现在三个方面：第一，技术含量高，表现为知识、技术密集，体现多学科和多领域高精尖技术的继承；第二，处于价值链高端，具有高附加值的特征；第三，在产业链中占据核心部位，发展水平决定产业链的整体竞争力的相关产业。

另外，需要注意的是，券商选择企业更多的是依据主管机构的定位及标准，未来资本市场建设多样化、丰富化以后，各级市场会形成一定的竞争关系，比如创业板、新三板与上交所未来将设立的战略新兴板之间会存在较强的竞争关系，同时券商也会考虑到挂牌企业未来转板的可能性，所以像创业板提出的“二高六新”，高成长、高科技、新经济、新服务、新能源、新材料、新农业、新模式的要求等相关政策也需要企业家了解。

最后，我们知道资本市场与实业发展有较大的差异，有些企业发展很好，财务指标不错，但并不一定会在资本市场受到青睐。资本市场概念多，主题多，并且相关的概念和主题也有转换周期。这就要求企业家要经常关注资本市场的热点，抓住机遇，趁势而上。这与企业挂牌难易程度、估值高低、券商的关注程度都密切相关。

（2）从企业选择券商的角度来看，综合实力强、经验丰富、团队认真专注的券商注定更容易受到企业欢迎。总的来说，对于券商选择，企业应当从挂牌能力、融资能力、做市能力、转板能力四个方面（见图4－5）考量券商，以帮助企业达到挂牌、融资及未来转板的目的。

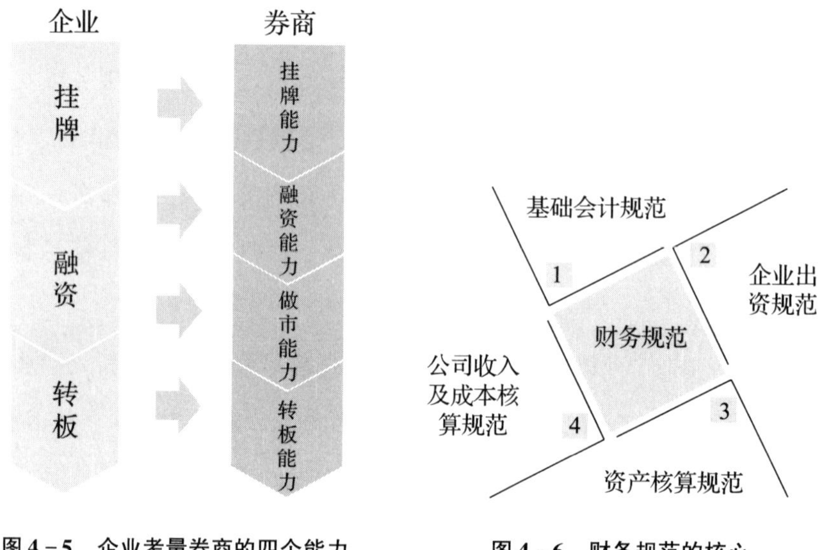

图4－5　企业考量券商的四个能力　　**图4－6　财务规范的核心**

二、财务规范，会计师事务所重点关注这四点

财务规范的核心是基础会计规范、企业出资规范、资产核算规范、公司收入及成本核算规范（见图4－6）。从会计师事务所的角度，企业挂牌包括未来公司治理，这四个方面的规范都是基本问题。

1．基础会计规范

（1）财务独立常见的问题有：

① 企业未设立独立的会计部门。

② 财务人员担任与岗位相冲突的职务。

③ 企业会计主体不清，财务核算范围不清，比如控制人旗下多家公司之间未严格区分会计主体、资产混用、成本费用归集对象与实际受益对象不符、几套账相串、股东个人或家庭费用直接计入公司支出等基本的规范问题。

规范的思路：企业应当设有独立财务部门进行独立的财务会计核算，建立健全与公司财务管理实际情况相适应的内部控制制度，厘清会计核算的主体范围。对于历史上存在会计主体不清情形的，应当重新审核实际的经济业务，进行会计调整。

（2）内部控制的设计和执行常见问题。内部控制制度不健全，或未有效执行，历史财务会计资料不完整，导致会计信息失真。例如：业务交易执行、授权、记录未有效分离，大量随意地更改原始或记账凭证，原始凭证不完整，业务记录不完整、不系统、混乱或无记录，业务记录与会计记录无勾稽关系，账表不符等。

规范的思路：① 内部控制薄弱，影响了财务报表的真实性，企业应在中介机构的辅助下，根据企业的实际情况梳理并完善内部控制制度。健全内部控制制度并对历史财务信息规范之后，应当切实执行内部控制制度，做到有监督、有记录、有反馈。② 对于历史上存在财务核算基础薄弱，证、账、表不符情形的，应考虑重新审核原始凭证进行账务调整，或重新进行会计核算。

（3）会计准则的适用常见问题。企业未按照《企业会计准则》进行会计核算，如有的小微企业执行《小企业会计准则》。

规范的思路：挂牌企业应按照《企业会计准则》进行核算，编制并披露财务报表。执行《小企业会计准则》的应转为执行《企业会计准则》。在转为执行《企业会计准则》时，应当按照《企业会计准则第 38 号——首次执行企业会计准则》和《小企业会计准则》所附的《小企业会计准则与企业会计准则会计科目转换对照表》进行会计处理。申报期内存在会计准则转换的，应当按照《企业会计准则》编制可比较会计报表。

（4）会计政策和会计估计选用的常见问题。

① 会计政策和会计估计选用不符合《企业会计准则》的要求。比如资本化政策不适当，研发费用不符合资本化条件的进行资本核算。

② 选用会计政策和会计估计不当，导致会计信息不能如实反映企业的财务状况、经营成果和现金流量。比如：折旧年限过长，折旧计提不足，折旧或摊销方法、年限、残值率不当或经常变更，应收款项坏账准备计提比例过低。

③ 报告期内会计政策和会计估计不能保持连贯。比如，会计政策和会计估计随意变更，滥用会计政策和会计估计进行利润调节等。

规范的思路：① 中介机构应根据企业的实际经营情况，逐项分析企业选用的会计政策和会计估计是否符合《企业会计准则》的要求。对于不符合《企业会计准则》要求，不符合企业实际经营情况的会计政策和会计估计，应当根据谨慎原则，参考同行业可比较公司的情况进行调整，重新选用，并对财务报表进行追溯调整。② 对于报告期内存在滥用会计政策和会计估计的，应当进行追溯调整。③ 对于在报告期内重大的会计政策和会计估计变更，中介机构应予合理关注，论证其合理性并充分披露。

（5）基准日资产、负债的真实性和完整性考虑常见问题。企业在股份制改造基准日账簿记录和报表列报的资产、负债不真实、不完整，主要表现为：

① 货币资金与账面数不一致，存在公款私存、公司资金往来使用个人账户的情形。

② 存货实际盘点数与账面数不一致。

③ 固定资产盘点数与账面数不一致。

④ 应收款项函证数与账面数不一致。

⑤ 负债函证数与账面数不一致等。

规范的思路：① 企业应在基准日扎账后，配合中介机构对资产和负债进行清点、函证，清产核资，确定资产和负债真实性、完整性。② 对于存在公款私存、资金往来使用个人账户情形的，应当停止使用个人账户，将存在个人账户的公司款项即时归还至公司账户，核对分析该个人账户中属于公司业务往来的资金流水的真实性。③ 对于其他资产、负债项目存在不一致的，应当进行盘盈盘亏会计处理。

2. 企业出资规范

（1）非货币出资的权属不清常见问题。出资人以无法证明其所有权的非货币资产进行出资，比如：

① 以属于公司的实物、固定资产进行出资。

② 以登记在出资人名下的职务成果进行出资等。

规范的思路：① 非货币资产出资应当核实出资资产的权属，属于以公司的实物、固定资产作为股东财产进行验资出资的，应当对该部分出资进行减资处理，并追溯调整。② 以登记在出资人名下的无形资产，如确属于职务成果，应当对该部分出资进行减资，并进行追溯调整，同时将该无形资产的权属变更到公司名下。

（2）非货币出资的估价不实常见问题。

① 出资人未经评估以非货币出资，或评估值明显虚高。

② 对公司自有资产重新评估后以评估增值部分进行增资。

③ 出资人以与公司经营不相关或不产生经营收益的非货币资产出资。

规范的思路：① 对于非货币出资未经评估的情形，应当由中介机构充分论证是否存在出资不实的情形。② 对于评估值明显虚高、未经评估但出资作价虚高的，以与公司经营不相关或不产生经营收益的非货币资产出资的，可以采用现金补足或减资的方法进行规范，其中与公司经营不相关或不产生经营收益的非货币资产应当视该出资无价值。采取现金补足规范方法的，不应变更注册资本或资本公积金，而应当将该非货币资产原入账价值中虚高的部分减除，并以现金补足，对该非货币出资进行了摊销的，应当进行追溯调整；采用减资规范方法的，应将估值虚高部分减资，对该非货币出资进行了摊销的，应当进行追溯调整。③ 对于公司以自有资产重新评估，以评估增值进行增资的情况，属于出资不实，应当减资，会计上进行追溯调整，对该评估增值的资产还原为历史成本计价。

（3）抽逃出资和关联方占用公司资金、资产或资源常见问题。

① 将出资款项转入公司账户验资后又转出，通过虚构债权债务关系将其出资转出，制作虚假财务会计报表虚增利润进行分配，利用关联关系将出资转出，其他未经法定程序将出资抽回。

② 公司关联方无偿借用、使用公司的资金、资产或资源。

规范的思路：① 通过虚构债权债务，制作虚假财务会计报表虚增利润进行分配等方式抽逃出资的，应当进行追溯调整。② 直接从公司账户转出资金未进行会计处理的，应即时归还转出款项。③ 利用关联交易转出资金的，通过挂往来账项占用公司资金的，应归还款项并核销往来账项。④ 其他占用公司资产、资源的，应将资产归还公司，停止占用公司资源。

（4）相互出资、循环出资常见问题。

① 同一控制人控制下的公司之间相互持有股权，构成相互出资，比如同一控制人下的 A、B 两公司，A 公司持有 B 公司 30% 的股权，B 公司持有 A 公司 20% 的股权。

② 母子公司之间相互出资，形成出资循环，放大关联公司之间的资本金，比如 A、B、C 三家公司，A 公司为 B 公司的母公司，B 公司为 C 公司的母公司，A 公司对 B 公司增资 1000 万元，B 公司对 C 公司增资 1000 万元，C 公司对 A 公司增资 1000 万元。

规范的思路：关联企业之间相互出资、循环出资虚增了关联企业之间的资产和注册资本，容易导致实际控制人混淆，应当通过减资、股权转让的方式溯本清源。相互出资和循环出资不会对企业的损益产生影响，因此在会计上只需对减资、股权转让行为进行会计处理即可，无须进行追溯调整。

3. 资产核算规范

（1）资产的入账价值与后续核算常见问题。

① 对部分资产变更历史成本计价原则，比如企业对增值较大的土地使用权、房产进行评估，以评估价值重新入账。

② 对存在减值的资产未按会计准则充分计提减值准备，导致列报的资产账面价值失实。

③ 对长期资产的减值准备进行回转处理。

规范的思路：① 企业资产应当遵循历史成本计价原则进行核算，按历史成本计提折旧或摊销，对于企业在历史上存在评估增值重新记账的，应视同重大会计差错进行追溯调整。② 对于未在资产负债表对资产的减值情况进行检查，计提减值准备的企业，应当在股份制改造基准日进行资产减值测试，考虑计提减值准备，以免出现资产账面价值与评估报告存在重大差异的情形。③ 对计提了减值准备的长期资产的价值回升后进行了减值准备转回会计处理的，应作为会计差错进行调整。

（2）资产的法律手续存在瑕疵常见问题。

① 资产的法律手续存在瑕疵，如建设在租用的集体土地上的房产无法取得土地使用权证书和房屋产权证书。

② 购置的机器设备未取得发票。

③ 应当登记公示的资产尚未完成过户手续。

规范的思路：法律手续存在瑕疵的资产应当审慎运用实质重于形式的原则来判断该资产的确认和入账时间。① 在租用的集体土地上建设的房产，应当综合分析存在的法律风险，被认定为违章建筑强制拆除风险较低的，应当确认为企业的资产，并合理估计可使用的年限进行摊销。② 交易取得的资产，经济交易包含的主要行为已完成（如款项已支付，资产转移交割，并为企业实际控制或使用），仅剩法律手续尚未办理完毕的，应当确认为公司资产并进行折旧摊销。③ 企业事实上存在该类资产但未进行会计核算的，应作为会计差错进行调整，将该类资产纳入公司的资产核算。

4. 公司收入及成本核算规范

（1）收入确认不符合会计准则的要求常见的问题。

① 收入确认违反权责发生制原则，如以收款或开具发票为依据确认收入。

② 对符合收入确认条件的业务随意延迟确认收入，跨期确认收入进行收益调节。

③ 对收入确认依据不充分的业务确认为收入，如对发出商品确认为销售收入等。

④ 收入会计政策的使用不符合企业实际的业务特征，如对提供劳务的业

务不采用完工百分比法确认收入，按里程碑或结算进度确认完工百分比等。

规范的思路：① 对于以收款或开具发票为依据确认收入的，应当核实每笔业务是否符合收入确认的条件，逐笔进行会计差错调整。② 对于随意延迟确认收入，对不符合收入确认条件的业务确认收入的，应逐笔核实并进行会计差错调整。③ 对于收入确认会计政策与企业业务不相符的，应重新选用会计政策，适用会计政策变更准则进行会计调整。

（2）成本的归集、分配与结转常见问题。

① 与收入相关的成本归集范围不清晰导致成本核算失真，比如：将期间费用（如管理人员薪酬、办公费用、销售费用等）归集到营业成本，便于做高成本少交流转税，以及将应当生产成本支出归集为研发支出便于抵扣企业所得税等。

② 成本支出未进行合理分配，导致各类产品收入的财务比率失真或不可比。

③ 确认收入时未相应地结转成本。

规范的思路：成本归集与分配不清晰，使会计基础薄弱，企业应当梳理业务流程，规范成本核算。报告期内成本归集与分配不清晰的，应当依据重要性原则对重大的成本支出归集与分配进行差错调整；对未在确认收入的同时进行成本结转的，应当进行会计差错调整。

（3）账外业务常见问题。

① 采用采购和销售两头不入账的方法进行体外经营。

② 销售收入不入账，产品成本则通过账面核算。

③ 采用多账套核算收入和成本等。

规范的思路：账外业务是典型的偷税行为，解决账外经营的难点在于如何补缴税金。原则上所有账外经营收入和成本均应进行会计差错调整，纳入公司财务报告。① 体外经营式的账外经营，应当审慎考虑采购、销售的主体，对往来资金流转情况和票据的规范性、齐备性等因素进行审核，对于符合收入确认条件的应当纳入公司财务核算并补缴税金。② 对于成本已入账但收入未入账，采用多账套核算账外经营的，应当通过会计差错调整的方法补记收入，合并账套核算，并补缴税金。

三、律师事务所关注要点解读

企业是否具备新三板的挂牌条件，是否存在需在改制重组前解决的问题，这都要求主办券商及律师对企业进行全面的尽职调查，图 4－7 中所述的几个问题在企业中普遍存在。

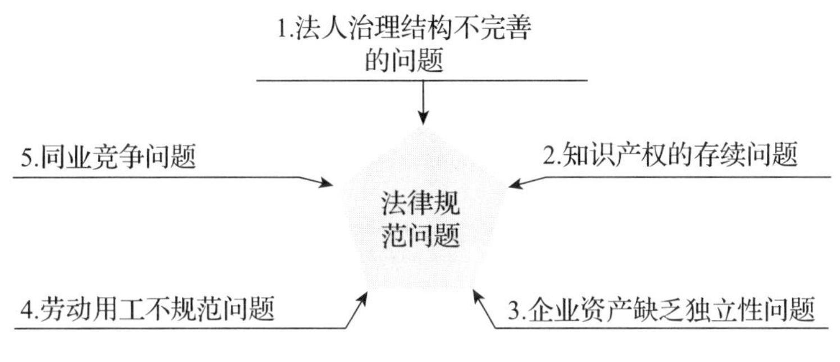

图 4－7　律师事务所关注的要点

1. 法人治理结构不完善的问题

在新三板挂牌的企业多为中小型企业，企业的股东也多为自然人，所以对公司的法人治理结构不够重视。企业在设立时大都会根据工商部门的要求提供相应的公司章程以及董事、监事、高管人员的选举、任职文件，但企业在设立后的运作过程中却容易忽略公司章程所规定的董事、监事、高管人员的任职期限，董事、监事、高管人员的任职期限届满后只有连选才能连任。笔者在尽职调查中发现，企业往往缺少董事、监事、高管人员的连任文件，从法律角度讲这样的法人治理结构是不规范的。针对这一问题，建议企业及时进行调整。

2. 知识产权的存续问题

在新三板市场挂牌的企业均为高科技型企业，专利技术成为企业的核心竞争力，这就要求企业必须具备发明、实用新型、外观设计等专利技术。虽然发明专利权的期限为二十年，实用新型专利权和外观设计专利权的期限为十年，但企业必须按规定缴纳年费，否则专利权将被终止。律师进行尽职调查时企业会提供各项专利证书以证明其所拥有的知识产权，但如果仔细核查专利年费缴纳情况，就会发现企业所提供的专利有部分甚至大部分并未能按规定缴纳年费，对企业而言，未缴纳年费的这些专利已失效，企业的这些专利技术不再受到保护。

3. 企业资产缺乏独立性问题

中小型企业的股东多为自然人，自然人股东通常掌握着企业的实际控制权，企业的资产也完全由其支配，所以在公司管理不规范的情况下，会存在企业资产被股东占用的现象。比如企业出资购买的机动车辆，车辆所有人却办至股东个人名下，由股东实际占有、使用。这使得企业资产与股东资产相混淆，导致企业资产缺乏独立性。针对此种现象，我们一般会建议企业与股东进行资产界定，以免出现企业资产产权不清晰的问题。

4. 劳动用工不规范问题

劳动用工不规范是中小型企业普遍存在的一大问题。由于企业的用工人员流动性较大，缺乏稳定性，加之企业往往出于节约用工成本的目的考虑，很少与员工签订书面劳动合同，且不为员工缴纳社会保险、住房公积金，或存在其他违法违规行为。企业若要进入新三板市场，必须严格规范劳动用工问题。我们会建议企业在上报材料之前，将劳动用工中存在的上述问题进行解决。

5. 同业竞争问题

同业竞争是指公司所从事的业务与其控股股东、实际控制人及其所控制的其他企业所从事的业务相同或近似，双方构成或可能构成直接或间接的竞争关系。同业竞争的存在使得相关联的企业无法完全按照完全竞争的市场环境来平等竞争，可能导致控股股东利用控股地位，在同业竞争中损害公司的利益，因此中国证监会要求上市公司严格禁止同业竞争，为此主办券商、律师也会要求拟挂牌企业避免同业竞争。律师在尽职调查时需从控股股东、实际控制人及其所控制的其他企业的业务性质、客户对象、可替代性、市场差别等多方面判断是否与企业构成同业竞争。对存在同业竞争的，我们会建议采取重组、转让等方式避免同业竞争。

第三节 利弊平衡决策

众所周知，新三板的价值在于能帮助企业拓展融资渠道、提升品牌知名度等，但同时，我们也应该意识到新三板各方面能达到的效果也并不会像设想的那样。在决定企业是否挂牌的时候，我们更建议企业家能立足长远，回归企业发展本身，遵循关注规范治理、制定资本策略、衡量成本学会借势、着眼未来长远发展四个原则来思考这个问题，见图4－8。

图4－8 企业挂牌决策“四要素”

关注规范治理：规范的企业治理对企业无论是当下还是未来发展而言都是有利无害，关注运营效率的提升，从当下关注企业各个方面的规范治理，既能够助力业务发展，同时也能够为企业挂牌奠定良好的基础。

制定资本策略：资本市场发展相对滞后、企业家更多关注业务发展、资本市场接触少懂得少等一系列的因素，经常会导致企业发展较少考虑资本方面的策略，未来竞争环境加剧、市场机会稍纵即逝，同时资本市场快速全面发展后，如何利用好资本的杠杆，撬动更多的资源加速助推企业更好发展是企业要着重考虑的问题。而企业挂牌、融资等都需要长远考虑，赶时髦、没规划的企业即使能挂牌也比较容易掉入无人问津的那一类。

衡量成本学会借势：新三板挂牌除了付出券商、事务所等机构的服务费，企业财务规范等方面也可能会给企业带来一大笔支出，衡量可能的成本，同时认真研究新三板起步阶段各个方面的政策、门槛红利，两方面平衡才能做好有利于企业未来的决定。

着眼未来长远发展：中小民营企业登陆新三板是个系统工程，挂牌只是登陆新三板的第一步，如果企业家希望在新三板取得优异的资本回报，需要系统规划、安排落实、谋定后动方能借力资本市场周期，实现跨越式发展。

展望未来，新三板提供的是一种多样化、多层次的资本市场路径，可以通过新三板这个大的市场一步步向上升级，从协议转让到做市转让，再到未来的竞价交易，每一步都会得到渐进的提升和发展。乐观地说，如果竞价交易的投资者准入门槛降低到更低的量级，未来和创业板的区别也不大了。由于新三板的准入门槛只有规范的要求而没有什么业绩指标的要求，所以任何企业都可以在协议转让层次挂牌，相对优秀的企业会脱颖而出上升到做市转让，未来再上升到竞价交易，这个过程会产生一个良性的优胜劣汰的机制，对于促进整个商业系统的繁荣具有重要的意义。债权融资是有举债上限的。这也决定了能使用债权融资的企业都需要较好的稳定现金流，但是对初创企业等中小企业来说这是很难做到的。这种内在的矛盾导致中小企业通过贷款等方式进行融资的风险很高，高风险需要用高利率来覆盖。而真正出了风险跑路的人还不上钱，反倒是正常经营的中小企业来承担高利率来弥补跑路的中小企业带来的损失，这种机制会导致企业家的逆向选择，鼓励不做好人做坏人。但是股权投资则不同，通过参与投资公司，投资者会在投资较好的企业后获得高额回报，而在投资错误时受到惩罚，这种机制会鼓励投资者去发现更好的企业，并以股权回报的丰厚收益来弥补其他的投资损失。在这里消除了上面说到的逆向选择，如果没有大的机制错误，则会促进投资者和中小企业的发展。

第五章
挂牌流程及指引

第一节　新三板挂牌流程

为了方便读者理解新三板挂牌，我们将挂牌工作进行了切片，以流程化、步骤化的方式展现出来，见图5-1。

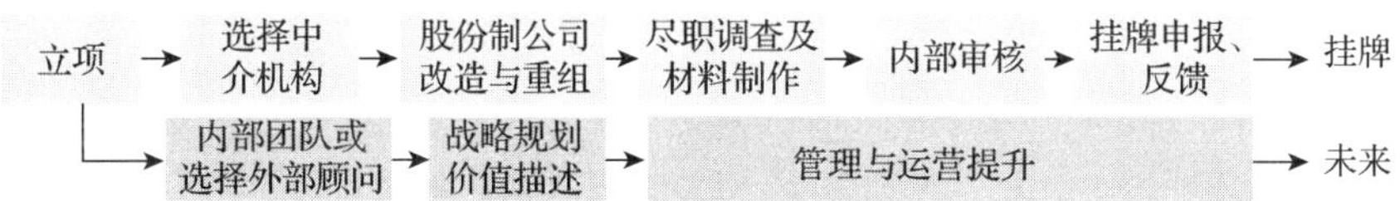

图5-1　新三板挂牌流程

新三板挂牌流程，可以归纳为以下几个步骤：

1. 上市战略规划

拟挂牌新三板公司自主或选择中介机构对于本企业的使命愿景、主营业务、组织架构等方面进行战略规划梳理，对外展示企业的自身价值。

2. 选择中介机构

申请新三板挂牌的公司选择主办券商，并与主办券商签订“推荐挂牌并持续督导协议”。

3. 股份制公司的改造与重组

拟上市的有限公司进行股份制改革，整体变更为股份公司。申请在新三板挂牌的主体须为非上市股份有限公司，故尚处于有限公司阶段的拟挂牌公司首先需要启动股改程序，由有限公司以股改基准日经审计的净资产产值整体折股变更为股份公司。

4. 尽职调查及材料制作

主办券商对拟上市股份公司进行尽职调查，编制推荐挂牌备案文件。主办券商进行尽职调查时，会针对每家拟推荐的股份公司设立专门项目小组。项目小组与会计师事务所、律师事务所等中介机构协调配合，完成相应的审计和法律调查工作后，根据《主办券商尽职调查工作指引》，对拟新三板上市公司历史上存在的诸如出资瑕疵、关联交易、同业竞争等重大问题提出解决方案，制作备案文件等申报材料。

5. 审核、反馈与挂牌

（1）主办券商在设立专门的项目小组的同时，还会设立内核机构，负责备案文件的审核，发表审核意见。主办券商根据内核意见，决定是否向协会推荐该公司在新三板上市。决定推荐的，会出具推荐报告（包括尽职调查情况、内核意见、推荐意见和提醒投资者注意事项等内容），并向协会报送备案文件。

（2）通过内核后，主办券商将备案文件上报至全国中小企业股份转让系统审核，股转系统审查主办券商报送的备案文件并作出是否备案的决定。若决定受理，则向其出具受理通知书并对备案文件进行审查，若有异议，则可以向主办券商提出书面或口头的反馈意见，由主办券商答复；若无异议，则向主办券商出具备案确认函。

第二节 上市战略规划

在标准的挂牌流程中，拟挂牌公司的战略规划及价值阐述并非必要的步骤，甚至不少公司对此颇为烦恼，认为多此一举。但事实上，一份好的战略规划既能厘清公司的未来方向，又能向外传播公司的良好形象。在进行正确的战略方向和企业价值描述之后，公司不仅能够在进行股份制公司改造的时候事半功倍，对公司未来资本市场的表现也有深一层的影响。

广泛意义上讲，一家公司的战略规划设计，不仅是公司管理层和员工对当前和未来的设计，也关联着投资者及各方如何看待公司的价值，直接影响资本市场对企业的估值和定价，决定企业发展过程中资本市场的支持力度。获得资本市场青睐，被寄予高价值的公司，不仅能获得融资上的支持，更能塑造品牌形象，影响行业人才的选择。例如BAT垄断了大部分互联网顶尖人才，影响与上游供应商的议价能力、下游客户的信赖度、政府部门的关注和政策支持等，最终这些方面会转化成公司的竞争优势与行业地位，影响行业格局走势。所以，新三板企业要在挂牌时做好战略规划设计，做好充分的资本市场应对。

很多企业一旦决定了准备挂牌，就马上急不可待地接洽券商、律师事务所、会计师事务所等相关中介机构。接着，对自己企业不做任何的包装、规划、整理，甚至适当的装饰都不做，直接接受以券商为首的各大机构进入公司进行尽职调查。新三板现在的火爆，直接导致券商手里有数量众多的拟挂牌企业，对于需要做大量的前期咨询工作的企业，可能要在遥遥无期的排队中等待：并非在监管机构那里排队，而是在券商手里排队。

首先，券商会优先选择帮助质地良好以及商业价值靠前的企业，而很大一部分杂乱无章的中小企业会无限期地向后排。其次，一家企业所处的行业是否适合挂牌，挂牌之后是否有可观的估值，能否被投资者青睐，三板市场倾向于什么产业投资，企业的商业模式如果需要调整，是否有调整的空间，调整完毕是否符合；适合利用现有企业的基础，将历史遗留问题适当调整粉饰后去申报，还是适合重新注册家公司去申报；或者干脆就不该去动这个脑子，应该考虑其他融资途径……这一切客观的判断，需要拟挂牌企业在接触券商前就想清楚，有一个客观清晰的认识。如果只是依靠于别人来判断，任何机构都会以自身利益为导向来对企业进行引导。

在资本市场上，估值水平是各方的关注重点，因为这不仅仅体现股东财富，也是市场上来自各方面的投资者对于企业未来一定时间内收益的预期。

而投资者对于企业未来一定时间内收益的判断在一定程度上来自于企业对外公布的公共信息，其中包括财务信息、企业的使命与愿景描述、企业所处行业的描述、企业未来市值的成长空间、与竞争对手相比企业的优势、融资去向等信息。而如何描述这些，需要深入进行战略研究，明确企业发展的方向。现在大家都在讲产业边际自定义，如何定义自己企业所处的企业？为什么定位于建筑装饰行业而不是声学装饰行业？为什么是装备制造业而不是节能环保企业？为什么是农产品生产加工业而不是生态健康产业……

这不仅仅是表面上看到的企业包装的问题，其中更多的是如何设计并理解一个企业家团队及企业的真正内在价值，并根据企业价值勾勒使命愿景，进行战略性的规划、资源配置、组织变革等一系列的改变。在明确了这些的前提下，进行下一步的股份制公司改造，在符合了挂牌要求的同时，对企业也完成了一次升级。

企业价值一方面连接着企业的经营管理者，另一方面连接着企业的股东及相关利益者（见图5－2）：通过企业的信息和数据给投资者提供决策信息的同时，也通过企业的使命愿景、战略目标等企业价值的关键因素来引导企业的经营管理者，帮助企业前行；通过公开的信息将企业披露在企业股东、投资者及相关利益者面前的时候，不但将企业的价值展现在了公众的面前，也让公众有机会可以评价和预测企业的价值。

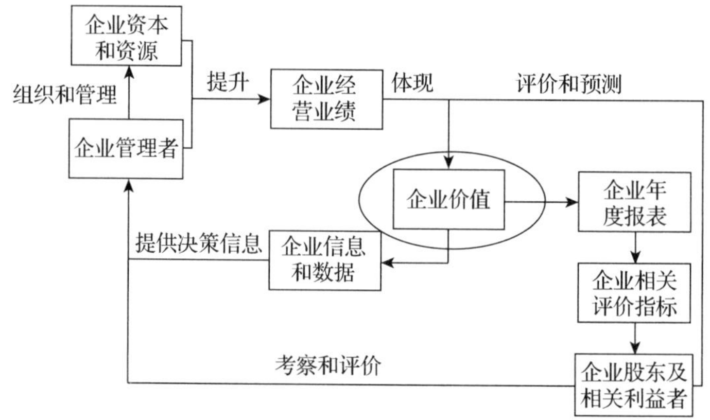

图5－2　企业价值全景图

如何做企业的战略规划设计与价值描述？

一家公司挂牌之后便进入公众市场，公司价值将由利润 E 和估值（市盈率 PE）决定，即 $V = E \times PE$。优秀的战略规划，能有效地在这两方面向投资者及各方阐明公司的价值空间和成长路径。从资本市场估值方面看，战略规划设计时主要有以下几个因素值得关注，这也是和君咨询的相关认知框架。

1. 行业属性

新三板相关法律法规明确提出鼓励的是创新型、创业型、成长型中小微企业，主要方向是高新技术产业、现代服务产业、高端装备制造产业。这些行业契合了国民经济的转型升级方向，行业内的企业在估值上必然受到资本市场重视。但同时值得注意的是，市场给予的高估值源于行业的成长空间，而大多数新三板企业为小行业或大行业配套行业公司，行业规模不大，缺乏想象力，在进行战略规划时容易陷入格局过小的局面，就所在的小行业谈战略规划，影响公司资本形象。因而，新三板企业在进行战略规划时，不妨考虑从上一维度的行业或资本市场高估值行业谈市场规模、行业格局和竞争要点，并预判行业趋势和公司潜在发展空间。

2. 业务结构

公司业务结构的形成源于战略规划，是发展战略的执行结果。过分杂乱的多行业业务结构，不仅使得公司管理层精力分散，陷入发展迷茫之中，也加大了外部投资者及各方对公司价值判断的难度。同时，不同业务对应着不同的估值水平，结构中传统业务或偏冷业务会压低公司的整体估值。因而，新三板公司在进行战略规划时有必要理顺业务结构，剥离低利润低估值业务，确立高估值业务及其发展方向。

3. 商业模式

商业模式谈及的是公司的产品或服务对象和盈利方式，决定了公司的生存方式和成长空间。不同的商业模式对应着不同的资产结构、运营效率和盈利能力，决定了投资者的风险与回报。同样是行业内的企业，如果通过创新方式，商业模式相较于其他企业更轻资产化运营，或能为客户提供个性化服务，或更符合（移动）互联网和物联网趋势，那相较于其他企业享有更高估值，也是情理之中。

4. 股东结构

新三板公司的股东结构能向投资者反映其受欢迎的程度和潜在的资源背景。新三板公司的信息披露程度很难达到大多数投资者控制风险和识别公司价值的程度，因而公司股东结构中如果包含明星投资者，例如知名 VC、PE、公募私募投资者或上市公司等，等于向市场发出了价值度高和风险可控的信号，并存在资源整合的空间和可能性。因而，对于新三板企业而言，在进行战略规划时如何看待外界的战略投资者，在既保证股权不被过度稀释，又不失资本或产业合作伙伴，值得思考。

5. 4R 关系管理

4R（IR、AR、MR、RR）分别代表投资者关系、分析师关系、媒体关系、监管层关系。新三板往往被市场解读为主板的预备板、蓄水池。事实上，新三板挂牌之后的公司成为公众企业，做事方式不能像过去那样“闷头干产业”，而要把外界关系管理放入战略规划体系中，逐步学会与投资者、分析师、媒体、监管层等方面打交道。对于投资者关系而言，诚信友善的沟通和战略规划的明晰，能培养一批与企业共同成长的投资者。信息披露是重要的正式的沟通渠道，线下路演见面则是建立友善关系的重要方式，都需要重视。对于监管层关系而言，除了合法合规的信息披露和材料申请审核之外，要主动积极建立良好的沟通关系，及时把握资本市场的法律法规和政策动向。对于分析师和媒体关系而言，两者各拥有资本市场和社会的话语影响力，有效引导能有助于解读公司的战略规划和塑造良好的资本和社会形象。

从企业利润方面看，企业战略规划时的价值描述，可以考虑通过以下几个因素来进行思考。

1. 资源因素

企业资源是企业价值增长的客观基础，能否比市场中的竞争对手获得更多的资源，并有效地进行管理整合是企业价值关键要素。

企业资源可以分为企业的有形资源和无形资源。有形资源可以理解为企业拥有的实物资源、货币资源、研发团队、研发设施以及研发投入等；无形资源包括企业掌握的技术，企业的管理模式、管理手段、管理团队，以及企业的客户资源、销售网络渠道及同政府等相关利益集团之间的关系等。

2. 核心竞争力

当下以互联网技术为代表的新兴技术正在被不断地应用在普通大众的生活中、企业生产的日常运营中，企业所面临的竞争环境越来越严峻。越来越多的企业意识到打造核心竞争力的意义所在。如果说短期来看，企业的竞争是在产品价格、性能以及服务方面的竞争；那么从长期来看，企业间的竞争则是核心竞争力的比较。

核心竞争力的识别标准有四点：① 价值型：如能大幅度降低成本、高于对手的产品质量、优于市场平均的服务效率、顾客重复消费程度高等。② 稀缺性：具备其他企业或仅有少数企业存在的能力。③ 不可替代性：竞争对手无法通过其他能力来替代。④ 难以模仿性：企业所特有的能力。

而具体到操作层面，则是企业管理上面的三个方面：① 企业组织协调各生产要素，优化配置资源的能力。② 企业将资源和技术转化为企业技能或产品的能力。③ 企业获取各种资源和技术的能力。

3. 所处的行业

所有的企业都需要定义自己的特定行业，各行业有着本行业独特的机构、性质和特点，它们直接影响并决定企业的价值。企业在定义自己所处的行业的时候可以从两大方面去考虑：

（1）行业所处生命周期：如果是一个崭新的行业，比如生物技术、信息技术、节能环保等领域，行业的成长比较迅速，面临的竞争相对不激烈，企业具有比较强的价值创造和增长能力。

（2）行业的整体结构：包括行业内所有企业的规模、市场份额、产品差异性、行业准入门槛、企业潜在替代者等，这些结构因素综合在一起影响了整个行业的整体盈利能力。

由于企业价值因素的不确定性，所以准确地进行企业价值的计算是比较困难的，在股票市场上可能反应为企业的股价。但是，对于投资者来说，早上一条利好的消息可能会让股价大涨，而晚上一条利空的消息可能会让股票价格在第二天大跌。因此，我们在做价值描述的时候，一定是要抓住企业的核心因素以并根据企业真实的能力水平来进行描述，将企业价值描述以打造磐石的态度来进行，一旦完成企业价值的描述，根据描述中所勾勒的使命愿景、战略规划、资源配置以及组织构架去坚定不移地改造企业。

第三节　中介机构选择

新三板挂牌一般需要聘请以下中介机构：

（1）证券公司，即主办券商。

（2）会计师事务所。

（3）律师事务所。

（4）其他：如资产评估机构（如需要评估）。

主办券商、会计师事务所和律师事务所是IPO过程中必要的中介服务机构。在新三板的挂牌过程中，主办券商、会计师事务所和律师事务所同样必需。根据全国中小企业股份转让系统颁布的《全国中小企业股份转让系统主办券商推荐业务规定（试行）》第二章第一节第6、7条，主办券商最为重要：主办券商会针对每家申请挂牌公司设立专门项目小组，负责尽职调查，起草尽职调查报告，制作推荐文件，等等。同时，项目小组主要由主办券商的内部人员构成，其成员需取得证券执业资格，其中注册会计师、律师和行业分析师至少各一名。而在项目小组中，会有一名来自于主办券商的指定的负责人对项目全面负责。整个挂牌过程中，项目负责人的选择最为重要，该负责人需具备：① 参与两个以上推荐挂牌项目，且负责财务会计事项、法律事项或相关行业事项的尽职调查工作或 ② 具有三年以上投资银行从业经历，且具有主持境内外首次公开发行股票或者上市公司发行新股、可转换公司债券的主承销项目经历。

各中介机构在挂牌过程中的具体职能如下。

一、主办券商

主办券商主要负责挂牌公司的改制、挂牌公司的规范、申请材料的制作与内核、挂牌申请及后续的持续督导等工作，具体工作如下：

(1) 按照国家相关法律、法规规定协助企业进行股份制改制、成立股份有限公司，具体工作包括：

① 对企业进行尽职调查。

② 协助企业以及会计师事务所、律师事务所等中介机构制订改制的整体方案并进行法律、财务等方面的可行性研究。

③ 组织股份制改制工作小组。

④ 调查企业的资产状况和财务状况，对企业资产状况和财务状况中与改制要求不相符合的部分向企业提出整改的意见或建议，并协助企业以及会计师事务所解决有关财务问题。

⑤ 协助企业以及律师事务所解决在企业改制过程中的法律问题。

⑥ 编制企业股份制改制的工作时间表。

⑦ 协助企业及律师事务所制作、编制有关企业改制设立股份有限公司的申请文件。

⑧ 协助企业与政府有关主管部门沟通协调以取得股份制改制的所有批准。

⑨ 协助企业召开创立大会和第一届董事会第一次会议。

⑩ 协助企业完成有关设立股份有限公司的其他工作。

（2）对企业改制后设立的股份有限公司进行新三板挂牌前的辅导工作。

（3）按新三板挂牌的相关规定对股份有限公司进行尽职调查，对发现的问题提出解决办法并协助企业落实相关措施。

（4）协调、安排中介机构进场进行相关工作，并使其按时制作挂牌申报材料。

（5）协助企业与相关的主管部门沟通，推进企业资本运作、顺利开展挂牌工作。

（6）负责制作企业进行新三板挂牌申请所需材料，并为与之相关联的工作提供参考意见。

（7）企业申请新三板挂牌材料的内核。

（8）向全国中小企业股份转让系统递交挂牌申请的相关材料，并进行及时的反馈。

（9）企业挂牌之后，主办券商应持续督导所推荐挂牌公司诚实守信、规范履行信息披露义务、完善公司治理机制。

进入2015年，拟挂牌新三板的企业数量呈爆发式增长，一些综合排名比较靠前的券商提高了门槛，比如将利润水平设为500万元或者1000万元。不过在选择券商时，名气大并不意味着合适。在一些综合性的大型券商中，也常常会出现部分团队工作效率相对较低的情况；反之，在一些排名中等甚至靠后的券商中也有非常优秀的团队。如前文所讲，在挂牌过程中，主办券商会成立专门的项目小组，因此选择合适的项目经理也尤为重要。

目前市面上大部分从事新三板业务的券商基本上都能满足企业在新三板挂牌中技术上的要求。因此，在选择主办券商的时候，企业主要应从自身的发展考虑：如果企业通过新三板挂牌主要是为了提升企业的形象、宣传公司品牌、吸引市场的关注度，那么在选择主办券商的时候应主要考虑挂牌的方便程度和挂牌速度；如果企业希望在新三板融资，提升综合融资能力，在选择券商的时候主要应该考量主办券商的融资能力和做市能力，此时券商过往的融资案例、券商规模和声誉等因素应该作为主要的考察方面；如果企业希望将挂牌新三板作为未来在证券交易所上市的铺垫，则应该主要考虑主办券商的规模、IPO 能力和过往经验等方面。

大部分的拟挂牌新三板的企业在接触新三板以前，和资本市场打交道较少，因此在选择合适的券商或是工作团队方面比较迷惘，可以考虑的解决方法如下：

（1）聘请一名合格的董秘。一名合格的董秘在选择合适的券商及工作团队的过程中，可以起到举足轻重的作用。在工作团队入驻企业开始工作的过程中，还可以起到协助工作团队共同推进挂牌事项的重要作用。

（2）委托一家咨询机构代表企业对接中介机构。咨询机构掌握了一大批券商团队渠道，包括专业能力、合作态度、忙闲程度、过往经验等，能够帮助企业找到最适合的主办券商。同时，可以帮助企业有效地推荐挂牌流程。

除上述方法外，企业也可以借鉴当下由于券商选择上出现失误而导致挂牌“失败”的企业的经验。经整理，我们为企业在选择券商的方法上提出了见解：

（1）不要过于看重中介费用，在专业服务行业领域，质量与费用往往成正比。

（2）不要过于信任“熟人”，挂牌为企业头等大事，需要客观看待操作团队的能力。

（3）选择券商时多考量券商的“业绩”——挂牌成功率。

企业挂牌的成功率在一定程度上也取决于主办券商的能力与经验。企业挂牌后的股票转让目前可以通过协议转让与做市转让两种方式进行。其中，做市转让则需选择做市券商为企业进行做市服务，券商的做市能力很大程度上决定了企业股权的流动性。以下是各类别优质券商一览，供读者参考或选择。

1. 优质挂牌主办券商一览

据全国中小企业股份转让系统官网显示，截至 2015 年 4 月，能够承接新三板挂牌业务的券商共有 87 家，分别为：申银万国、申万宏源、国泰君安、国信证券、长江证券、银河证券、渤海证券、海通证券、广发证券、招商证券、光大证券、华泰证券、中信证券、东海证券、国元证券、东方证券、平安证券、中银国际、上海证券、西部证券、中投证券、宏源证券、南京证券、齐鲁证券、山西证券、东北证券、国海证券、东吴证券、中心建设、中原证券、金元证券、华西证券、西南证券、长城证券、浙商证券、大通证券、民生证券、国都证券、信达证券、国盛证券、安信证券、东兴证券、万联证券、国联证券、广州证券、兴业证券、方正证券、财富证券、东莞证券、华安证券、华龙证券、首创证券、爱建证券、民族证券、国金证券、恒泰证券、财通证券、第一创业、红塔证券、中金公司、世纪证券、湘财证券、新时代证券、江海证券、中航证券、华融证券、太平洋证券、中山证券、华鑫证券、华林证券、东方花旗、华创证券、天风证券、国开证券、华福证券、日信证券、德邦证券、财达证券、厦门证券、银泰证券、英大证券、同信证券、川财证券、五矿证券、联讯证券、中信证券（山东）、华信证券（排名不分先后）。

截至 2015 年 6 月 1 日，累计挂牌企业数量排名在前 20 位的券商见表 5－1。

表 5－1 累计挂牌企业前 20 券商

序号	券商名称	审核、挂牌公司数量	序号	券商名称	审核、挂牌公司数量
1	申万宏源	275	11	国泰君安	65
2	齐鲁证券	153	12	光大证券	60
3	广发证券	109	13	海通证券	57
4	国信证券	103	14	中信证券	51
5	长江证券	99	15	中原证券	51
6	中信建投	96	16	国金证券	46
7	安信证券	93	17	西部证券	45
8	招商证券	74	18	方正证券	44
9	东吴证券	73	19	财通证券	41
10	东北证券	71	20	兴业证券	36

就挂牌家数而言，排名前10的大部分都是大型券商，如申银万国、广发证券等。而在前10的有如东吴证券等地区性的中型券商，这源于江浙一带的优质企业较多，在服务于当地企业方面，地区性的中型券商有着得天独厚的优势。

从来自于股转中心官网的数据看，各券商团队人数的排名见表5-2。

表5-2　团队人数前20的券商

	券商名称	可担任项目负责人人数	具有注册会计师资格人数	具有律师资格人数	团队人数
1	申万宏源	204	152	109	465
2	广发证券	54	37	39	130
3	中信证券	22	54	44	120
4	招商证券	52	26	30	108
5	齐鲁证券	36	48	23	107
6	西南证券	43	35	20	98
7	国泰君安	28	34	30	92
8	国金证券	46	27	17	90
9	民生证券	46	29	15	90
10	东北证券	34	29	25	88
11	国信证券	23	30	25	78
12	长江证券	31	24	19	74
13	光大证券	32	22	14	68
14	中投证券	29	15	21	65
15	方正证券	24	19	20	63
16	天风证券	27	18	14	59
17	东吴证券	28	15	13	56
18	西部证券	20	18	16	54
19	国海证券	19	21	14	54
20	太平洋证券	21	14	13	48

从团队人数来看，大中型券商均有着强大的团队，尤其是申万宏源，其可用于新三板挂牌的团队人数远超其他券商。

2. 优质股票发行券商一览

全国中小企业股份转让系统官网2014年1月至3月期间的数据显示：截至2015年3月31日，全国中小企业股份转让系统共完成545次股票发行，累计股票发行额为210.23亿元。在股票累计发行次数方面，广发证券、齐鲁证券、申银万国名列前三；股票累计发行的金额可以看出一家证券公司的融资实力强弱，在融资金额方面西部证券以58.3亿元排名居首。榜单见图5－3（TOP15）。

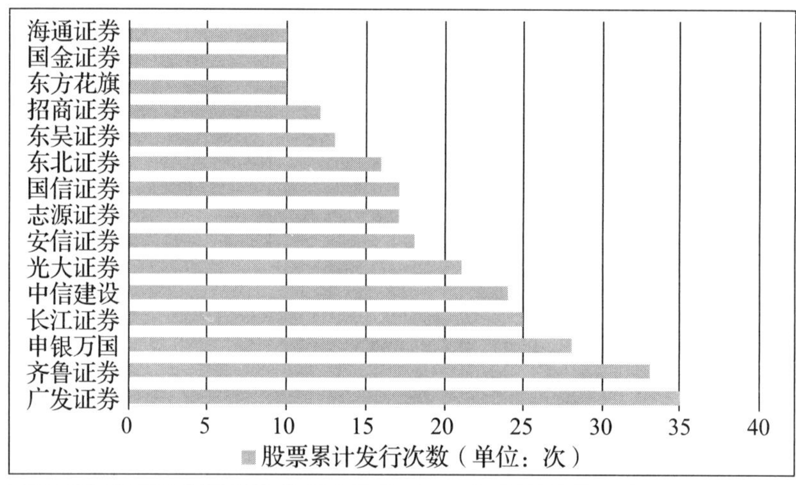

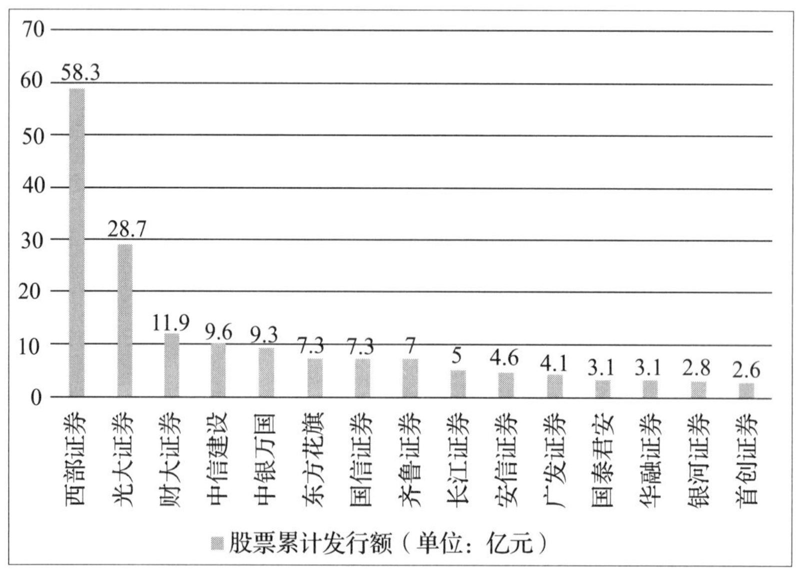

图5－3 券商股票累计发行次数和累计发行额前15

3. 优质做市券商一览

截至2015年3月，已经累计有65家主办券商开展了842次做市股份转让业务。而在这65家做市券商中，齐鲁证券以累计开展了59次做市交易高居榜首，其他大券商如申万宏源、国信证券、国泰君安也有不俗的表现。此外一些如广州证券、天风证券、世纪证券等推荐业务表现平平的中小券商在做市业务方面表现突出。在主板、中小板和创业板方面中小券商追赶大型券商比较吃力，但在新三板市场却给了中小券商大展身手的空间。排名前10的做市商见表5－3。

表5－3　做市场商业务排名前10的券商

排名	做市商	做市企业数量	做市企业/挂牌企业	做市成交量（股）	做市成交金额（元）
1	齐鲁证券	59	47.97%	111 697 161	1 584 639 953
2	广州证券	45	140.63%	23 118 000	323 425 900
3	申万宏源	35	15.15%	40 710 706	441 671 509
4	国信证券	34	41.46%	55 050 443	918 161 393
5	天风证券	33	220.00%	10 183 500	269 992 700
6	国泰君安	30	55.56%	33 056 648	577 672 656
7	上海证券	28	116.67%	26 012 006	331 206 446
8	东方证券	27	96.43%	21 217 500	621 588 720
9	世纪证券	27	900.00%	11 552 500	216 507 300
10	中信证券	27	58.70%	18 123 822	415 963 136

二、会计师事务所

企业申请新三板挂牌，须聘请具有证券从业资格的会计师事务所承担有关审计和验资等工作。主要工作如下：

（1）负责企业改制的审计，并出具审计报告。

（2）负责企业资本验证，并出具有关验资报告。

(3) 负责企业财务报表的审计，并出具两年及一期的审计报告。

(4) 对发行人原始财务报表与申报财务报表的差异情况出具专项意见。

(5) 提供与新三板挂牌有关的财务会计咨询服务。

表5－4为已经为非上市股份公司股票挂牌提供相关服务的会计师事务所名单（排名不分先后）。

表5－4 提供过新三板挂牌相关服务的会计师事务所

北京兴华会计师事务所	瑞华会计师事务所
立信会计师事务所	天健会计师事务所
大华会计师事务所	中兴财光华会计师事务所
大信会计师事务所	中审华寅五洲会计师事务所
众华会计师事务所	中审亚太会计师事务所
天职国际会计师事务所	中兴华会计师事务所
华普天健会计师事务所	中汇会计师事务所
利安达会计师事务所	中准会计师事务所
上海上会会计师事务所	致同会计师事务所
中勤万信会计师事务所	信永中和会计师事务所
中喜会计师事务所	江苏公证天业会计师事务所
立信中联会计师事务所	广东正中珠江会计师事务所
众环海华会计师事务所	希格玛会计师事务所
江苏苏亚金诚会计师事务所	北京永拓会计师事务所
中天运会计师事务所	天衡会计师事务所
亚太（集团）会计师事务所	北京天圆全会计师事务所
福建华兴会计师事务所	山东和信会计师事务所
四川华信（集团）会计师事务所	北京中证天通会计师事务所

三、律师事务所

企业申请新三板挂牌，必须依法聘请律师事务所担任法律顾问，由其来完成企业挂牌过程中的合规要求。其主要工作如下：

(1) 对挂牌企业改制重组方案的合法性进行论证。

（2）指导挂牌企业进行股份公司的设立或变更。

（3）对企业挂牌过程中涉及的法律事项进行审查并协助企业规范、调整和完善。

（4）对企业主体的历史沿革、股权结构、资产、组织机构运作、独立性、税务等公司法律事项的合法性进行判断。

（5）对企业挂牌过程中的各种法律文件的合法性进行判断。

（6）协助和指导企业起草公司章程等公司法律文件。

（7）出具法律意见书等挂牌所需要的文件。

（8）对有关申请挂牌文件提供鉴证意见。

截至2015年5月10日，全国已有288家律师事务所为非上市股份公司股票挂牌提供相关服务。

第四节 股份制公司的改造与重组

根据《全国中小企业股份转让系统业务规则》，新三板的挂牌主体要求为股份有限公司，而我国的中小企业大多是以有限责任公司的形式存续的，因此股份制改造是有限责任公司新三板挂牌的必经之路。股份制改造一般主要由律师提供法律服务，也有部分公司可以自行组织股份制改造的工作。

股份制公司的改造与重组，除了是为了符合新三板挂牌主体的要求外，还有其他主要目的：① 建立规范的公司治理结构，实现企业投资主体多元化，建立起以股东大会、董事会、监事会和总经理分权并制衡的公司治理结构，有效地建立起企业竞争机制和管理机构，促进企业良性发展。② 在社会范围内筹集资金，筹集到可以扩大企业生产、增加企业规模所需的大量资本，并增强企业实力。③ 明确企业产权归属，协调各方面利益，突破地区限制、部门限制以及所有制的界限，优化资源配置并推动企业的专业化发展和联合。④ 实现出资者所有权和企业法人财产权的有效分离，独立的公司法人财产是参与市场化竞争的首要条件，也是公司在市场化中生存和发展的必要条件。

作为资本的一种组织形式，股份制公司无论是从“人合”到“资合”抑或从“人治”到“法治”，其在理论上已经非常成熟。但具体到某一家企业，情况千差万别，就不能简单地套用理论，照抄书本，而必须实事求是，灵活运用。本部分从一般非股份制公司新三板挂牌所需的改造与重组进行描述，希望能够通过本部分的参考和借鉴促进企业符合公司法的规定，并符合新三板的挂牌条件。同时建立起产权明晰、决策民主、管理科学、治理结构完善，业务清晰、经营独立、机制完备，生产要素配置优化、主营业务竞争力突出的现代化企业。

一、股份制公司改造

1. 设立条件（法律依据）

《中华人民共和国公司法》第九条：有限责任公司变更为股份有限公司，应当符合本法规定的股份有限公司的条件。股份有限公司变更为有限责任公司，应当符合本法规定的有限责任公司的条件。第七十六条：设立股份有限公司，应当具备下列条件：

（1）发起人符合法定人数。

（2）有符合公司章程规定的全体发起人认购的股本总额或者募集的实收股本总额。

（3）股份发行、筹办事项符合法律规定。

（4）发起人制订公司章程，采用募集方式设立的经创立大会通过。

（5）有公司名称，建立符合股份有限公司要求的组织机构。

（6）有公司住所。

结合设立条件一般应遵循以下原则：

（1）应依照《中华人民共和国公司法》《全国中小企业股份转让系统业务规则》等规定规范操作，遵循公开、公平、公正的原则。

（2）应有利于促进资产及资产权属的独立性、完整性。

(3) 应有利于避免同业竞争、减少并规范关联交易。

(4) 应有利于促进资产及业务整合，将主营业务做大做强，形成核心竞争力和持续发展能力。

(5) 应有利于建立规范的法人治理结构，促进公司资产、业务、财务、机构、人员的独立性。

2. 改造程序

因在新三板挂牌的企业主体大部分为有限责任公司，下面则注重从有限责任公司角度进行描述，这一类别企业进行股份制改造的基本程序见图5-4。

图5-4 有限责任公司股份制改造程序

(1) 制订股改方案。即公司董事会制订本公司股份制改造方案。按照《公司法》第47条之规定，“制订公司合并、分立、解散或者变更公司形式的方案”属于董事会的职权范围。所以，拟进行股份制改造的有限责任公司，首先应当由公司董事会制订初步的股份制改造方案。其次，应召开股东大会，对董事会制订的股份制改造方案进行审议，对是否进行股份制改造作出决议(详见《公司法》第38条)。需要注意的是，依据《公司法》第44条之规定，有限责任公司股东会会议作出变更公司形式的决议，必须经代表2/3以上表决权的股东通过。当然，如果公司章程或股东会议事规则明确需超过法定的比例，则仍要按照股东会议事规则执行。否则，只能先更改公司章程或股东会议事规则。

方案一般情况下应包括以下内容：① 变更的目的和目标。② 变更的依据。③ 变更后公司的名称、注册资本、组织结构和经营范围等。④ 将原有限责任公司公司股东的出资额转换成股份有限公司股份的方式和依据。⑤ 变更步骤和大致的进展时间表。⑥ 具体负责机构和人员。⑦ 其他需要说明的事项。

（2）清产核资。对企业各项资产、债权债务进行全面清查，主要任务为：清查资产数额、重估资产价值、核实企业资产、界定企业产权、促进资产优化配置。

（3）界定企业产权。本程序主要针对企业的国有资产产权界定。由于企业国有资产负有多重财产权利，权利结构复杂，因此需要对其进行产权界定，即依法划分企业财产所有权、经营权、使用权等产权归属，并明确各类产权主体的权利范围及权限。

（4）资产评估。股东会作出股份制改造决定后，应当由改制公司聘请资产评估机构对公司会计报表进行审计，以确定公司的净资产额，并以之作为折股依据（详见《公司法》第96条）。

（5）财务审计。资产评估结束后，应聘请具备法定资格的会计事务所对企业改制前三年的资产、负债、所有者权益以及损益进行审计。

（6）认缴出资。出资额为企业经资产评估后确认的净资产价值，其中包括原企业的资产换算，也包括认缴注入的新资本。

（7）修订组织机构。改制公司召开股东大会，通过股份有限公司章程，选举股份公司组织机构（董事会、监事会）组成人员（详见《公司法》第91条）。

（8）申请登记。依据《公司法》第93条和《公司登记管理条例》（国务院令第45号）第34条的规定，改制公司派员到登记管理机关办理工商、税务、组织机构代码、银行账号变更登记手续。

上述程序为股份制改造的主要程序，股改期间还必须召开若干次股东大会通过各程序涉及的公司重大决议，其细节因公司具体事务而定。

3. 时间控制

（1）有限责任公司召开临时股东会，对变更公司组织形式形成决议的日期应在创立大会召开15日前。《公司法》第九十条规定：“发起人应当在创立大会召开十五日前将会议日期通知各认股人或者予以公告。”因此有限责任公司召开临时股东大会，对变更公司组织形式形成决议的日期应在创立大会召开的 15 日前。

（2）申请设立登记的报送文件应于创立大会结束后 30 日内进行报送。《公司法》第九十二条规定：董事会应于创立大会结束后三十日内，向公司登记机关报送下列文件，申请设立登记：

① 公司登记申请书。

② 创立大会的会议记录。

③ 公司章程。

④ 验资证明。

⑤ 法定代表人、董事、监事的任职文件及其身份证明。

⑥ 发起人的法人资格证明或者自然人身份证明。

⑦ 公司住所证明。

以募集方式设立股份有限公司公开发行股票的，还应当向公司登记机关报送国务院证券监督管理机构的核准文件。

（3）申报财务报表最近一期截止日不得早于改制基准日。《全国中小企业股份转让系统股票挂牌条件适用基本标准指引》规定："申报财务报表最近一期截止日不得早于改制基准日。"因此改制基准日应在财务报表最近一期截止日之前，或者二者在同一天。

（4）财务报表在其最近一期截止日后 6 个月内有效。《全国中小企业股份转让系统公开转让说明书内容与格式指引（试行）》第六条规定："申请挂牌公司编制公开转让说明书应准确引用有关中介机构的专业意见、报告和财务会计资料，并有充分的依据。

所引用的财务报表应由具有证券期货相关业务资格的会计师事务所审计，财务报表在其最近一期截止日后 6 个月内有效。特殊情况下申请挂牌公司可申请延长，但延长期至多不超过 1 个月。"

4. 改造方式（变更及新设重组）

新三板挂牌的股份制改造包括"整体变更"和"新设重组"两种方式，

目前尚未有其他方式的改造案例。

（1）整体变更。“整体变更”是指将原有限责任公司经过审计认定的净资产值按照一定比例折股，公司组织形式变更为股份公司，原有限责任公司股东为股份公司的股东；有限责任公司的债权债务等由股份有限公司依法承继。

《全国中小企业股份转让系统股票挂牌条件适用基本标准指引（试行）》第一条第（三）款规定：“有限责任公司按原账面净资产值折股整体变更为股份有限公司的，存续时间可以从有限责任公司成立之日起计算。整体变更不应改变历史成本计价原则，不应根据资产评估结果进行账务调整，应以改制基准日经审计的净资产额为依据折合为股份有限公司股本。”可见，整体变更须以经审计的净资产值为依据折合为股份公司股本。如果以评估的净资产值折股，则公司的存续时间应重新计算。

在这种整体变更的方式下，有限责任公司存续时间、业绩可连续计算，且企业的生产经营等活动受股改的影响相对较小。但这种方式也存在一定的弊端，如果原有限责任公司历史沿革复杂、历史遗留问题较多，或者之前经营存在法律瑕疵，并且该瑕疵尚无彻底解决的途径，则整体变更的方式无法解决上述问题，应考虑采取其他方式。

（2）新设重组。“新设重组”方式是由有限责任公司股东或与第三方共同设立一家股份有限公司，或选择一家优质壳公司，再通过合并、分立或资产收购的方式进行重组。

此种方式可以避免历史遗留问题，在重组的过程中可以突出企业的主营业务，剥离不良资产及其他负担。但另一方面重新方式的股份公司，存续时间需要重新计算。但此种设立可能需要原公司股东间做好平衡，并在新股份公司股东间在经营思想、运营方式、企业文化等方面进一步融合，同时也应在关联交易、同业竞争的问题方面进行考量。此外，原有限责任公司从事特殊行业所需的相关资质证照也需要重新申请办理，如资质取得难度较大，应慎用此方式。

（3）操作要点。

① 从公司成立年限考虑，要求企业成立满两个完整会计年度。

② 新三板对挂牌企业更强调主营业务、盈利模式的完整性。因此，尽可能把与主营业务相关的资产装入挂牌主体，剥离弱化非主营业务份额，使其具备完整的业务体系和独立经营能力。

③ 应保持独立性，尽量消除关联交易和同业竞争，处理好企业经营过程中已经产生或可能产生的经营风险及法律风险等问题。

④ 应剥离权属不明或存在争议的资产，明确进入股份公司的资产的权属，使公司产权关系、股权关系规范合理。

5. 净资产折股

《公司法》第 95 条规定："有限责任公司变更为股份有限公司时，折合的实收股本总额不得高于公司净资产额。"因此，净资产折股比例可以等于或低于 1:1 的比例。

实践中，通常以变更基准日经审计的净资产额为依据折合为股份有限公司股份。在变更设立过程中，有限责任公司审计净资产折股后的尾数余额，经全体发起人股东决议同意后可转入股份公司的资本公积。有限责任公司整体变更时，除注册资本外的资本公积、盈余公积及未分配利润转增股本按以下情况区别纳税：

（1）个人股东。

① 资本公积中转增股本时不征收个人所得税。根据《国家税务总局关于股份制企业转增股本和派发红股征免个人所得税的通知》（国税发〔1997〕198 号）的规定，股份制企业用资本公积金转增股本不属于股息、红利性质的分配，对个人取得的转增股本数额，不作为个人所得，不征收个人所得税。

② 盈余公积及未分配利润转增股本时应当缴纳所得税，股份制企业用盈余公积金及未分配利润转增股本属于股息、红利性质的分配，对个人取得的红股数额，应作为个人所得征税。

（2）法人股东。根据《国家税务总局关于企业股权投资业务若干所得税问题的通知》（国税发〔2000〕118 号）规定，“除另有规定者外，不论企业会计账务中对投资采取何种方法核算，被投资企业会计账务上实际做利润分配处理（包括以盈余公积和未分配利润转增资本）时，投资方企业应确认投资所得的实现”。因此，有限责任公司整体变更为股份有限公司视同于利润分配行为，按以下原则处理：

① 资本公积不属于利润分配行为，不缴纳企业所得税。

② 盈余公积和未分配利润进行转增时视同利润分配行为。不同于个人股东，公司制企业进行分红时，法人股东不需要缴纳所得税。但如果法人股东与公司所适用的所得税率不一致，则法人股东需要补缴所得税差额部分。

二、股份制公司改制重组工作的主要内容

（1）业务重组：根据企业生产经营业务实际情况，结合企业改制目标，同时考虑新三板挂牌市值倾向，采取合并、分立、转产等方式对原业务范围进行重新整合。

（2）人员重组：根据拟挂牌主体的业务规模、性质，对企业人员进行分流、安置，确保进入拟挂牌主体的人员尤其是董事、监事、高级管理人员以及财务人员的适合性和独立性。其一，拟挂牌公司的高级管理人员应专职在公司工作并领取薪酬，不得在持有拟挂牌公司 5% 以上股权的股东单位及其下属企业担任除董事、监事以外的任何职务，也不得在与所任职的拟挂牌公司业务相同或相近的其他企业任职；其二，所述人员人选应通过合法程序，不得超越股份制公司有权机构做出的人事任免决定；其三，拟挂牌公司应拥有独立于股东单位或其他关联方的员工，并在有关社会保障、工薪报酬、房改费用等方面分账独立管理。

（3）资产重组：根据拟挂牌主体的选择结果以及对改制企业产权界定和审计、资产评估确认额，确定股本设置的基本原则，包括无形资产的估值及认定，企业净资产的归属和处置。其一，发起人或股东与拟挂牌公司的资产产权要明确界定和划清；其二，与经营业务有关联的商标、专利技术和非专

利技术等无形资产应进入公司并办妥相关转让手续；其三，拟挂牌公司应有独立于主发起人或控股股东的生产经营场所，土地使用权应合法取得并应保证有较长的租赁期限或确定的收费方式。

（4）财务重组：拟挂牌主体必须使用独立的银行账户，形成独立的财务会计制度并配备独立的财务人员。其一，拟挂牌公司应设立其自身的财务会计部门，建立独立的会计核算体系和财务管理制度，并符合有关会计制度的要求，独立进行财务决算；其二，拟挂牌公司应拥有其自身的银行账户，不得与其股东单位、其他任何单位或人士共用银行账户；其三，股东单位或其他关联不得以任何形式占有拟挂牌公司的货币资金或其他资产；其四，拟挂牌公司应依法独立进行纳税申报或履行缴纳义务；其五，拟挂牌公司应独立对外签订合同；其六，拟挂牌公司不得为控股股东及其下属单位、其他关联企业提供担保，或将以拟挂牌公司名义得到的借款转借给股东单位使用。

（5）机构重组：拟挂牌主体应拟定董事会、监事会、经营管理层以及各职能部门的设置，通过制度安排确保相关机构和人员能够履行职责，形成规范的公司法人治理结构。其一，拟挂牌公司的生产经营和办公机构与控股股东完全分开，不得出现混合经营、合署办公的情形；其二，控股股东及其他任何单位或个人不得干预拟挂牌公司的机构设置；其三，控股股东及其职能部门与拟挂牌公司及其职能部门之间不存在上下级关系，任何企业不得以任何形式干预拟挂牌公司的生产经营活动。

（6）股东结构调整：在股份制改造前，须对拟挂牌主体的原有股东进行重新确定，确保股份有限公司的发起人股东的股权清晰，不存在潜在纠纷。

改制分为准备阶段、操作阶段和收尾阶段。

1. 准备阶段

改制准备阶段的工作主要包括四个步骤。

（1）选聘中介。企业选定并聘请证券公司、会计师事务所、律师事务所、资产评估机构（如需）等中介机构，签订相关协议。

（2）前期调查。证券公司、会计师事务所、律师事务所等中介机构对企业进行前期尽职调查，发现企业在历史经营中存在的不规范问题，判断企业经营的持续性、独立性，分析企业是否存在重大法律、财务、税务风险，分析企业是否存在影响改制目标实现的其他问题。

（3）制订改制方案。各中介机构根据前期调查发现的问题提出建议，召开协调会，与企业的实际控制人、控股股东、高级管理人员充分沟通，在此基础上制订改制方案和工作时间表。

（4）落实方案、做好规范。证券公司牵头协调企业及各个中介机构改制工作的节奏，落实改制方案，推动解决前期调查发现的问题，总体把握企业是否达到改制的目标和原则要求；帮助企业建立健全公司治理结构；指导企业建立完善各项内部控制制度。

2. 改制操作阶段

（1）召开董事会，决议进行股份制改造，确定股份制改造的基准日，确定审计、评估（如需）、验资等中介机构。

（2）到工商行政管理部门办理拟成立股份公司名称预核准手续，该名称预核准有效期为六个月。

（3）企业完成以改制基准日为会计报表日的会计核算、封账工作。

（4）会计师事务所、评估机构（如需要）到企业现场进行改制审计、资产评估（如需）工作。

（5）会计师事务所出具审计报告初稿，与企业、主办券商、律师事务所、评估事务所（如需）进行沟通后，出具正式审计报告。

（6）评估机构对企业改制基准日经审计的净资产进行评估，出具评估报告初稿，与企业、主办券商、会计师事务所、律师事务所进行沟通后，出具正式资产评估报告（如需）。

(7) 有限公司召开股东会，审议《审计报告》《评估报告》(如有)，就公司改制事宜作出决议。

(8) 公司在律师的指导下，准备《股份公司发起人协议书》《股份公司章程》《股东大会议事规则》《董事会议事规则》《监事会议事规则》等资料，指导公司发出召开股东大会通知，准备申办工商变更登记的相关文件。

(9) 股份公司发起人签订《股份公司发起人协议书》，确定各发起人的股权比例，设立股份公司筹备委员会，或指定专人负责筹备事宜，发出召开股份公司创立大会暨第一次股东大会的通知。

(10) 召开职工代表大会选举职工监事。

(11) 会计师事务所进行验资并出具改制的《验资报告》(如需)。

(12) 召开创立大会暨第一次股东大会，创立大会应有代表股份总数过半数的发起人出席。创立大会通常行使下列职权：审议发起人关于公司筹办情况的报告；通过公司章程；选举董事会成员（5～19人)；选举监事会成员(3名以上，职工监事须占1/3以上)；对公司的设立费用进行审核；对发起人用于抵作股款的财产的作价进行审核；发生不可抗力或者经营条件发生重大变化直接影响公司设立的，可以做出不设立公司的决议。第一次股东大会一般也将审议通过股东大会议事规则、董事会议事规则、监事会议事规则、对外投资制度、对外担保制度、关联交易制度等。

(13) 股份公司董事会召开第一届董事会第一次会议，选举董事长，聘任经理、财务负责人、董事会秘书等高级管理人员，审议公司各项内控制度(如有)。

(14) 股份公司监事会召开第一届监事会第一次会议，选举监事会主席。

(15) 新成立的股份有限公司董事会委派人员向工商行政管理部门提交变更为股份有限公司的申报资料。

(16) 工商行政管理部门依法变更登记，换发股份公司《企业法人营业执照》。

3. 收尾阶段

（1）制作股份公司公章，变更相关证照、账户名称，办理相关资产和资质过户手续。公司应制作股份公司公章，去税务机关、开户银行、社保机构、质监局、海关（如需）、外管局（如需）等单位将原有限公司名下的所有证照、账户名称变更至股份公司名下，包括组织机构代码证、税务登记证、银行开户许可证、银行贷款证（如有）、社保基本户等。

公司属于特殊行业的，需办理相关的行业许可证名称变更手续，如特许经营权证书，生产型企业的生产许可证，进出口企业的对外贸易经营资格备案表、海关报关注册登记证、检验检疫备案证书，外商投资企业批准证书（外资企业）等。

原有限公司名下所有登记公示的资产（如土地、房产、车辆、知识产权）及资质证书，应及时更名过户至股份公司名下。

（2）通知客户、供应商、债权债务人等利益相关人公司改制更名事宜。公司取得股份公司《企业法人营业执照》后，应及时将公司改制更名事宜告知客户、供应商、债权债务人等利益相关人，以便公司对外账务往来、订立合同、收开发票等业务往来顺利进行。

（3）制定、修改企业内部规章制度，完善公司治理和内部控制。股份公司应在中介机构的指导下，制定、修改公司各项规章制度，完善公司内部控制。制定、完善公司治理的配套规则，健全公司财务、运营管理，做到业务、资产、人员、财务、机构独立完整。

三、国有企业股份制公司改造注意事项㊀

对于国有企业进行重组需要注意的事项主要是要明晰产权关系，协调投资者的利益，合理组合公司资产结构与资产关系，完善企业经营管理体制，

㊀ 参考殷明德的文章《国有企业股份制改革的三个核心问题》。

集中突出经营业务，协调外部经济关系，提高企业经济效益，保障社会投资者的权益，使企业符合股票发行与上市的要求。根据我们的经验，在企业资产重组过程中必须考虑的因素很多，但主要是以下问题：① 集中突出挂牌公司的主要经营业务。对与主业无关且对提高公司利润率作用不大，甚至有副作用的业务剥离出上市公司，在主业的确定上，除考虑公司现实情况外，还要考虑将来的业务发展前景、公司的整体规划等。② 重组企业资产与负债。首先要使企业资产价值符合上市要求，资产数量合理，既不能小到影响正常经营，又不能大到降低盈利能力。特别是，在目前国家实行股票发行额度限制的情况下，进入股份公司的资产一定要考虑到未来将可能获得股票计划额度的情况，以免盘子过大而影响上市。资产与负债的比例要符合本行业的一般情况，降低经营风险。③ 对非经营性资产予以剥离。这里一方面要避免其降低挂牌公司利润率，冲淡股东权益，影响投资者的利益，适应国际惯例之要求，另一方面还要考虑剥离出来的资产管理及其造血功能和社会的接受能力。④ 规范挂牌公司与其主要股东及各自附属企业间的关系，避免出现同业竞争现象，减少关联交易的发生，保障投资者权益。⑤ 企业的盈利情况须符合股票发行、上市的要求。⑥ 与政府间的关系要规范化，有利于经营机制的转换，而这一关系的直接体现不再是行政依附关系，而是一种由公司章程规定的权利义务关系。以上因素往往都是相互关联制约的，必须通盘整体考虑决定。

从上述分析中可以看出，尽管在企业资产重组中我们常使用“非经营性资产”剥离的概念，但实际上在重组中被剥离出上市公司的，并不限于非经营性资产，还包括那些与上市公司主业无关的经营性资产。因为只有这样才能使上市公司的业务明确突出，结构合理，利于投资者对上市公司作出准确判断，保障股票发行与上市的成功，同时，也有利于非上市资产不至于完全没有经营性资产的扶持而成为社会的负担。对于国企，或对于国有股份制企业而言，股东价值（就期间来看，它是以经济增加值所代表的价值创造；而就时点来看，它又是对以交易为目的价值的衡量）概念的厘清，使其可以通过发挥其作为股份制企业的功能，借助资本市场公开定价的信息与利益传导机制，在股东价值透明、可辨识、可衡量的情况下，在承受资本市场对股东价值最大化要求的压力下，通过与经营者之间的价值分享、利益一致性的实现，去竭尽全力地促进价值的创造和持续性增长。而在国企股份制改造根本目标澄清的前提下，国企股份制改革的方式问题也就迎刃而解了。

国有企业改组设立股份公司，在资产评估和产权界定后，应注意：① 须将净资产一并折股，股权性质不得分设。② 其股本由依法确定的国有持股单位统一持有，不得由不同的部门或机构分割持有。③ 要按《在股份制试点工作中贯彻国家产业政策若干问题的暂行规定》，保证国家股或国有法人股（该国有法人单位应为国有独资企业或国有独资公司）的控股地位。

为维护国家利益，防止国有资产流失，按照国有资产监督管理委员会《关于规范国有企业改制工作意见》，国有企业在改制前，首先应进行清产核资，然后在清产核资的基础上，再进行资产评估。清产核资是指国有资产监督管理机构依据规定的程序、方法，组织企业进行账务清理、财产清查，依法认定企业的各项资产损益，从而真实反映企业的资产价值和重新核定企业国有资本金的活动。它主要包括财务清理、资产清查、价值重估、损益认定、资金核实和完善制度等工作内容。除国家另有规定外，企业清产核资应当按照下列程序进行：

（1）企业提出申请。

（2）国有资产监督管理机构批复同意立项。

（3）企业制定工作实施方案，并组织账务清理、资产清查等工作。

（4）聘请社会中介机构对清产核资结果进行专项财务审计和对有关损益提出鉴证证明。

（5）企业上报清产核资工作结果报告及社会中介机构专项审计报告。

（6）国有资产监督管理机构对资产损益进行认定，对资金核实结果进行批复。

（7）企业根据清产核资资金核实结果批复调账。

(8) 企业办理相关产权变更登记和工商变更登记。

(9) 企业完善各项规章制度。

四、外资企业股份制公司改造注意事项[一]

根据《全国中小企业股份转让系统业务规则（试行)》的规定，外商投资企业应符合的条件与其他赴新三板挂牌的企业条件是一致的。

外商投资企业不论其是中外合营、合作企业，还是外商独企业，一般的组织形式是有限责任公司。因此，在赴新三板挂牌前，外商投资企业一般会先进行股份制改造，将公司整体变更为股份有限公司的组织形式。其中，外资企业属外商独资企业的，整体变更为股份有限公司前还须引入中国股东。

外商投资企业变史为股份有限公司主要是依据《关于设立外商投资股份有限公司若干问题的暂行规定》(外经贸部令 1995 年第 1 号)、《关于上市公司涉及外商投资有关问题的若干意见》(外经贸资发〔2001〕538 号)、《关于加强外商投资企业审批、登记、外汇及税收管理有关问题的通知》(外经贸法发〔2002〕575 号)、《外商投资公司审批登记管理法律适用若干问题的执行意见》(工商外企字〔2006〕81 号)、《商务部关于下放外商投资股份有限公司、企业变更、审批事项的通知》(商资函〔2008〕50 号)等规定。

外商投资企业整体变更为股份有限公司除应按照一般变更程序外还应符合：

1. 对发起人的要求

(1) 以发起方式设立的公司，除应符合《公司法》规定的发起人的条件外，其中至少有一个发起人应为外国股东。

(2) 以募集方式设立的公司，除应符合前款条件外，其中至少有一个发

[一] 参考张其良的《关于外资企业赴新三板挂牌上市相关情况的问答》。

起人还应有募集股份前3年连续盈利的记录，该发起人为中国股东时，应提供其近3年经过中国注册会计师审计的财务会计报告；该发起人为外国股东时，应提供该外国股东居所所在地注册会计师审计的财务报告。

2. 对注册资本的要求

公司注册资本的最低限额为人民币3千万元，且该最低限额为实收股本总额。

3. 对外国股东投资比例的要求

外国股东购买并持有的股份应不低于公司注册资本的25%。

4. 对已设立外商投资企业整体变更的特别要求

已设立中外合资经营企业、中外合作经营企业、外商独资企业，如申请转变为股份公司的，应有最近连续3年的盈利记录。

5. 对投资产业的要求

应符合国家有关外商投资企业产业政策的规定，如《外商投资产业指导目录（2011年修订）》。

6. 审批权限的规定

限额（《外商投资产业指导目录》鼓励类、允许类1亿美元，限制类5000万美元）以下（转制企业以评估后的净资产值计算）外商投资股份公司的设立及其变更（包括限额以下外商投资上市公司其他有关变更），由省级商务主管部门负责审批，但涉及外商投资有专项规定的行业、特定产业政策、宏观调控行业以及外国投资者对上市公司进行战略投资的，仍按现行规定办理或按有关规定报商务部审核。

7. 港澳台在大陆投资的规定

香港、澳门、台湾的公司、企业、其他经济组织或个人，在大陆投资设立公司的，应符合《关于设立外商投资股份有限公司若干问题的暂行规定》。

第五节　尽职调查和制作申报材料

一、尽职调查流程及公司所需配合的工作

尽职调查是基于主办券商的角度开展的，尽职调查以有利于企业符合投资者决策流程，使其对企业做出投资决策为目的，使得：① 公司符合《全国中小企业股份转让系统业务规则（试行）》规定的挂牌条件。② 公开转让说明书中所披露的信息真实、准确和完整。

主要包括：公司业务、公司治理、公司财务和公司合法合规性四大部分。拟挂牌公司需提前梳理和准备以下资料，详细可参见《主办券商尽职调查指引》。

1. 挂牌公司基本情况

包括：历史沿革、股东及出资、股权变动、重大重组、股东情况、员工情况、独立情况、内部职工股及委托持股情况、商业信用情况等。

2. 业务与技术情况

包括：产品、行业及主要竞争对手情况，自身竞争优势及劣势，以及采取的竞争策略和应对的措施；公司主要的经营模式及经营模式的风险以及对未来的影响，行业的上下游行业的基本情况等。

3. 挂牌公司业务目标

经营理念、经营模式、发展目标与措施、合同等。

4. 同业竞争与关联交易

5. 挂牌公司管理层及核心技术人员情况

6. 组织结构和内部控制情况

7. 挂牌公司财务与会计情况

二、申报材料目录明细

根据证监会公告〔2013〕49 号，超 200 人的公司挂牌新三板须向证监会

提出行政许可申请，由此，股转公司对此两类公司出具不同的申请文件内容指引。

1. 申请时股东人数未超过200人

第一部分　要求披露的文件

第一章　公开转让说明书及推荐报告

1-1 公开转让说明书（申报稿）

1-2 财务报表及审计报告

1-3 法律意见书

1-4 公司章程

1-5 主办券商推荐报告

1-6 股票发行情况报告书（如有）

第二部分　不要求披露的文件

第二章　申请挂牌公司相关文件

2-1 向全国股份转让系统公司提交的申请股票在全国股份转让系统挂牌及股票发行（如有）的报告

2-2 有关股票在全国股份转让系统挂牌及股票发行（如有）的董事会决议

2-3 有关股票在全国股份转让系统挂牌及股票发行（如有）的股东大会决议

2-4 企业法人营业执照

2-5 股东名册及股东身份证明文件

2-6 董事、监事、高级管理人员名单及持股情况

2-7 申请挂牌公司设立时和最近两年及一期的资产评估报告

2-8 申请挂牌公司最近两年原始财务报表与申报财务报表存在差异时，需要提供差异比较表

2-9 申请挂牌公司全体董事、监事和高级管理人员签署的《董事（监事、高级管理人员）声明及承诺书》

第三章　主办券商相关文件

3－1 主办券商与申请挂牌公司签订的推荐挂牌并持续督导协议

3－2 尽职调查报告

3－3 尽职调查工作文件

3－3－1 尽职调查工作底稿目录、相关工作记录和经归纳整理后的尽职调查工作表

3－3－2 有关税收优惠、财政补贴的依据性文件

3－3－3 历次验资报告

3－3－4 对持续经营有重大影响的业务合同

3－4 内核意见

3－4－1 内核机构成员审核工作底稿

3－4－2 内核会议记录

3－4－3 对内核会议反馈意见的回复

3－4－4 内核专员对内核会议落实情况的补充审核意见

3－5 主办券商推荐挂牌内部核查表及主办券商对申请挂牌公司的风险评估表

3－6 主办券商自律说明书

3－7 主办券商业务备案函复印件（加盖机构公章并说明用途）及项目小组成员任职资格说明文件

第四章　其他相关文件

4－1 申请挂牌公司全体董事、主办券商及相关中介机构对申请文件真实性、准确性和完整性的承诺书

4－2 相关中介机构对纳入公开转让说明书等文件中由其出具的专业报告或意见无异议的函

4－3 申请挂牌公司、主办券商对电子文件与书面文件保持一致的声明

4－4 律师、注册会计师及所在机构的相关执业证书复印件（加盖机构公章并说明用途）

4－5 国有资产管理部门出具的国有股权设置批复文件及商务主管部门出具的外资股确认文件

4－6 证券简称及证券代码申请书

2. 申请时股东人数超过200人

第一部分 要求披露的文件

第一章 公开转让说明书及推荐报告

1－1 公开转让说明书（证监会核准的最终稿）

1－2 财务报表及审计报告

1－3 法律意见书

1－4 公司章程

1－5 主办券商推荐报告

1－6 股票发行情况报告书（如有）

1－7 中国证监会核准文件

第二部分 不要求披露的文件

第二章 申请挂牌公司相关文件

2－1 向全国股份转让系统公司提交的申请股票在全国股份转让系统挂牌及股票发行（如有）的报告

2－2 有关股票在全国股份转让系统挂牌及股票发行（如有）的董事会决议

2－3 有关股票在全国股份转让系统挂牌及股票发行（如有）的股东大会决议

2－4 企业法人营业执照

2－5 股东名册及股东身份证明文件

2－6 董事、监事、高级管理人员名单及持股情况

2－7 申请挂牌公司全体董事、监事和高级管理人员签署的《董事（监事、高级管理人员）声明及承诺书》

2－8 证券简称及证券代码申请书

2－9 国有资产管理部门出具的国有股权设置批复文件及商务主管部门出具的外资股确认文件

2－10 中国证监会核准后至申请挂牌前新增重大事项的说明文件（如有）

第三章　证券服务机构相关文件

3－1 主办券商与申请挂牌公司签订的推荐挂牌并持续督导协议

3－2 主办券商业务备案函复印件（加盖机构公章并说明用途）及项目小组成员任职资格说明文件

3－3 律师、注册会计师及所在机构的相关执业证书复印件（加盖机构公章并说明用途）

第六节　审核、反馈及挂牌

一、全国中小企业股份转让系统公司的审查及反馈

审核反馈阶段的主要工作时间跨度会在45～60天，反馈审查的工作流程见图5－5。

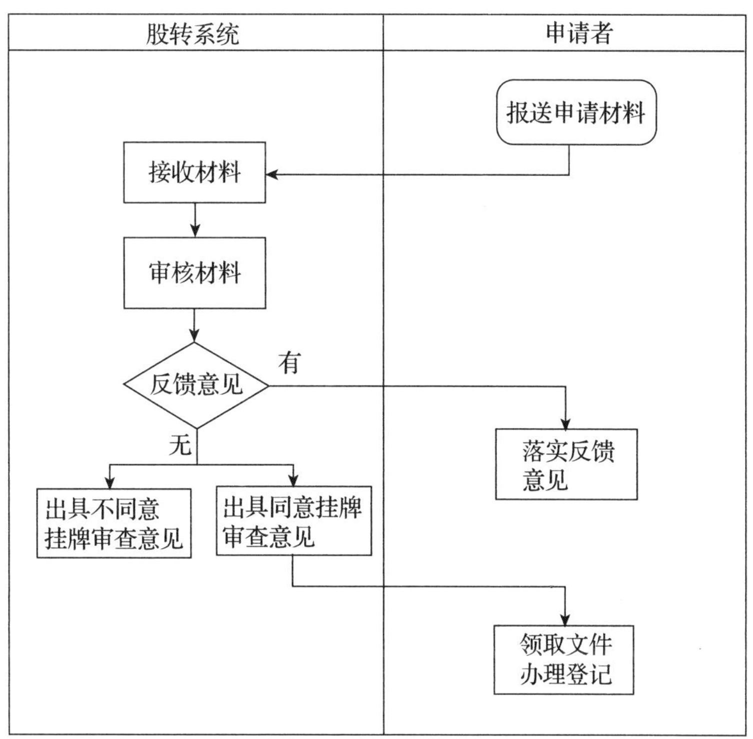

图5－5　审查反馈工作流程

1. 股转系统接收材料

申请挂牌、股票发行的股份公司通过窗口向股转系统提交挂牌申请材料，申请材料须符合《全国中小企业股份转让系统业务规则（试行)》《全国中小企业股份转让系统挂牌申请文件内容与格式指引（试行)》等有关文件的要求。股转系统对申请材料的齐备性、完整性进行检查，此过程中，需要申请者补正申请材料的，按规定提出补正要求；申请材料形式要件齐备且符合条件的，股转系统将出具接收确认单。

2. 全国中小企业股份转让系统公司审查反馈

（1）反馈。自2015年4月1日（周三）起证监会受理的非上市公众公司行政许可申请，在证监会办公厅受理处做出受理通知，向申请人出具反馈意见，审核部门正式接收对反馈意见的回复，出具核准、中止审核、终止审核或不予核准的决定后的当周周五晚上，更新“非上市公众公司监管部行政许可申请企业基本信息及审核进度表”时，在证监会网站非上市公众公司监管部专区同步公开申请材料、证监会反馈意见、申请人对反馈意见的回复和最终审核意见。

（2）落实反馈意见。申请者应当在反馈意见要求的时间内向申请窗口提交反馈回复意见；如需延期回复则应提交延期申请，延期回复最长不得超过三十个工作日。

（3）全国中小企业股份转让系统公司出具审查意见。股转系统审查完毕后反馈回复意见后，则出具同意或不同意挂牌与股票发行的审查意见，窗口将审查意见送达申请人及相关单位。

3. 登记挂牌

若股转系统同意申请者挂牌，则进入登记挂牌阶段。主要工作包括：

（1）分配股票代码。

（2）办理股份登记存款。

（3）公司挂牌敲钟。

二、全国中小企业股份转让系统挂牌协议书

协议书样本：

全国中小企业股份转让系统挂牌协议

甲方：全国中小企业股份转让系统有限责任公司

法定代表人：

住所：

联系电话：

乙方：　　　　　　　　股份有限公司

法定代表人：

住所：

联系电话：

第一条　甲方是全国中小企业股份转让系统（以下简称“全国股份转让系统”）的运营管理机构，负责组织和监督挂牌公司的股票转让及相关活动，实行自律管理。乙方是经中国证监会核准的非上市公众公司，申请其股票在全国股份转让系统挂牌。乙方已向甲方提交了挂牌申请及相关文件，并取得了甲方同意挂牌的审查意见及中国证监会核准。

第二条　为规范乙方股票在全国股份转让系统挂牌行为，明确双方权利与义务，甲乙双方根据《合同法》《公司法》《证券法》《非上市公众公司监督管理办法》《全国中小企业股份转让系统有限责任公司管理暂行办法》《全国中小企业股份转让系统业务规则（试行）》等规定，签订本协议。

第三条　甲方的权利：

（一）甲方有权在有关法律、行政法规、中国证监会相关规定授权范围内对乙方实施日常监管；甲方有权依据全国股份转让系统业务规则、细则、指引、通知等规定（以下简称“甲方业务规则”）对乙方的股票挂牌、公开转

让、终止挂牌等行为进行管理。

（二）甲方有权依据经中国证监会批准的收费标准收取挂牌费。

第四条　甲方的义务：

（一）甲方应当依据有关法律、行政法规及中国证监会相关规定制定甲方业务规则并及时公布，为乙方及其他市场主体参与市场活动提供制度保障。

（二）甲方负责运营、管理全国股份转让系统，发布市场信息，为乙方及其他市场参与主体提供正常的信息环境。

（三）甲方负责提供股票转让平台及相关设施，安排乙方股票挂牌，组织乙方股票转让活动。

（四）甲方负责提供信息披露服务平台，安排乙方首次挂牌信息披露及日常信息披露。

（五）甲方应当接受乙方的咨询，对其股票挂牌操作提供必要的指导。

第五条　乙方的权利：

（一）乙方有权向甲方咨询股票挂牌操作事宜，并获得甲方的指导。

（二）乙方有权获得甲方提供的股票转让、信息披露平台及相关设施服务。

第六条　乙方的义务：

（一）乙方同意接受甲方的日常监管及管理。

（二）乙方承诺遵守法律、法规、规章等规范性法律文件。乙方进一步承诺遵守甲方业务规则，履行包括但不限于规范公司治理、信息披露等义务。乙方应保证并责成其包括董事、监事、高级管理人员在内的全体员工理解并遵守本协议内容。

（三）乙方及其董事、监事和高级管理人员在挂牌时和挂牌后做出的承诺文件为本协议不可分割的一部分，是本协议的附件。乙方应保证其董事、监事和高级管理人员签署该等承诺文件。

（四）乙方应按本协议约定向甲方缴纳挂牌费。

（五）乙方应按要求参加甲方组织的业务培训。

（六）乙方应当以书面形式及时通知甲方任何导致乙方不再符合挂牌要求的公司行为或其他事件。

第七条　挂牌费：

（一）挂牌费包括挂牌初费和挂牌年费，由甲方依据经中国证监会批准的收费标准收取。

（二）乙方应当在挂牌日前缴纳按照挂牌首日总股本计算的挂牌初费，并在每年7月15日以前一次性缴纳按照公司上一年度末总股本计算的本年度挂牌年费。

（三）挂牌当年的挂牌年费按照挂牌首日的总股本和实际挂牌月份（自挂牌日的次月起计算）予以折算，与挂牌初费一并缴纳。

（四）乙方逾期缴纳挂牌费，甲方有权每日按应缴纳金额的3‰收取滞纳金。

（五）经甲方催告后，乙方于10个工作日内仍未缴纳的，甲方有权对乙方采取监管措施，并保留向乙方主张其违约造成之全部损失的权利。

（六）乙方股票终止挂牌后，已经交纳的挂牌费不予返还。

第八条　本协议的执行与解释适用中华人民共和国法律。

第九条　本协议未尽事宜，双方应依照有关法律、法规、规章及甲方业务规则执行。

第十条　与本协议的解释或执行有关的争议及纠纷，应首先由甲乙双方通过友好协商解决。若自争议或者纠纷发生之日起的30天内未能通过协商解决，任何一方均可将该项争议提交中国国际经济贸易仲裁委员会按照当时适用的仲裁规则进行仲裁，仲裁地点为北京。仲裁裁决为最终裁决，对双方均具有法律约束力。

第十一条　双方一致同意，本协议生效后，如因适用的法律、法规、规章等规范性法律文件及甲方业务规则发生变化，导致本协议相关条款内容与修订或新颁布的上述法律、法规、规章、甲方业务规则等内容相抵触，本协议该部分条款将自动变更并以修订或新颁布的相关法律、法规、规章、甲方业务规则内容为准。

尽管有前款内容，本协议其他不与有关法律、法规、规章、甲方业务规则内容相抵触的条款持续有效。

第十二条　乙方申请终止或被甲方终止在全国股份转让系统挂牌的，本协议自终止挂牌之日自动解除。本协议解除不影响甲方依法向乙方主张本协议项下未结费用、滞纳金支付的权利。

第十三条　本协议自双方签字盖章之日起生效。双方可以以书面方式对本协议作出补充，经双方签字盖章的有关本协议的补充协议是本协议的组成部分，与本协议具有同等法律效力。

第十四条　本协议一式肆份，双方各执贰份。

(以下无正文)

甲方（公章）：　　　　　　　　　　乙方（公章）：

法定代表人　　　　　　　　　　　　法定代表人

或授权代表（签字）：　　　　　　　或授权代表（签字）：

____年____月____日　　　　　　　　____年____月____日

三、信息披露

挂牌公司的信息披露包括挂牌前的信息披露及挂牌后持续信息披露，其中挂牌后持续信息披露包括定期报告和临时报告。同时，当有对公司股票及其他证券品种转让价格可能产生较大影响的信息时，挂牌公司及对相关披露信息有义务的人应该及时并公平地披露。

根据股转系统的要求，拟挂牌公司在申请挂牌阶段即被要求进行信息披露：

（1）自提交挂牌申请之日起至我司出具同意挂牌函之前，公司在此期间发生的所有重大事件均需及时报告挂牌业务部，对重大事件的判断参照《全国中小企业股份转让系统挂牌公司信息披露细则（试行）》第三章的规定。

（2）在我股转系统出具同意挂牌的函至首次信息披露期间，公司已纳入全国股份转让系统的自律监管，应严格遵守《全国中小企业股份转让系统挂牌公司信息披露细则（试行）》等有关规定，履行信息披露义务；如公司发生涉及申请挂牌条件的重大事件，则应及时报告挂牌业务部，并根据具体情况对公开转让说明书等首次信息披露文件进行更新调整。

（3）在首次信息披露至股票正式挂牌公开转让期间，公司应继续遵守《全国中小企业股份转让系统挂牌公司信息披露细则（试行）》等有关规定，履行信息披露义务。公司应将需披露的有关事项及时报告公司业务部并同时告知挂牌业务部，由公司业务部统一指导信息披露工作的开展。

第六章 新三板企业挂牌前后的资本运作

新三板企业挂牌前后的资本运作，指企业在新三板挂牌前、挂牌后围绕股权开展的一系列资本运作。由于新三板企业挂牌后的资本运作需进行信息披露并按相关法规进行，因此，大部分新三板企业挂牌前后的资本运作具备公开性和规范性的特点。此时的资本运作主要包括定向增发、并购重组、转板、股权激励、股权众筹和转板。

（1）定向增发：非公开地向特定投资对象发行股票，以募集资金，充实企业资本，提升企业价值。

（2）并购重组：并购方以货币、有价证券或其他形式购买并购对象的全部或部分资产或股权。

（3）股权激励：企业在一定条件下向特定对象分配一定股权，使其能够分享企业利润或参与企业决策，以稳定核心人才队伍。

（4）股权众筹：融资者出让一定股权面向大众融资，以股权变现或分红作为投资者的回报，这种融资方式更容易帮助融资方获得资金，而且在一定程度上能判断市场需求、产品或服务设计与定价的合理性与准确性。

（5）转板：新三板挂牌企业转入主板、中小板或创业板上市，更便于企业融资和股份交易。

总体来看，新三板企业的资本运作对企业的未来发展具有重大意义：首先，借助资本运作能够优化资源配置，进一步提升企业价值；其次，通过定向增发、股权众筹的方式可以较为迅速地募集企业发展所需资金，同时新三板企业还能转入主板、中小板和创业板，从而更便利地融资；再次，借助并购重组工具，掌控关键性资源，吸纳优质的项目和企业资源，发挥协同效应，进而快速扩大企业规模；最后，通过股权激励、派发红利等方式与员工和投资者共享企业发展带来的利益，更好地激发员工的创造力和积极性，深度捆绑合作者。

第一节　做市商

一、主办券商和做市商的定义

对拟挂牌新三板的企业来讲，主办券商是代办股份转让业务主办券商的简称，是指取得从事代办股份转让主办券商业务资格的证券公司。依据我国《证券公司从事代办股份转让主办券商业务资格管理办法》的规定，证券公司从事代办股份转让主办券商业务，应当依据该办法的规定，向中国证券业协会申请证券公司从事代办股份转让业务资格，未取得业务资格的证券公司不得从事代办股份转让的业务。

而做市商，英文为 Market Maker，从字面上理解是创造市场者，只有企业采取做市转让方式转让股票才需要做市商。目前新三板做市商全部是获得做市资格的证券公司，而证券公司申请在全国股份转让系统开展做市业务，应当具备下列条件：

（1）具备证券自营业务资格。

（2）设立做市业务专门部门，配备开展做市业务必要人员。

（3）建立做市业务管理制度。

（4）具备做市业务专用技术系统。

（5）全国股份转让系统公司规定的其他条件。

二、挂牌企业何时可以采取做市转让方式

企业在新三板挂牌时需选择股票转让方式，主要有协议转让和做市转让。企业可以在挂牌时就选择做市转让交易方式进行股票转让，但要求主办券商参与做市；若主办券商不愿参与做市（或没有做市商资格），挂牌企业可以选

择协议转让后再择期变更为做市转让方式，此时主办券商可以不参与。

三、主办券商不参与做市是否对企业有影响

主办券商作为挂牌企业向股转中心申请股份转让的代办人和后续督导者，对企业具体情况比较了解，如果不参与自己挂牌企业的做市转让服务，会使得其他投资人在投资该企业时更为谨慎。若主办券商没有获得做市商资格则另当别论。

四、做市商的做市原始库存股的取得方式有哪些

做市商可以分批加入新三板挂牌企业的做市商队伍，初始做市商的做市库存股既可以从老股东那里通过协议转让的方式获得，也可以参与企业定增而获得。而后续加入的做市商，获得做市库存股的途径主要有参与企业定增和从二级市场买入两种。其中，做市商合计原始做市库存股数量不低于挂牌企业总股本的5%或100万股（以孰低为准），单个做市商原始做市库存股不少10万股。

五、为挂牌企业提供做市转让服务的做市商利润来源

做市商利润来源主要有两方面，分别是做市原始库存股在一、二级市场的溢价和做市过程中的股票买卖差价。市场溢价，一般为正值，是指做市商从企业处获得的原始库存股价格一般低于二级市场的价格；而买卖差价是指做市商在双向报价进行买卖时获得的交易价差，此部分可能为负值。

第二节　定向增发

新三板定向增发（定向发行），是指在新三板市场申请挂牌或已挂牌公司向特定投资者发行股票，用募集资金进行实业和资本运作的行为。新三板定向增发可帮助企业借助资本市场迅速提升企业价值；快速募集企业经营扩张

所需资金；加强与利益相关者的合作关系；部分公司借助定向增发开展并购重组和股权激励等资本运作举措。

1. 新三板定向增发的特点

与主板、中小板、创业板相比，新三板定向增发更加便捷，国家推行新三板的主要目的是扶持中小企业发展，着力解决以往存在的中小企业融资难的瓶颈问题。新三板定向增发的优越性主要体现在实施时点、周期、价格、对象、限售期五个方面，见表6-1。

表6-1 主板、中小板、创业板、新三板的定向增发之比较[1]

<table>
<tr><th>上市板块</th><th>实施时点</th><th>实施周期</th><th>定增价格</th><th>定增对象</th><th>限售期</th></tr>
<tr><td>主板</td><td rowspan="3">只能在挂牌后实施</td><td rowspan="3">3个月以上，需证监会批准</td><td rowspan="3">发行价格不低于定价基准日前20个交易日公司股票均价的90%</td><td rowspan="3">不超过10人</td><td rowspan="3">一般为12个月，如定增后变成控股股东或拥有实际控制权则限售期为36个月</td></tr>
<tr><td>中小板</td></tr>
<tr><td>创业板</td></tr>
<tr><td>新三板</td><td>挂牌前后均可以实施，挂牌前实施更类似于股权投资谈判，周期较长；挂牌后实施周期短，效率高</td><td>1至2个月，如股东定增后不超过200人，或一年内发行股票融资额不超过净资产20%，可豁免向证监会申请核准</td><td>企业可根据发行对象不同，自行确定价格，没有任何限制</td><td>不能超过35人（不含公司股东）</td><td>无限售期要求，除非自愿锁定股份</td></tr>
</table>

[1] 主板、中小板和创业板的定增规定引自《上市公司证券发行管理办法》；新三板的定增规定引自《非上市公众公司监督管理办法》、《关于修改<非上市公众公司监督管理办法>的决定》。

2. 定向增发方案的操作流程及案例分析

新三板企业定增从方案制定到披露公告，再到 资，最后到公开转让，需经历一系列流程，见图6－1。

图6－1 定向增发的操作流程

（1）制订股票发行方案。明确此次股票发行目的、数量、价格、对象、是否需报批等内容。

（2）董事会决议。新三板挂牌公司董事会明确股票发行方案中发行对象、价格范围、作价原则以及募集资金用途、认购合同条款等，同时董事会的表决工作需遵循表决权回避制度。

（3）股东大会决议。股东大会就股票发行等事宜进行决议，当股东大会审议通过股票发行方案后，如董事会决议做出重大调整的，应重新召开股东大会进行审议。

（4）披露股票发行认购公告。最迟在缴款起始日前两个转让日披露股票发行认购公告，并对内部优先认购与否做专门说明。

（5）认购、缴款和验资。发行对象可用现金、非现金资产、现金＋非现金资产三种方式发行股票。参与认购的投资者和现有股东应按照认购公告和认购合同的约定，在缴款期内进行缴款认购。

认购完成后，按照相关规定，办理验资手续。

(6) 主办券商出具关于股票发行合法合规性意见。由主办券商出具股票发行的合法合规意见，格式和内容由券商编写。

(7) 律师出具股票发行法律意见书。

(8) 制定股票发行情况报告书，由券商指导编写。

(9) 提交定增相关程序文件和材料审查。定增企业应在验资完成后的10个转让日内，根据是否办理豁免申请核准，向全国股转系统公司服务窗口报送《挂牌公司股票发行备案登记表》及其他申报材料。

全国股转系统公司对提交的文件进行审查。主办券商协助公司落实、回复问题清单中的问题。

上述提交文件和材料审查均由券商协调完成。

(10) 出具股份登记函。全国股转系统公司对文件进行审查并确认合格后，出具股份登记函，送达公司并送交中国证券登记结算有限责任公司和主办券商。

(11) 披露公告并办理股份登记。定增企业按照相关规定要求向中国证券登记结算有限责任公司申请办理股份登记。

公司办理股份登记前，具体公告内容和披露日期应与中国证券登记结算有限责任公司协商确定；豁免申请核准的挂牌公司还应当同时披露股票发行法律意见书和主办券商关于股票发行合法合规性意见。同时，公告应当明确本次登记股份的转让日。

挂牌转让公告披露后，中国证券登记结算有限责任公司进行股份登记并出具股份登记证明文件。

(12) 公开转让。中国证券登记结算有限责任公司完成股份登记后，本次股票发行中无限售条件的股票即可按公告转让时间在全国股转系统公开转让。

以上是新三板挂牌企业定向增发的整体流程，下面通过具体案例进行详细阐述。

新三板挂牌企业东电创新定向增发案例

公司名称：东电创新（北京）科技发展股份有限公司（430362）

主营业务：主营窄带视频信息化技术系统解决方案，在技术论证、设备选型、IT 服务 IT 产品流通方面有丰富经验。

（一）挂牌企业发布股票发行方公告案

公告日期：2015 年 1 月 14 日

1. 发行目的

募集资金用于发展主营业务，并逐步扩展和完善业务布局，扩大公司的品牌影响力。

2. 发行对象范围及现有股东的优先认购安排

本次股票发行对象为股权登记日在册股东以及符合适当性管理要求的外部投资者，所有发行对象均以现金方式认购。公司股权登记日在册股东享有优先认购权，每一股东可优先认购的股份数量上限为："本次股票发行股份数上限×股权登记日其持股比例。"

3. 发行价格：4.00 ~5.00 元/股，具体发行价格根据认购情况确定。

4. 发行数量：不超过 410 万股，预计募集资金总额不超过 2050 万元，占发行后股本的比例 13.73%。

5. 公司在董事会决议日至股份认购股权登记日期间不会发生除权、除息情况，无须对发行数量和发行价格进行相应调整。

6. 公司董事、监事、高级管理人员等在册股东在本次股票发行中认购的股份将按照《公司法》及全国中小企业股份转让系统相关规则的要求进行限售，除此以外，其他发行对象认购股份无限售安排，亦无自愿锁定承诺。

7. 本次募集资金用途为补充公司流动资金。

8. 本次定向发行前公司滚存未分配利润由新老股东按其持股比例共同分享。

9. 本次发行相关议案尚需股东大会批准和授权。

10. 本次股票发行完成后需要向全国中小企业股份转让系统有限责任公司备案。

（二）董事会审议

公告日期：2015 年 1 月 19 日

具体内容：修改提交股东大会的股票发行议案，将发行股数由 410 万增加至 900 万，之后于 2015 年 1 月 19 日根据上述调整内容发布股票发行方案公告。

（三）提交股东大会决议

公告日期：2015 年 2 月 6 日

公告内容：股份定向增发方案表决，表决同意的股数为 21 108 168 股，占本次股东大会由表决权股份总数的 100%；反对股数 0 票；弃权股数 0 票。

（四）发布股票发行认购公告

公告日期：2015 年 2 月 9 日

发行概况：本次拟发行股票不超过 900 万股（含 900 万股），募集资金不超过人民币 4500 万元（含 4500 万元），发行价格为 5.00 元/股。

本次定向发行价格系在综合考虑公司所处行业、公司成长性、最近一期的净利润、行业平均市盈率及公司股份在全国中小企业股份转让系统的交易价格等多种因素，并与意向投资者沟通的基础上最终确定。

（五）发布股份挂牌并公开转让公告

公告日期：2015 年 3 月 27 日

公告内容：本公司此次发行股票总数为 900 万股，全部为无限售条件股份，将于 2015 年 4 月 1 日在全国中小企业股份转让系统挂牌并公开转让。《股票发行情况报告书》《首创证券有限责任公司关于东电创新（北京）科技发展股份有限公司股票在全国中小企业股份转让系统发行之合法合规性的意见》及《北京华沛德权律师事务所关于东电创新（北京）科技发展股份有限公司股票发行合法合规性的法律意见书》披露于全国中小企业股份转让系统指定信息披露平台 www.neeq.cc，供投资者查阅。

通过上述案例，可以看出定向增发作为新三板企业的重要融资手段，一方面能够有效解决企业融资瓶颈，另一方面也为企业自主决定引进做市商、基金等投资机构提供了便利。定向增发流程历经股票发行方案的制定、董事会及股东大会的审议、股份认购公告的发布、股转系统的审批，以及结算中心的划转，每一步都至关重要，不仅需要券商、律师事务所、会计师事务所等中介机构的互相配合，更需要公司与认购人之间的良好沟通。因此，一次顺利而有价值的定向增发，不仅仅能够为企业带来资金上的补充，更能在一定程度上宣传企业，为企业长远发展奠定基础。

3. 风险评估与规避措施

新三板挂牌企业开展定向增发工作的主要风险在于股东大会否决增发方案和资本市场投机过度。这两个风险可能并不影响企业经营，但会间接影响到企业融资的周期，以及影响到企业在资本市场运作的声誉，最终对企业造成不利影响，所以应尽量规避，具体如下：

第一个风险，增发方案被股东大会否决，这主要取决于价格因素。如果定向增发价格大幅低于二级市场的价格，同时挂牌企业的股权较为分散的话，则定向增发方案极有可能被股东大会否决。第二个风险，当市场投资热情过度高涨时，容易导致投机大量出现，而新三板定向增发股票无锁定期，此时可能会出现认购增发股票的投资者在增发结束后马上选择套现，这样市场会出现大量抛盘，若没有足够的买盘支撑，便会出现增发结束后投资者面临亏损的局面，这对公司的正常管理也会造成一定影响。

规避措施：首先是要尽量确定合理的增发价格，虽然新三板上市公司定向增发价无任何限制，上市公司自身也应尽量考虑广大股东投资者的利益，以尽量合理的价格进行定向增发。其次，新三板上市公司慎重考虑定向增发的时点，尽量回避市场投机氛围过重的时间段，最大限度确保投资者收益，保证公司在金融市场中的稳定发展。

第三节 并购重组

并购重组，通常指两个以上（含两个）企业合并、相互参股或组建新公司，具体分为收购、兼并、合并三种形式。和君集团董事长王明夫说过，“十亿量级市值靠业务，百亿量级市值靠并购，千亿量级市值靠技术创新 + 并购”。由此可看出，并购是企业快速放大体量的不二利器，具体来说，并购交易对企业的利好主要包括放大公司价值、减少竞争对手、规模效应、业务协同、掌控关键性资源、加快布局新业务，见表6－2。

表6－2 并购交易对企业的几大利好

重大利好	具体描述
放大公司价值	并购标的往往存在价值被低估的问题，借助并购工具，进行并购后整合，提升经营业绩，放大公司价值
减少竞争对手	并购竞争对手，改善竞争环境。譬如20个世纪末，青岛啤酒在全国扩张过程中，运用兼并重组、破产收购等资本运作方法，频繁入手区域啤酒品牌，强化青岛啤酒在当地的竞争优势
形成规模效应	并购业务相似或相关的企业，快速扩大企业规模，摊薄成本，从而获得更高的盈利
掌控关键性资源	收购优质的产品、品牌、团队、渠道或用户等关键性资源，以增强企业的竞争力
发挥协同效应	借助并购工具，整合有协同作用的业务，形成优势互补。譬如，2011年8月，蓝色光标以2250万元收购美广互动51%股权，后者是国际化的互联网广告公司，有助于提升蓝色光标的创意实力和客户品质
加速布局新业务，调整业务方向	借助并购工具，迅速进军新领域。比如，九恒星主要从事金融IT服务业务。在互联网金融蓬勃发展时，九恒星以1.26亿元的对价收购中网支付100%股权，正式进军互联网金融领域，迈出业务转型和全产业金融整合的重要一步

2014年，新三板挂牌公司参与的并购重组交易为15起。2015年以来，新三板公司参与的并购重组事件数量和规模迅猛增加，截至5月17日，超过100家新三板挂牌公司被并购重组，同时新三板挂牌企业主动发起的并购重组事件也超过70起，许多新三板挂牌企业逐渐加入并购大军。可以预见，并购重组将成为新三板市场的一股重要潮流。那么，企业如何开展并购重组活动，实现既定战略意图？并购重组可分为并购准备、交易结构设计和并购后整合三大环节、九大步骤，见图6－2。

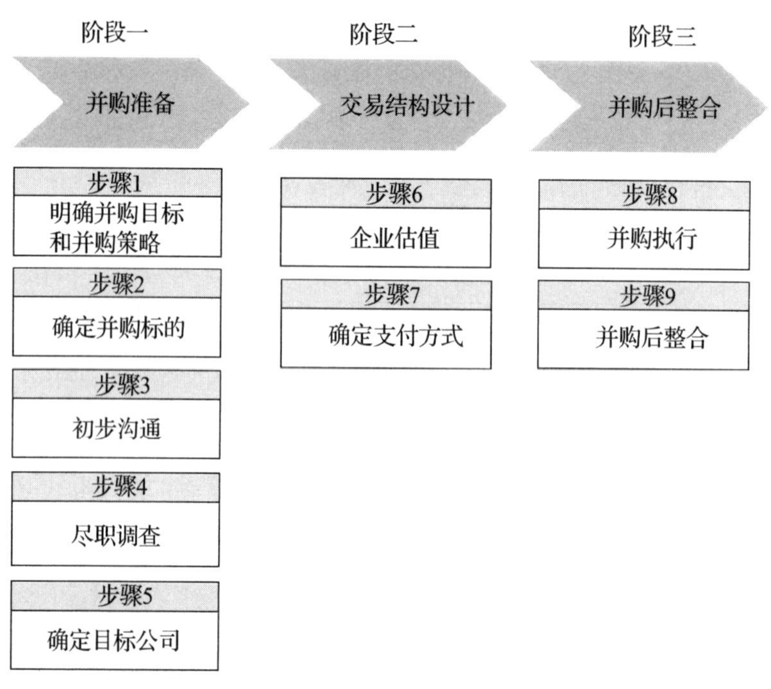

图6－2 并购重组工作的流程

1. 并购准备

企业并购重组是一项系统性工程，在开展并购重组活动时，需做大量的准备工作，具体包括明确并购目标和并购策略、确定并购标的的范围、对并购对象进行尽职调查等。并购准备工作在很大程度上决定了企业并购重组的成本和成功概率。

（1）明确并购目标和并购策略。当企业萌发并购重组的想法时，需明确通过并购重组希望达到何种目的，如扩展新业务、放大企业价值、迅速扩大企业规模、业务协同、获取关键资源、提高资金使用效率。之后，根据既定并购目标制定相应的并购策略，包括横向扩张、纵向延伸、相关多元化、产业链整合、进军新领域等。譬如，当企业希望借助并购重组加快布局新业务时，在挑选并购重组标的过程中，就应尽可能寻找发展潜力大、体量较小的企业，从而迅速构建在新领域的竞争力。

此部分工作是并购重组活动的核心部分，并购重组活动围绕既定的并购目标和并购策略进行。

（2）确定并购标的。基于并购目标和并购策略，结合并购方的能力评估，确定并购标的，具体的筛选因素包括并购标的的规模和行业影响力、行业关联性、企业文化差异性、核心管理团队的理念差异性、交易价格、风险可控性、并购后整合的成本和难度等。

（3）初步沟通。并购方与并购标的初步沟通，沟通合作意向，初步确定合作方式、资产评估、交易细节、尽职调查等事宜，双方草签《合作意向书》，具体内容包括项目工作计划、并购内容、股权比例、支付方式、公司治理、交易细节、财务确认、保密协议等条款。

（4）尽职调查。与并购标的初步达成合作意向后，并购方着手对并购标的进行尽职调查（见表6-3），这是整个并购交易活动的关键环节，通过对并购标的业务、行业、财务、技术、营销、人力资源等环节进行评估，全面了解目标企业的经营现状，评估企业的资产质量和经营风险，形成《尽职调查报告》，从而降低并购交易风险、减少交易成本，判定并购活动的终止或执行，为并购方案的设计提供支持。

表6-3　尽职调查具体内容

模　块	内　容
企业概况	企业发展历程 企业注册信息 企业经营状况 企业内部资源与能力分析
行业研究	行业概况 行业价值链 行业竞争格局 行业关键成功要素 行业壁垒 行业发展趋势与热点
企业家团队	高管的经历、专长 高管的管理能力 企业家团队的经营理念

（续）

模　块	内　容
研发与生产	专利与知识产权 研发、制造能力 技术、生产人才团队 供应商管理
市场与销售	用户需求变化 竞争对手 市场竞争优劣势 营销战略、策略和计划
人力资源	人力资源总体状况 中层干部能力 人员安置
财务	财务总体状况 预算管理 融资能力 资金需求计划
法律问题	法律诉讼 债务 保险

在尽职调查过程中，应搭建包含企业高管、业务骨干、上下游客户、经销商、竞争对手、行业协会等多层次的调查网络，以确保信息获取的真实性和有效性。

另外，尽职调查工作往往需要聘用会计事务所、咨询机构、律师事务所等中介机构，以更快捷地评估并购标的。然而，大部分的中介机构缺乏足够行业认知和实业经验，仅仅通过数据的分析与研讨，往往很难看到企业的实际经营本质，所得出的结论不一定非常准确。因此，尽职调查的决策依然是以并购方的高管团队为主导，具体调研工作则以中介机构为主。

（5）确定目标公司。并购方召集有关人员召开并购项目评审会，对《尽职调查报告》进行研讨。若未通过评审会，则终止此并购项目；若通过评审会，则根据评审结论形成立项决议，上报公司董事会审核批准，进入实施阶段。

2. 交易结构设计

交易结构设计是整个并购重组工作的关键，其核心内容在于企业估值与支付方式。

(1) 企业估值。在并购重组活动中，对并购标的的估值和定价是交易双方谈判的焦点。一般来说，市场中常用的估值方式主要有收益法、成本法两种。收益法指将评估对象近期收益资本化，从而确定评估对象的价值。成本法指在测算企业的各项资产和负债的基础上评估并购标的的价值。在实际操作中，需根据并购标的所处的行业特征选择合适的方法进行估值。

(2) 支付方式。并购重组活动中常用的支付方式主要是现金、股权、现金+股权三种。具体来说，需根据交易规模、并购对象的需求、操作的可行性、并购方的现金流状况、操作周期、避税等因素确定合理的支付手段。股权支付程序较复杂、操作周期较长，但能节约资金；现金支付对企业的现金流考验较大，但能避免股权稀释、摊薄每股权益。

3. 并购执行与并购后整合

(1) 并购执行。并购双方对并购方案的主要内容进行谈判、磋商，谈判的核心问题是交易价格和支付方式，双方达成一致意见后上报董事会批准，双方签订并购合同。之后，由并购方负责制定交接方案，包括资产与负债，合同与协议、担保、未决诉讼，相关证照、公章、文件，以及评估基准日至交割日盈亏的确认与处理。由并购方的财务、审计部门负责监督。最后，并购双方办理股权（资产）过户、工商信息变更、交付款项，最终完成交易。

(2) 并购后整合。并购后的整合工作可以说是一项并购重组活动中最大的困难之处，是通过对并购对象的战略规划、业务活动制度流程、企业文化、组织架构、资产与负债、人员安置等要素进一步进行重组，发挥双方的协同作用，进而实现既定的并购目标。

为确保既定战略目标实现，推动并购后整合工作的顺利开展，有几个点非常重要。第一，保留并购标的的优秀人才，尤其是核心管理团队。并购方派驻的高管在前期应积极与并购标的的管理人员沟通，稳定军心，留住并购标的的核心人才。必要时，可采用股权激励的方式，深度捆绑核心人才。第二，尽可能平稳过渡，控制裁员比重。对于敏感角色，可先调离非关键部门，待企业运营步入正轨后再行处理。第三，若并购策略是进入新领域，被并购企业的企业家团队非常重要，尽量保留创始团队，明晰双方的管理权限，尽量给予充分授权。第四，派驻被并购企业的高管直接关系到二者的企业文化融合、企业的凝聚力，注重派驻高管的亲和力和沟通能力，致力于培育宽松、和谐的工作氛围。

4. 新三板并购市场热点研究

（1）“定增＋现金”的支付方式将成为主流。与现金收购相比，新三板企业通过定向增发实施并购所需的现金要少得多。同时，随着做市商等制度的出台，新三板市场的流通性将大大提高，这促使投资者更积极地参与新三板股票发行。在这种背景下，部分新三板企业开始采用“定增＋现金”的方式进行并购重组工作。譬如，2015 年 3 月，九恒星以 5000 万元现金＋1142 万股股票收购中网支付 100% 的股权。

随着新三板市场的一系列交易制度的完善和出台，可以预见，“定增＋现金”的收购方式将成为新三板并购市场的主流做法。

（2）“PE＋上市公司”的并购模式开始兴起。“PE＋上市公司”并购模式，是指私募股权投资基金等外部机构以一般合伙人的身份与上市公司设立产业基金，帮助上市公司寻找合适的优质项目，并予以孵化和培育，再将该项目注入上市公司，完成资本退出。这种模式一方面借助外部机构的资本能力有助于推动上市公司对外扩张、完成战略布局，另一方面，孵化完毕的项目一般由上市公司并购，降低投资机构的投资风险，从而达成双赢。

2015 年 3 月，新三板市场首现“PE＋上市公司”模式，硅谷天堂联手亿童文教成立并购基金，其中，硅谷天堂担任亿童文教的资本领域业务的财务顾问，向其提供并购方案设计、财务与法律尽职调查、引荐投资人等服务。双方合作协议签署后，亿童文教市场表现良好，备受市场看好。继硅谷天堂之后，毅达资本成为第二家将“PE＋上市公司”模式移植到新三板市场。

鉴于这种模式的诸多利好，“PE + 上市公司”的并购模式在新三板市场的发展前景非常值得期待。

第四节　股权激励

股权激励，指通过给予激励对象一定股权，使其以股东身份参与企业决策、分享利润、承担风险，从而提升激励对象的忠诚度、调动其积极性的激励模式。股权激励本质是通过股权这个工具，释放人才资本价值，达成企业战略目标，其特点在于根据企业的实际情况对战略目标进行梳理和分解，找出关键能力并作为激励的重点，同时将战略目标细化为各个利润单元的考核指标，是实现企业战略的基础。

1. 股权激励理论概述

2006 年是国内股权激励的元年，最早出现股权激励做法的企业是上市公司，随后一些民营企业也开始模仿上市公司的做法。这种股权激励模式可分为五个步骤：**模拟估值—模拟增发—评估分配—定价认购—锁定转化**，这为国内的民营非上市公司提供了股权激励的基本框架。然而，这种方法有着特定的历史背景和目的，民营企业在使用这种方法时存在一些问题。例如：激励力度偏低（因参考国有企业上市公司对激励力度的要求）；容易出现大锅饭现象（公司业绩与个人努力相关性不高）；模式比较单一（入资买股的方式对激励对象的要求过高，实施难度较大）。这种做法也就是**股权激励 1.0 时代**。

2009 年以后，国内兴起以古代晋商身银股制为蓝本的股权激励做法，即中高层以能力入股叫身股，以钱入股叫银股，划分利润单元，采取身股超额大比例分红给团队的方式，操作流程可分为七定：**定君—定量—定位—定岗—定类—定价—定规**。这种做法非常贴合国内大部分的非上市公司，能快速提高企业的利润增长，但存在若干个问题：企业战略与股权激励的贴合度不高，侧重于业务单元激励，容易导致企业整体效率上不去，超额大比例的团队分红模式容易给部分企业带来隐形亏损，定基数以过去三年不变为基础，容易鞭打快牛。这种做法也就是**股权激励 2.0 时代**。

股权激励 3.0 模式是在近两年万众创业的时代背景下发展起来的，以战略达成为导向，提倡企业不仅注重现在的利润增长，也追求未来的长期发展，同时根据企业不同的情况进行灵活处理。相较之前的股权激励模式，股权激励 3.0 模式存在几个特点：

(1) 企业战略方向与股权激励结合更紧密。战略方向错了，短期业绩再怎么提升也无法让企业走向正确的发展轨迹。甚至，由于人才与资源会流向收益最大的地方，容易出现越激励越伤害的结果。

(2) 企业组织效率与股权激励结合。单点效率 < 运营效率 < 结构效率，通过划分激励单元的方式有助于全面提升企业的业务性单元、支持型单元、职能型单元、管控性单元的效率。

(3) 企业人才战略与股权激励结合。股权激励 3.0 能更有效地解决企业人才战略的若干问题：存量人才如何最优化配置，存量人才如何选定合适的激励对象，增量人才如何设置有效的吸引机制，了解战略目标需要什么人才，这些人才在企业的业务流程中处于何种位置与职能，这个位置与职能的激励方式与力度能否吸引外部人才加入。

具体来说，股权激励 3.0 的精髓可概括为**“分股权、分人性和达战略”**。

(1) 分股权：合理运用股权背后的各种权利作为激励因素，股权激励分的不是钱，而是各种权利的有机组合，如分红权、增值权、表决权、交易权、溢价权等权利。

(2) 分人性：同等股权分配下对激励对象的激励效果最大化，股权激励做了不一定就有激励效果，如果不考虑人性，很容易激励一拨，伤害一拨，气跑一拨。

(3) 达战略：同等股权分配下对企业战略目标达成的支持力度，不是为了股权激励而股权激励，股权激励应该为实现企业战略目标服务。

2. 新三板企业股权激励操作流程

一般来说，新三板企业股权激励工作会经历九个环节，见图6-3。

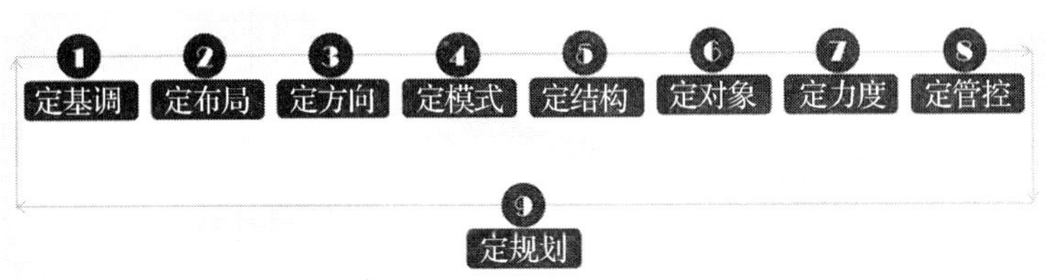

图6-3　新三板企业股权激励操作流程

(1) 定基调。新三板企业在做股权激励之前一定要了解股东对股权激励的看法与态度，否则容易出现股东不同意、股东内讧导致股权激励无法执行等问题。同时，也需要对人才进行摸底，需要了解人才对企业做股权激励的期望，尽量避免激励模式不合适、激励力度过小等情况，进而造成虽做了股权激励但是依然没有积极性的结果，浪费了股权资源。

(2) 定布局。股权是企业的核心资源，可用来换取企业发展过程中的其他重要资源，譬如人才、资金、资产、技术等。但是，股权激励会稀释原股东的股权比例，所以激励的力度要做好规划，以免对企业家的控制权带来影响。

(3) 定方向。企业战略目标是激励方案的目的，新三板企业股权激励方案的制订要从企业战略目标的分解开始着手。企业所在行业的现状和趋势、企业的发展阶段以及相应的战略方向，是制订股权激励方案的客观条件。

① 行业现状和趋势：制订股权激励方案首先要对企业所在行业的发展状况进行系统性分析，找出数家目标公司，从营业额、毛利率、净利率、负债情况、效率情况和产品特征等方面进行对比，结合产业发展的大趋势，找出企业的相对劣势及其形成原因。

② 企业发展阶段：任何企业都会经历初创、发展、壮大到衰老的过程，在不同发展阶段，企业面临的主要任务不同，比如发展阶段的企业主要目标就是提升市场份额，稳定期的企业要提升内部效率、维持利润率，衰老期的企业要拓展新业务等，所对应的激励方案也有不同的侧重。新三板企业的普

遍特征是已经具有较为成熟的业务模式和一定的规模，扩大市场、培养和吸引人才、规模扩张是普遍的命题。

③ 战略方向：不同的企业、不同的行业会采取不同的竞争战略，加上每个企业的情况不一样，因此，每个企业的关键能力与要素就更加不一样。本质上来说，股权激励是将宝贵的股权资源激励最重要的关键能力上。比如，企业要进行低成本扩张，企业关键能力的复制则非常重要。那么，企业有必要对提供这类关键能力的岗位或人员进行有效激励，从而实现战略目标，而股权激励则是其中一种有效的激励方式。

（4）定模式。股权激励模式的本质在于股权的几种权利及其组合，跟钱有关的几种权利为分红权、增值权、溢价权。具体的激励形式可分为干股、虚拟股和注册股，见表6－4。

表6－4 三种股权激励形式之比较

模　式	特　点	适用对象
“干股”激励	◆只有分红权 ◆基本上无须出资，离开后就失效 ◆模式灵活，激励性强，对企业现金流要求较高、偏短期性	对企业贡献较大的中高层干部
“虚拟股”激励	◆享受分红权＋增值权但没有所有权 ◆一般需要出资认购，离开后按照事先约定由公司进行回购 ◆一般属于在公司层面、事业部层面持股 ◆对人才的出资能力，人才对行业的信心、企业的信心与信任、对股权的认识要求很高 ◆把股权激励做成股权绑架，造成人才抵触、人才流失等不良后果	对企业贡献较大的高管人员
“注册股”激励	◆享受分红权＋增值权＋溢价权 ◆让人才享受企业的终极价值 ◆鉴于对企业未来控制权的考虑，可以考虑将投票权进行合理的处理	核心高管团队

以上任何一种模式在实际应用的过程中基本上都带有期权的性质，期权的本质是需要激励对象达成一定的条件才能享有。(在规定时间内达成一定条件，可以行使某种权利，这种权利称为期权。)

新三板企业的最大特点是介于非上市公司与上市公司之间，分红权、增值权、溢价权都有可能会用到，灵活性与激励性兼具，干股 + 虚拟股、干股 + 注册股等复合型的方式都是新三板企业进行股权激励常用的方式。

(5) 定结构。股权激励需要考虑提升企业整体的效率，所以激励的过程中要找出激励单元，根据企业组织划分成业务型单元、业务支持型单元、职能支持型单元、管控型单元。不同单元用于激励的钱的来源是不一样的，生产板块主要来源于节约，研发与销售主要是毛利，支持型单元都是从所支持的业务型单元中拿出一部分提点用于激励，而管控型单元主要是从总体上进行激励。

(6) 定对象。企业在做股权激励时通过岗位职责梳理与人才评价来确定激励的岗位和具体的人。因中国大部分的企业“人岗匹配度”不是太高。如何让人才的效率最高化呢？可从以下三个方面着手进行：

① 通过人才盘点，从公司整体层面进行人才的全局优化调配。

② 通过人才评价，确保这个岗位的人是否真正在行使岗位上的职能，如果不能，考虑是否换人或者加人。

③ 结合企业组织结构、业务流程、重要性、不可替代性等来确定激励的对象。

(7) 定力度。一般来说，新三板企业可从以下三方面确认激励力度：

① 合理的成本摊销原则。因企业最终分配的是以利润为基础，所以成本摊销就极为重要，如战略性投资必须要进行摊销年限的规划，以免投资额巨大导致前几年账面上无利润可分红，从而导致无法激励人才。另外，成本的计入原则也非常重要，如成本的发生无法严格分摊，则可以采取用提取一定比例的管理费的方式来算成本，最后成本还需要满足一个核心原则，即哪个单元发生，则计入哪个单元的成本费用。

② 确定基数与比例。如果采用干股分红的模式，那股东的保底收益应作为不分配利润，超出保底收益的部分进行分红，此时需明确团队总体分配的比例和团队内部分配的比例。

如果采用的是虚拟股与注册股的激励方式，一般情况下会设定每个人的比例、出资金额和最终占股比例。

③ 测算股东的收益是否会出现隐形亏损。在干股分红上如果采用大比例，很有可能出现股东隐形亏损的情况，简单说，就是股东投资了这些钱最后带来的收益还不如去做理财，甚至有可能还不够融资成本。一般情况下会通过内部收益率、经济增加值等手段来进行测算，以规避可能出现的隐形亏损。

（8）定管控。企业在做股权激励时，必须要进行风险管控，或者说是实施了股权激励后也要达成公司的战略目标要求，以防止出现为了短期利润做出伤害长期利益的事情。具体的管控内容分为如下几点：

① 考核指标的设立。除了常见的利润目标等财务性的指标以外，还需要找出一些战略性指标，设立这些指标的目的是为了避免发生为短期利润而伤害客户、伤害市场、伤害公司其他部门等情况。

② 行权条件的确定。当考核指标在不同的区间时，行权的比例也随之发生变化，如当利润增长率为 15% ~30% 时，执行一种行权标准；当利润增长率在 30% 以上时，执行另一种行权标准。

③ 转股机制的设计。干股一般情况下在兑现的时候不一定要全部现金兑现，部分现金可以用来作为虚拟股的购股基金，虚拟股在公司要进行 IPO 时，可以进行虚拟股转实股的方式来进行激励。

④ 退出机制的设计。干股一般离开就失效，但虚拟股或者注册股要退出的话，需要事先进行约定，按照一定的增长方式进行回购。

（9）定规划。一般情况下，一种股权激励的模式对人才产生的激励效果在 2 ~ 3 年，但是企业对人才的激励规划一般在 8 ~ 10 年。因此，企业需要在这期股权激励实施后，设计好下一期初步的股权激励的计划，切忌刚开始就把价值最高的模式就直接用上了，从而导致后续激励乏力等现象的发生。

总结一下新三板企业的激励逻辑是，利用“干股”来增加企业的内在价值，通过兑付“虚拟股”绑定人才和企业，通过构建合理的虚拟股和注册股转化机制，最终让功臣和能臣享受到在资本市场的溢价。

3. 新三板企业股权激励的特殊情况

从一些投资机构的角度来看，实施股权激励的公司成了其选择投资新三板公司的加分项，但是直接给员工期权的公司，要比较慎重：一些员工拿到股权便急急忙忙在二级市场卖掉。这是导致该公司股价大跌的重要原因，也是导致新三板公司第二次增发的一个因素。效果比较好的期权或股权激励本质类似于定向增发或有限合伙平台：员工通过真金白银购得公司股票，并和企业签订对赌协议。利润达到目标，得到较多收益；倘若业绩不达标，自有资金会受到损失。

（1）外部股权激励。准确地说，就是新三板挂牌企业利用现金或者股权进行并购重组时对目标公司的股权激励。近两年来，新三板企业发起的并购活动活动日益增加，但是频频出现创始团队在被收购后套现离职的情况。从收购方的角度来讲，创业公司的人力资源同业务一样是创业公司的核心价值所在，创业团队离职会对目标公司的未来发展产生非常大的负面影响甚至是毁灭性的影响，所以收购活动不仅仅是一锤子买卖，而是要同时设计出合理的收购条款，保证创业团队被收购后仍然在较长时间内拥有经营公司的积极性和约束力，这就是所谓的“外部股权激励”的内涵。外部股权激励主要依赖于收购方和目标公司签订的“对赌协议”来实现。

（2）定向增发时的股权激励策略。新三板企业在进行定向增发活动时，企业的注册股在短时间内会有很大的价值提升，这种情况下首先要考虑的是企业定增目的，如果定增目的是股权并购，那么可以不考虑员工的激励；如果是股权换资金，则一般应考虑在资金进入前做一次注册股改造。注册股改造的第一步就是成立员工持股公司，员工持股公司可以将公司增发给员工的股份统一纳入，方便管理，并且保证大股东的控制权；第二步是按照一定原则确定增发给员工的总量和个人最高配额。增发总量一般应控制在10% ~15%，个人的配额应当根据员工的历史贡献、岗位价值、战略目标而确定。

相对于上市公司来说，新三板公司不受《上市公司股权激励管理办法》的约束和要求，股权激励计划和方案一般不需要通过证监会的审批，定向增发对象有单次35人的限制，增发比例没有明文规定，而增发价格参考公司所处行业、成长性、每股净资产、市盈率等因素，并与投资者沟通后确定，可以不参考市场价格。换言之，发给员工和外部机构投资者的可以是不同价格。

4. 新三板企业的股权激励如何规划

首先，根据企业面临的客观因素制订“干股”激励方案，“干股”的特点是更关注短期业绩的提升，释放企业的利润，同时提高核心员工收入，进而提升核心员工的忠诚度和积极性。其次，在“干股”的兑付方式上，新三板企业应该考虑更多地以“现金+虚拟股”的方式进行支付，一方面是因为新三板企业的规模和业务稳定性不如大规模企业，现金流更加紧张；另一方面是新三板企业的增值预期很强，提前规定好虚拟股兑注册股的比例，其价值更加突出。

第五节　股权众筹

众筹，翻译自国外的crowdfunding，即大众筹资或群众筹资。根据学者Ethan Mollick给出的定义，是指融资者不需要通过传统的财务投资人，直接借助互联网平台，向数量广泛的投资者寻求融资，每个投资者以相对较小的额度提供资金支持，从而获得实物或股权回报的商业模式[1]。

目前，主要有四种的众筹模式：产品众筹、股权众筹、债权众筹和公益

[1] 参考 黄健青、辛乔利的《“众筹”——新型网络融资模式的概念、特点及启示》。

众筹，其中股权众筹是增长速度最快的模式。国外发展比较快的众筹平台主要有 Crowdcube、Kickstarter、Indiegogo、Wefunder、AngelList 等。国内知名的众筹平台有天使汇、大家投、众筹网、原始会等。自 2015 年以来，随着相关政策日渐明朗，京东、平安、阿里巴巴等企业也进入到众筹领域，掀起了又一波众筹发展的浪潮。

1. 股权众筹的概念

股权众筹是众筹发展的主要方向。股权众筹是指融资方以出让一定比例股份的形式，面向多数投资者进行融资，而投资者通过出资入股公司，最终以股份变现或者分红的方式获得未来收益的互联网金融平台模式[一]。

股权众筹项目发起人往往是创新型的初创企业，项目通常需要较多的资金，发起人无法通过传统的股票市场融资、风险资本投资等方式融资。通过股权众筹模式，投资者可以按照投资额获得相应的股权份额，成为项目公司股东，进而获得项目公司未来的利润分享等股东权利，项目发起人也可通过众筹模式有机会认识其他潜在投资人和相关人士。

2. 股权众筹的优势

股权众筹相比于其他融资方式具有很多优势。

对融资者的优势主要体现：第一，股权众筹有利于有效降低创业门槛，帮助创业者更易获得创业启动资金，从而推出创新的产品或服务；股权众筹直接切中的就是中小微企业的融资需求，利用互联网高效和便捷的信息传播优势，集合分散的民间资本，选择优质的企业，最终使得民间资本和优质小微企业的资金需求进行有效对接，实现资源的合理配置。第二，创业者可以研究早期的项目受支持的程度以及反馈，进而判断市场需求（及偏好），并对项目定价的合理性做出合理调整。第三，众筹还可以是优秀的广告平台，起到品牌塑造和宣传的作用。其中，解决融资难的问题是最主要的优势。目前，

㊀ 参考郁风的《政策风向明朗》。

中国的中小微企业通过传统渠道获得融资渠道非常困难，众筹方式会大幅度降低融资门槛和成本，提高融资效率。

同样，股权众筹对投资者来说也有很多优势：第一，股权众筹可以有效降低投资者的投资门槛，使得拥有小规模资金的普通投资者也能参与到伟大的事业中。资料显示，我国居民储蓄存款已达10万亿元，然而民间资本本身资金集中度不高，并且缺少投资渠道，致使民间资本难以转化为投资。股权众筹为这一部分资金提供了投资渠道。第二，股权众筹可以有效分散投资者风险，尤其是对于专注于某个行业的天使投资人（领投天使投资人），帮助他们降低单个项目的投资，从而投资更多项目，提高投资成功概率；第三，借助股权众筹使尽职调查高效进行。第四，通过众筹平台跨区域跨行业寻找有潜力的项目，进行跨区域投资和产业布局。

总而言之，股权众筹具有诸多其他融资方式无法比拟的优势，它既顺应了“大众创业，万众创新”的趋势，也是推动这一趋势的重要推力。可以说，股权众筹将在一定程度上改变中国资本市场的现有格局，同时也是推动金融“脱媒”进程和实现“普惠”金融的可行路径。

3. 股权众筹的风险

股权众筹也具有一定的风险，主要体现在法律监管、投资者利益保护缺失和项目发起人创意被盗用等。

（1）法律监管风险。

第一，和《证券法》冲突的风险。根据《证券法》第10条的规定：公开发行证券，必须符合法律、行政法规规定的条件，并依法报经国务院证券监督管理机构或者国务院授权的部门核准；未经依法核准，任何单位和个人不得公开发行证券。而公开发行是指向超过200人的特定对象发行证券，或者向不特定对象发行证券。股权众筹过程可能变成公开发行，而公开发行必须依法核准。未经核准而公开发行则构成违法。

第二，和《公司法》冲突的风险。《公司法》对有限合伙制公司和股份有限公司的股东人数做了明确限定，即有限合伙制公司的股东不能超过50人，股份有限公司的股东人数不能超过200人。股权众筹一般需向较多投资人募集资金才可满足其资金需求，可能导致股东人数突破《公司法》的规定。

第三，股份代持带来的风险。由于《公司法》对公司（有限合伙或股份有限公司）的股东人数做了限定，许多众筹项目为了能够募集足够资金，通常采用股份代持的方式来规避。这种方式尽管在形式上不违反法律规定，但仍然存在风险。例如，当显名股东与隐名股东之间发生股东利益认定相关的争端时，如果没有充足的证据证明隐名股东与显名股东之间的委托关系，则可能会导致众筹项目投资者（隐名股东）的权益受到侵害。

第四，存在非法集资的风险。根据中国人民银行《关于取缔非法金融机构和非法金融业务活动中有关问题的通知》和最高人民法院2010年颁布的《最高人民法院关于审理非法集资刑事案件具体应用法律若干问题的解释》，非法集资是指未经法定程序的以发行股票、债券、彩票、投资基金证券等，并承诺在一定期限内以货币、实物以及其他方式向出资人还本付息或给予回报的行为。不排除有人以众筹模式为名进行违法犯罪活动。按照《中华人民共和国刑法》及其司法解释有以下犯罪风险，比如非法吸收公众存款罪或者变相吸收公众存款罪、集资诈骗罪等。

为了规避上述风险，可从以下方面着力：第一，线上众筹的同时，线下进行企业股权投资的各项手续的办理，保证手续齐全合法合规；第二，众筹过程严格采用实名制，私募股权融资面向合格投资人（非公开发行方式），即不向公众开放，只向特定的人群募集，并不承诺固定回报；第三，根据《公司法》规定，严格限制投资人数，即股份有限公司股东人数不超过200人，有限合伙制公司股东不超过50人；第四，在投资模式上，采取“领投+跟投”，即由合格投资者领投；第五，要求对所筹资金进行符合监管需要的第三方托管。

（2）投资者保护缺位的风险。

首先，项目投资者缺乏足够的信息、风险判别和风险定价能力，仅依靠自己掌握的信息及投资经验对众筹项目进行判断及投资决策，具有极大的投资风险。尤其是在融资前，投资者可依赖的信息只有两部分，众筹平台提供的项目信息和自己的投资经验，这两部分信息都十分有限。

融资完成后，股东按约定虽然进行了出资，却很难行使股东权利，并对企业进行有效的监督。项目发起人可能进行自我交易、超额薪酬和滥用公司机会等。并且投资人的退出机制也相对缺乏，股权的流动性也较差。

其次，股权众筹平台为了增加收益，很有可能降低项目门槛，这会降低项目的质量，也会给投资者带来巨大的利益损失。

最后，法律未对股权众筹项目的信息披露做强制性要求，也没有相应的披露规范，且众筹平台披露的信息有限，众筹项目本身的信息不对称问题未能得到解决。这对投资人的利益也构成了潜在威胁。

针对上述风险，可以从以下角度考虑规避：① 选择具有一定公信力和信誉度的众筹平台上的项目作为投资对象，依靠专业众筹平台辅助判断和决策。② 众筹平台对众筹项目进行必要的尽职调查，并作为每个众筹项目的必经流程，严控融资风险。③ 线下办理企业股权投资的各项手续，成立有限责任公司或股份有限公司，做到合法合规。④ 依据《公司法》制定公司章程，并在章程中明确约定股东权利和义务。⑤ 依据公司章程，设立董事会、监事会、执行团队等。明确各个机构的职责，尤其监事会要切实履行监督的职责，董事会和执行团队要定期披露公司运营情况和财务状况。⑥ 投资者应当加强学习，提高风险意识，力求对项目有一定了解和判断后再做出投资决策。⑦ 采取合格投资者领投模式（领投 + 跟投），普通投资者可以选择跟投等。⑧ 主动要求对股权众筹平台项目所筹资金进行托管。

（3）项目发起人面临的风险。对于众筹项目发起人，为了获得更多人的关注和认可，不得不将自己的项目创意和实施计划公之于众。在此过程中，最大的风险是知识产权被冒仿或盗用等。为了获取更多人的信任，项目发起人必然要深入披露项目创意的细节，而一般项目创意期涉及的知识产权还未来得及申请审批。这样就给项目发起人带来较大风险。因此，项目发起人在进行众筹的时候，需要做一个平衡，既有效保护自己的创意不被盗用，又赢得潜在投资者的青睐和认可。

4. 股权众筹与新三板

股权众筹和新三板存在着千丝万缕的联系。

第一，股权众筹和新三板都是解决国内中小企业融资难问题的有效方式，都是推动建立我国多层次资本市场的重要举措。新三板和股权众筹近几年的火爆，反映出国内市场融资渠道多元化的内在需求，都是改变中国资本市场格局的重要力量，从而激活企业（特别是中小企业）的发展潜力，推动中国经济持续增长。

第二，股权众筹多服务于项目创意期和企业初创期的融资，多数初创企业无法达到新三板挂牌的基本要求（例如，至少存续满2年），因此股权众筹相对于新三板是一个门槛更低的融资渠道。另外，新三板也可被认为是广义上的股权众筹，它服务的融资对象是相对成熟的企业，大概处于C轮融资阶段，目前的退出方式包括做市商和协议转让两种方式，而狭义股权众筹服务的融资对象主要是处于种子期、天使轮和A轮的企业，退出方式主要包括并购或上市等渠道。因此，有人将股权众筹称作是主板、中小板和创业板、新三板、地方性股权市场之外的“第五板”。

第三，股权众筹投资人可通过企业新三板上市退出。根据颁布的《私募股权众筹融资管理办法（试行）（征求意见稿）》，众筹平台不得提供股权转让服务，这一规定抑制了投资者转让其持有的股权的合理需求。在目前新三板火爆的情况下，去新三板上市就成了投资者退出的选项之一。

然而，股权众筹企业在新三板挂牌需满足上市条件，其中第四条规定“股权明确，股票发行和转让行为合规合法”，值得特别注意。原因在于，股权众筹的部分甚至全部资本都是通过众筹形式获得，股东众多，股权分散，存在触及公开发行证券或“非法集资”红线的风险。另外，随着企业的扩张，股权结构会变得越来越复杂，代持等情况可能随之增多。代持虽然不违反法律规定，但隐名股东和显名股东之间的委托关系需要一定的书面文件予以证明。这种委托关系是内部约定。否则没有相应证据，股权的明确性就会出现纠纷，甚至影响企业在新三板挂牌。企业需要在挂牌之前梳理清楚股权结构，做到合法合规。

第四，采用股权众筹方式也可以参与新三板业务。目前主要有两种业务模式可借鉴：第一种模式，企业计划挂牌新三板之前，划出部分公司股权，由投资者自行认购；第二种模式，由股权众筹平台设立专门的新三板基金，由众筹平台作为领投，个人投资者进行跟投。这样做可以“绕开”投资新三板500万元的准入门槛，让更多非高净值人士通过股权众筹的方式投资于即将登陆或已经挂牌新三板的企业。

但是，这两种模式并非毫无限制，而是都需要进行备案。监管层明确要求律师和券商等中介机构在挂牌公司发行融资、重大资产重组等环节，应核查私募投资基金备案情况并发表意见。2014年6月，北京华人天地影视策划股份有限公司在众投邦平台，创造了中国所有众筹项目中唯一一个在新三板成功挂牌的项目。近日，众投邦又联合深圳市创东方投资有限公司发行了首只新三板股权众筹基金，用于“领投”新三板相关项目。该基金总规模为5000万元，募集成功后，选择众投邦平台拟挂牌新三板及新三板定增项目进行“领投”[一]。

第五，股权众筹企业股权分散、股东众多的特点，有利于提高新三板挂牌后股权交易的活跃度。新三板股权交易有三种方式：协议方式、做市方式和竞价方式。目前通过前两种方式进行。据相关市场人士指出，竞价交易系统已基本完成，目前处于自测系统阶段。

第六，企业在新三板挂牌之前，可通过内部员工众筹方式使员工持股，成为企业股东，以此来实施股权激励。比如，很多公司实施的员工持股计划，也可以看作是一种股权众筹，同时实现员工激励和融资的双重功能。

5. 股权众筹的未来趋势

股权众筹作为新兴的融资方式，为解决我国中小微企业融资难问题作出

㈠ 参考陈莎莎的《股权众筹融资试点试什么》。

了巨大贡献，推动了我国多层次资本市场的建立，也顺应了“大众创业，万众创新”的时代潮流，前途光明。另外，股权众筹政策逐渐明朗，法律法规逐渐完善，为股权众筹市场的腾飞插上了翅膀。

2014 年 11 月 19 日，国务院常务会议明确提出“开展股权众筹融资试点”。2014 年 12 月 18 日，中国证券业协会发布《私募股权众筹融资管理办法(试行)（征求意见稿)》，这是监管层首次对股权众筹进行规范，即所谓的“私募版”众筹管理办法。2015 年 1 月，证监会开始就“公募版股权众筹”的细则草案——《股权众筹融资试点管理办法》，在小范围征集意见。2015 年 3 月 11 日，国务院办公厅印发的《关于发展众创空间推进大众创新创业的指导意见》明确，开展互联网股权众筹融资试点，增强众筹对大众创新创业的服务能力。随后的全国“两会”期间，“开展股权众筹融资试点”被写入《政府工作报告》[一]。

备受关注的新修订的《证券法》最快将在 2015 年下半年出台。股权众筹的规范条例有望被写入《证券法》，这是为了鼓励和规范公募股权众筹行业的发展，对股权众筹改革意义重大。随着政策的逐渐明朗和法律法规的逐渐完善，股权众筹将迎来飞速发展的黄金机遇。

此外，众筹平台的垂直化、服务化和国际化也将是未来的趋势。

第六节　转板

随着经营条件的变化，新三板挂牌企业不断产生新的发展需求，当达到其他资本市场板块的要求时，可以转到另一板块市场进行交易。所谓转板机制，就是为了方便企业在不同层次的资本市场间流动，为规范转板市场秩序而形成的一套完整的规范制度。

[一] 参考郁风的《政策风向明朗》。

当前，我国的资本市场包括场内市场和场外市场。上交所和深交所的主板、中小板、创业板和新三板组成了场内市场。由区域性股权交易市场和券商柜台交易市场组成了场外市场。这些场内市场和场外市场共同构成了国内多层次的资本市场，见图6－4。

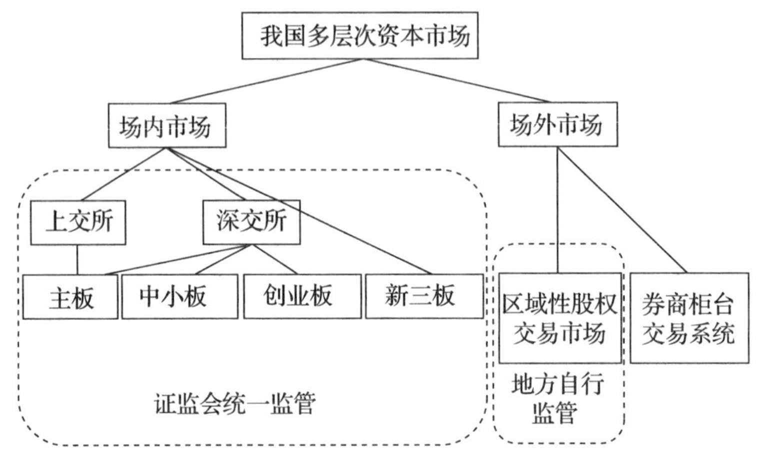

图6－4 我国多层次的资本市场

新三板市场本身是独立市场，随着各种配套资本运作制度陆续开放，未来新三板挂牌企业一样能获得好的发展空间。

1. 新三板转板成功案例

新三板挂牌企业转板方式分为两种，一种是以IPO方式转板A股市场；另一种是通过收购A股市场上市公司实现间接转板A股市场。

（1）直接IPO是新三板挂牌企业成功转板A股市场的主要方式，从新三板成功转板A股市场的企业列表见表6－5。

表6－5 新三板转板A股市场的企业列表

序号	新三板挂牌代码	公司简称	主营业务	转板上市板块	股票代码	新三板挂牌时间	转板上市时间
1	430007	久其软件	电子政务、集团管控领域应用软件及云计算服务	中小板	002279	2006.9	2009.8

（续）

序号	新三板挂牌代码	公司简称	主营业务	转板上市板块	股票代码	新三板挂牌时间	转板上市时间
2	430006	北药业陆	对比剂、降糖丸、九味镇心颗粒	创业板	300016	2006.8	2009.10
3	430001	世纪瑞尔	铁路行车安全监控设备	创业板	300150	2006.1	2010.12
4	430023	佳讯飞鸿	指挥调度通信产品、应急类监控及应急通信产品、防灾安全监控产品	创业板	300213	2007.1	2011.5
5	430008	紫光华宇	政务应用软件与信息服务	创业板	300271	2006.8	2011.10
6	430012	博晖创新	医疗器械人体元素检测系统	创业板	300318	2007.2	2012.5
7	430045	东土科技	工业以太网交换机、数据光端机、光纤收发器	创业板	300353	2009.2	2012.9
8	430030	安控科技	工业自动化控制产品及系统集成	创业板	300370	2008.8	2014.1
9	430049	双杰电气	中压输配电及控制设备	创业板	300444	2009.2	2015.4
10	430018	合纵科技	电力配电设备制造	创业板	300477	2007.9	2015.6

首家转板中小板的新三板公司——久其软件。北京久其软件股份有限公司（简称“久其软件”）于2006年9月在新三板挂牌，股票代码为430007。2009年8月11日，久其软件在中小板挂牌，成为第一家从“新三板”成功转板至“中小板”的公司，开启了新三板挂牌企业转板先河。

首家转板创业板的新三板公司——北陆药业。北陆药业于2009年10月30日在创业板成功上市，成为首家由“新三板”公司成功转板创业板的公司。在转创业板之前，北陆药业已经在新三板挂牌 3 年。

（2）收购 A 股上市公司，间接在 A 股市场上市。新三板挂牌企业收购 A 股上市公司，间接实现在 A 股市场上市，这种方式比较罕见。2015 年，作为新三板的首家 PE 公司——九鼎投资（430719）一举竞得主板上市公司中江地产（600053）控股股东的全部股权。这无疑为新三板企业登陆 A 股市场开辟一条新的通道。

2. 新三板企业转板的条件

（1）转板准备。

首先，新三板企业要确定好目标板块。充分考虑公司自身实力和特点，选择适合企业自身未来发展的资本市场。

其次，要做好自身公司的合规性检查，包括企业的挂牌年限、股权分散度、财务状况、公司治理和信息披露等情况。

关于公司自查，至少应当符合下列条件：

① 公司股本总额不少于人民币三千万元。

② 公司最近三年无重大违法行为，财务会计报告无虚假记载。

③ 公司最近两个会计年度的财务会计报告，并出具标准审计报告。

④ 转中小板或主板的挂牌公司最近两个会计年度经审计的净利润均为正值且累计超过 2000 万元；转创业板的挂牌公司最近两个会计年度经审计的净利润均为正值且累计超过 1000 万元。

⑤ 公司最近一个会计年度经审计的期末净资产为正值。

⑥ 公司具备持续经营能力。

⑦ 具备健全的公司治理结构和内部控制制度且运作规范。

⑧ 公司在申请重新上市前进行重大资产重组且实际控制人发生变更的，须符合中国证监会规定的借壳上市条件。

再次，准备好相关的申请材料。

最后，要做好公开发行股票的计划。一般来说，计划公开发行的股份达要到公司股份总数的 25% 以上；公司股本总额超过人民币四亿元的，计划公开发行股份的比例要达到公司股份总数的 10% 以上。

（2）转板操作流程。通过收购 A 股上市公司实现转板的方式比较罕见，具体流程暂不作讨论。我们只讨论通过 IPO 方式转板的流程情况。目前，以 IPO 方式转板的流程：

首先，新三板挂牌企业召开董事会和股东大会，就首次公开发行并在主板、中小板或创业板上市事宜进行决议；

其次，暂停报价转让，将申报材料递交证监会，等候发行监管部审核；

最后，通过 IPO 发审会，在主板、中小板或创业板发行上市；若未获通过发审会，则恢复在新三板的报价转让。

新三板的转板流程与普通公司 IPO 上市无实质性差别。

（3）转板过程中的难点及解决方法。新三板企业在转板过程中面临两个难点：难点一，通过审批难。目前，在没有实现注册制之前的转板相当于企业 IPO，通过证监会审批的难度并未降低。在业内看来，唯有正式出台注册制后才能实现真正意义上的转板。怎么解决呢？企业应充分做好准备工作，确定目标板块市场，严格做好自身合规检查，准备好所有申报材料，确保能一次审批通过。难点二，等待时间长。证监会审批周期较长，即使获得证监会的审批确认，等待正式上市的周期也比较长。转板的目的就是为了更好更方便地实现融资，以便加速促进公司的发展。但是，时间窗口最为关键，等待时间过长，容易错过发展良机。有什么解决办法呢？两手准备，一方面积极准备 IPO，另一方面积充分利用现有的其他资本运作方式，例如定向增发、协议转让、做市交易等，以实现快速融资，从而迅速做大做强公司。

（4）转板过程可能出现的风险。除了硬性条件外，如下因素也可能对新三板企业转板造成风险，具体包括公司资产负债率低，现金流充裕；业务发展过度依赖非市场化的模式；募集资金用途存在较大不确定性和风险等问题；募投项目在技术开发和市场开拓方面存在较大风险，募集资金投资的项目与企业现有生产经营规模不相匹配；公司抗风险能力弱，企业的成长性和持续盈利能力不稳定；公司财务与内控管理存在不规范或不健全的地方，等等。

新三板挂牌企业在自查环节应尽量规避以上风险，确保顺利转板。

3. 转板绿色通道

2014 年 10 月，证监会正式出台《关于支持深圳资本市场改革创新的若干意见》允许符合一定条件但尚未盈利的科技创新和互联网企业在新三板挂牌满一年后转到创业板发行上市。这一法规的颁布表明，新三板挂牌企业通过“介绍上市”的方式转板沪深市场已不存在“法律障碍”。

目前，新三板直接转板制度虽已提上议程，但尚未出台具体细则。如果能实现绿色通道方式，一方面新三板挂牌企业转板 A 股市场就不用经历企业 IPO 那样漫长排队审核的流程了；另一方面，主板市场或二板市场的上市公司如果经营不好，不符合所在版块的上市要求，就直接转板到新三板市场。这样实现双向直接转板，快速便捷。

新三板转板制度的出台对我国资本市场将产生以下利好：首先，将进一步增加新三板对新三板拟挂牌企业的吸引力，从而分流部分 IPO 排队企业先到新三板挂牌；其次，吸引众多投资机构投身到新三板，以提升新三板市场的融资能力；最后，解决 A 股市场上市企业退市难的问题。

我们共同期盼新三板转板绿色通道——新三板转板制度的诞生。

4. 未来新三板企业没有必要转板

随着新三板分层管理制度、做市商制度以及竞价交易制度的逐步出台，新三板市场的独立性将越来越得到充分体现。

与主板、中小板或者创业板相比，新三板的估值相对低，交易规模较小，流通性较弱，众多新三板企业渴望转板的目的在于获得更高的估值并实现大规模交易，从而获得更强的融资能力。然而，2015 年以来，新三板市场的持续火爆，同时做市商制度的全面铺开，新三板挂牌企业的估值和融资能力不断提升，未来新三板竞价交易制度的出台和实施，使新三板的活跃度不弱于其他板块，此时新三板挂牌企业转板还有必要吗？

点点客（430177）是一家从事移动信息服务的企业。2014 年 5 月，看到证监会关于转板的态度后，点点客也曾想转到 A 股市场。但是，在进行做市交易后，点点客对主办券商表示，“不转板了，新三板挺好的”。

第三篇

案例篇

- 第七章　和君商学（831930）的成长故事
- 第八章　针对性的股权激励——打造企业核心竞争力
- 第九章　专利纠纷导致公司暂停股份公开转让
- 第十章　逆风飞扬——一家文化企业借力新三板实现战略的完美转型
- 第十一章　微度咖啡——股权众筹缔造新星

（更多案例参见二维码）

第七章
和君商学（831930）的成长故事

和君商学（股票代码：831930）的成长，在新三板公司群体里，独树一帜。2015 年 2 月挂牌，4 月即完成首次定增，实现股本融资 2.65 亿元，引进王亚伟、俞敏洪、戴志康等二十几个新股东，一举成为股东阵容最豪华的新三板公司。年中发布 2015 年半年报，1～6 月公司主营收入同比增长 225.86%，净利润同比增长 545.98%。8 月，和君商学完成对汇冠股份（股票代码：300282）的收购控股和入主，创造了新三板挂牌公司收购沪深交易所上市公司、实现跨越式成长的第一案。

和君商学如此成长的背后，是什么样的轨迹、内涵、模式、文化和追求呢？

第一节　成长历史及成长背景

一、简介

和君商学在线科技股份有限公司，股票简称“和君商学”，股票代码为 831930。顾名思义，商学、在线、科技，三个关键词，预示着它的内涵与追求。

和君商学的创始股东和控股股东是王明夫博士创建的和君集团有限公司。

在新三板挂牌之后，和君商学于2015年4月进行了首次定向增发，新东方校长俞敏洪、千合资本董事长王亚伟、上海证大集团董事长戴志康、海王集团董事长张思民、康恩贝药业董事长胡季强、新大陆集团董事长胡钢、海印集团董事长邵建明、华夏幸福基业董事长王文学、前海微众银行行长曹彤、深圳星河地产总裁姚惠琼、江中药业、陕鼓动力、福建恒安等二十几个著名企业家或企业认购了定增，成为和君商学的股东，形成了和君集团与二十几个著名企业家或企业共同持股的最新股东结构。

这些股东具备深厚的产业基础、雄厚的财务实力、丰富的管理实践和广泛的社会影响，他们为和君商学的未来发展奠定了重要的股东背景。

和君商学于2015年2月在新三板挂牌时候，股本为1000万股。2015年4月首次定增后，股本扩至1265万股。2015年8月按10送70的比例实行资本公积金转增股本，股本扩至101200万股。

和君商学的**使命**：建树和君商学派，在世界商学里造就一个中国学派；培养经营管理人才和创业创新人才，提升产业效率和商业文明。**愿景**：成为基于移动互联网和大数据的、全球化的商学平台、人才社区和云端大学。

二、成长简史（见图7-1）

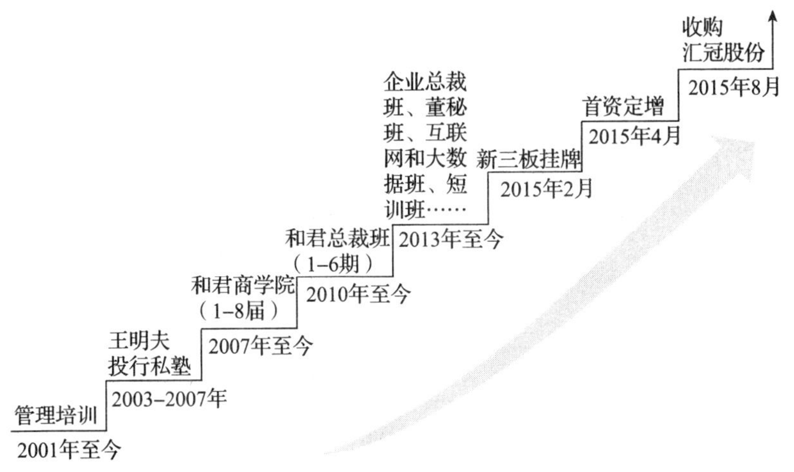

图7-1 和君商学成长简史示意图（2001—2015）

和君商学业务，最早始于2001年和君咨询公司开展的管理培训业务，包括公开课和企业内训业务。这项业务延续至今。

2003 年，王明夫在北京创办投资银行私塾，从北京著名高校中招收高才生（以硕士生和博士生为主），免费授课，为和君公司物色和培养投行人才，两年年一届，前后两届，历时四年，累计培训约 200 个高才生，2007 年闭塾。是为和君商学院的前身。

2007 年 1 月，和君公司为招揽人才和培训员工而创办和君商学院，以重点大学的硕士和博士研究生以及毕业后在职者为主要招生对象，以严格的招生考试程序选拔年轻人才，进行系统的商学培训，毕业后自由选择进入和君公司或进入社会各界工作。

和君商学院一年举办一届，截至 2015 年，已办至第 8 届。报考人数和毕业生人数呈现出持续增长的态势（见图 7-2），分布范围从北京到全国、从国内到全球。分为线下教学的现场班和线上教学的在线班；现场班免费，在线班收费。因为主要招收青年精英人才，严进严出，大家都以能够坚持到最后、最终拿到毕业文凭为光荣，所以通称“青年光荣班”。

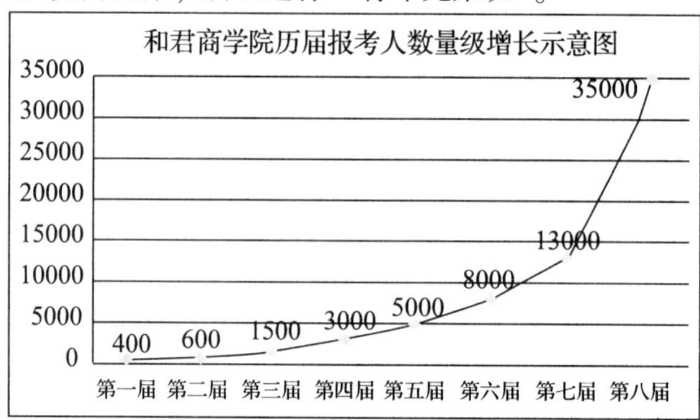

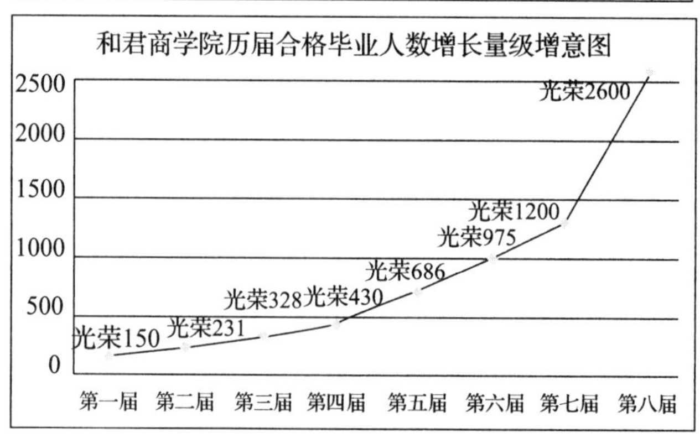

图 7-2 和君商学院报考人数和毕业生人数增长态势

2010 年，和君开始举办企业总裁班，面向企业家和高管人员招生，截至 2015 年已办至第六期，每期的教学周期为一年。学员满意度很高，学费和学员人数呈现逐期增长的态势。（见图 7－3）

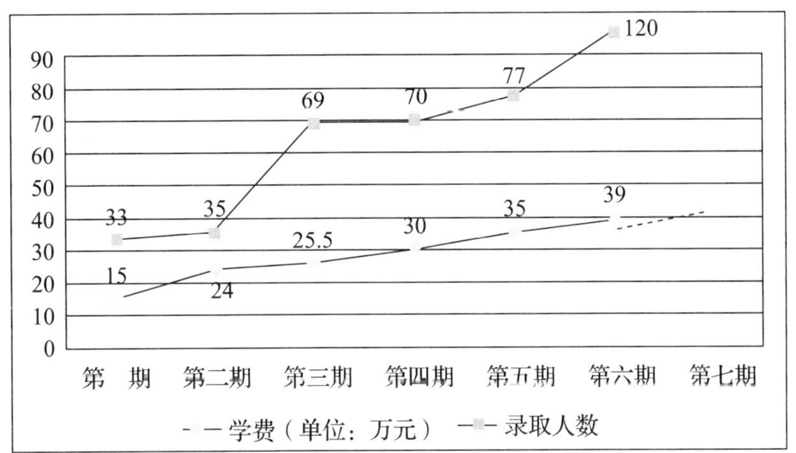

图 7－3　和君企业总裁班录取人数和学费增长趋势

从 2013 年开始，和君陆续开办企业在线班、董秘班、互联网和大数据 CEO 班、区域高管研修班、商学 APP、各种短训班等收费产品和服务，和君商学的业务增长逐渐拉开格局，呈现出生机蓬勃的势头。

上述所有业务，在 2014 年按上市公司的规范要求进行重组整合，成立和君商学在线科技股份有限公司，2015 年 2 月，在新三板挂牌上市。

2015 年 4 月，完成首次股票定向增发，引进俞敏洪、王亚伟、戴志康等二十几个股东。

2015 年 8 月，完成对创业板上市公司汇冠股份的收购和控股，入主和接管汇冠股份，形成“和君商学 + 汇冠科技 = 斯坦福 + 硅谷创新”的格局。创造了新三板公司收购沪深交易所上市公司的第一案。

和君商学的业务属于国家法律和政策鼓励大力发展的基础性服务业，为经济和民生所迫需，市场需求活跃，发展空间巨大。

《国家中长期人才发展规划纲要（2010—2020 年）》中提出“加强人才

培养”。

《国务院关于鼓励和引导民间投资健康发展的若干意见》第十五条规定：鼓励民间资本参与发展教育和社会培训事业。支持民间资本兴办高等学校、中小学校、幼儿园、职业教育等各类教育和社会培训机构。

《中华人民共和国中小企业促进法》着重鼓励“为中小企业提供培训服务”，鼓励各类社会中介机构为中小企业提供创业辅导、人才引进、人员培训等服务。

《国务院关于进一步促进中小企业发展的若干意见》第二十六条规定：大力开展对中小企业各类人员的培训。实施中小企业银河培训工程，加大财政支持力度，充分发挥行业协会（商会）、中小企业培训机构的作用，广泛采用网络技术等手段，开展政策法规、企业管理、市场营销、专业技能、客户服务等各类培训。

《中华人民共和国就业促进法》明确提出：鼓励开展职业培训，促进劳动者提高职业技能，增强就业能力和创业能力。鼓励和支持各类职业院校、职业技能培训机构和用人单位依法开展就业前培训、在职培训、再就业培训和创业培训；鼓励劳动者参加各种形式的培训。企业应当按照国家有关规定提取职工教育经费，对劳动者进行职业技能培训和继续教育培训。

2015 年《教育部关于深入推进职业教育集团化办学的意见》，鼓励多元主体组建职业教育集团，深化体制机制改革，推进现代职业教育体系建设。

三、成长的背后——文化精神

人生如莲：人生就像是睡莲，成功是浅浅地浮在水面上的那朵花，而决定其美丽绽放的是水面下那些看不见的根和本。莲花初绽，动人心魄，观者如云，岂知绚烂芳华的背后是长久的寂寞等待。君子务本。

三度修炼：态度决定命运、气度决定格局、底蕴的厚度决定事业的高度。人之态度、气度、厚度，犹如莲之根本；“三度”修炼，日积月累，功到自然成。

以人为本：先造就人，然后造就企业和事业。人品即事品，人成即业成。

内圣外王：正心诚意、蓄深养厚、知行合一、内圣外王，修身、齐家、兴业、益天下。

心有理想、春暖花开：点燃希望，照亮生活，温暖心灵，唤醒心底沉睡的天使翩翩起舞，促动英雄主义的雄狮威风凛凛，高举理想主义的旗帜明媚飘扬，踏着实干主义的脚步永不停歇。

劳动精神：劳动光荣，奋斗自豪，机会向奋斗者集中，资源朝劳动者配置。

热情与意志：只有初恋般的热情和宗教般的意志，人才能成就某种事业。

激情点燃梦想，习惯成就理想：成功应该是水到渠成、水滴石穿，而不能依靠一时的激情燃烧或轰轰烈烈的拼搏冲刺。真正的事业远行者，必须回到生活原点和朴实无华上来，把三度修炼的理念和要求转变为一种天长日久、平淡如水的生活常态和良好习惯。然后，成功就会在不远处或远处等你。

底蕴的厚度决定事业的高度，合理的知识结构支撑顶级的职业高手：和君从国势、产业、管理、资本四个维度构建学员的知识结构，形成支撑一生事业高度的知识底蕴。

成功链条：获取基于贡献、贡献源于能力、能力来自努力。

视为天使，尊为栋梁：和君把学员当作栋梁之材来重视和尊重，视作天使来期许和对待。

水的精神：①接纳八方来源，终成其大，不拒绝任何加盟的沙石和物障，反而是夹裹前行，壮大自己的力量，勇往直前。②无论何时何地，总是改变自己的形态不断寻找出路。③任何时候遇到阻挡，总是慢慢蓄积力量，最后加以冲破。④历经千里万里千难万险，始终不改变自己的本质和前行的动力。

有目标、沉住气、踏实干：拒绝浮躁、拒绝摆秀、拒绝浮名、拒绝喧嚷、拒绝安逸、拒绝速成，沉住气，持续努力、厚积薄发、水到渠成。

第二节　成长基础及发展格局

一、成长的基础——产品构成

和君商学产品和服务构成一览（加粗者为未来要开发的产品和服务）见表7－1。

表7-1 和君商学产品和服务构成一览

服务方式	产品或服务	收费与否
线上	1. 青年光荣班—在线班（青年商学培训计划）	收费
	2. 企业在线班	收费
	3. 商学随身听（APP）	收费
	4. 商学在线学习账户	收费
	5. HejunX	看情况
线下	6. 青年光荣班—现场班（青年商学培训计划）	免费
	7. 专题培训班	收费
	8. 企业内训	收费
	9. 国际商学和商务考察	收费
	10. HejunX	看情况
O2O（线上+线下）	11. 企业总裁班	收费
	12. 区域高管研修班	收费
	13. 互联网和大数据CEO班、研修班、短训班	收费
	14. 白领职业培训	收费
	15. 创业培训和辅导	收费
	16. 国学或红色管理研修	收费
	17. 人才服务	收费
	18. 职业资格考试和证书	收费
	19. HejunX	看情况
IT技术平台和解决方案	20. 企业培训体系或企业大学云平台的设计、建设和运维服务（未来业务）	收费
	21. 师承平台	收费
	22. 基于大数据的衍生服务和业务	收费
	23. HejunX	看情况

二、成长的土壤——格局与模式

和君商学是和君集团总体格局的有机组成部分：和君集团本着实践出真知、理论与实践相结合的理念，以咨询业务为体，以资本业务和商学业务为两翼，形成“一体两翼”的业务格局。（见图7-4）

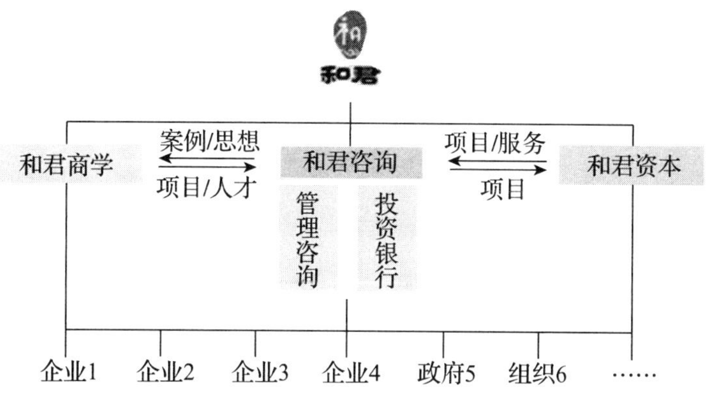

图7-4 和君集团“一体两翼”格局示意图

咨询和资本业务，直面企业的真实问题，长期沉浸在经济的真实情景中，感知和研究最鲜活的经济胎动和商业实践，验证理论与方法的实际效果。咨询业务为资本业务提供项目研判和投资机会，资本业务为咨询业务强化品牌力道、创新盈利模式。咨询和资本业务为商学教学提供实践真知和案例样本；商学业务以理论与实战相结合的课程，吸引和培养人才，为咨询和资本业务提供优秀人才、科班知识、理论工具和创新活力。最终形成“咨询+资本+商学”两两互哺、彼此涵养、相生互动、良性循环的业务生态效应。和君集团凭此格局和生态，为客户提供咨询、资本和人才的综合服务。

这一模式，荣获《21世纪商业评论》评选的“2013年度中国最佳商业模式”奖。和君咨询成为国际管理咨询协会理事会（ICMCI）认证授牌的全球第一家CMC FIRM（注册管理咨询师公司），被ICMCI树立为全球管理咨询行业的样板公司。

和君商学严格按照法律和上市公司的要求进行独立和规范的运作，同时从和君集团整体格局的业务生态效应中获得独特的生存能力和差异化的竞争优势，在商学教育和管理培训中独树一帜、稳步发展。

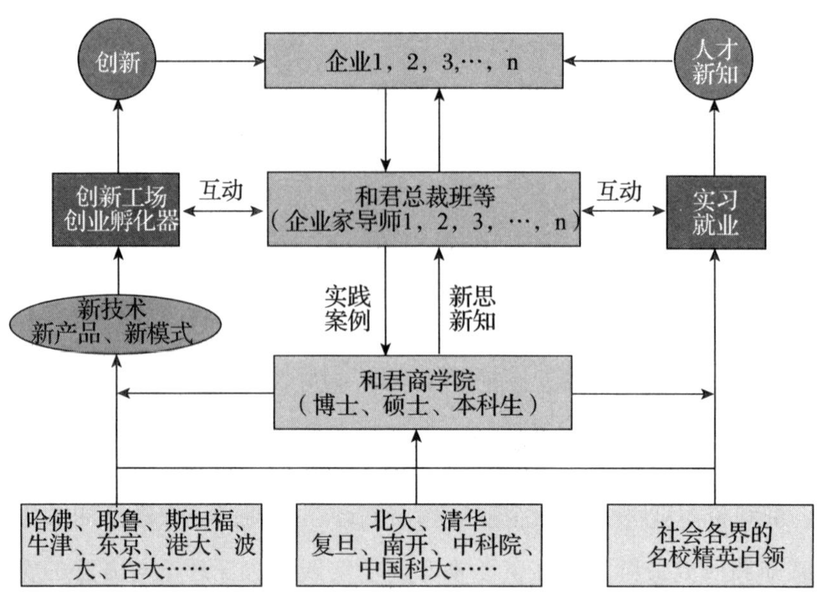

三、成长目标

和君商学用互联网教育和O2O方式，聚焦管理培训和商学学习，以企业家和企业高管培训、企业人才培训、创业创新培训和辅导、企业管理内训、企业大学、高校从商学生的就业和创业能力培训、商业人才的个性化终身学习、职业培训等为主营业务，逐步开发和建设基于移动互联网和大数据技术的系统平台和人才社区，为企业和个人提供商学培训和终身学习服务。

和君商学的发展目标是：

第一，互联网教育的全球化品牌；

第二，商学教育和职业培训领域的平台型公司；

第三，商业人才终身学习和职业成长的E－learning中心；

第四，发动创业和创新、驱动企业转型和产业升级的人才社区和云端斯坦福。

仰望星空，脚踏实地。上述发展目标，年复一年地具体化为目标数据化、路径明确化、措施可行化的“年度增长计划”，有力执行、使命必达。

四、成长计划

(1) 内涵式增长：以2014年的业绩数据为基础，未来三年(2015—2017)的增长目标是,主营业务收入和净利润的年复合增长率达到100%左右（见图7－5)。

根据最新发布的和君商学2015年半年报，1～6月份公司营业收入为2996.4万元，同比增长225.86%。归属于挂牌公司股东的净利润为1308.1万元，同比增长545.98%。

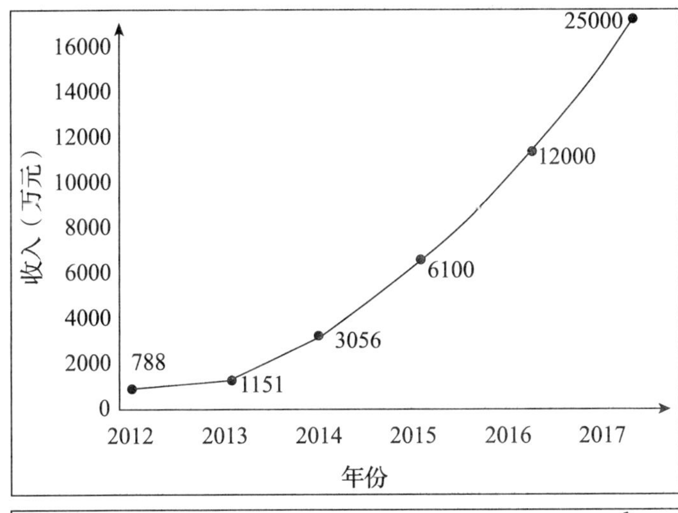

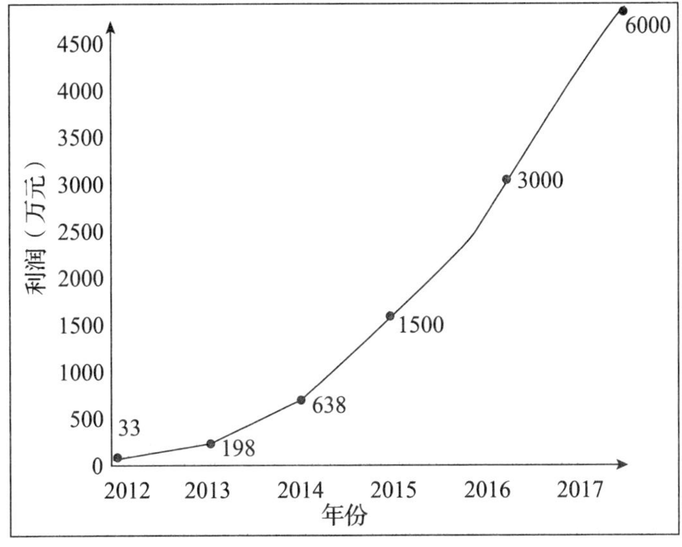

图7－5　和君商学内涵式增长

（2）外延式增长：并购和股权投资，将成为和君商学未来三年扩张发展的重要途径，最终形成以下增长格局，如图 7－6 所示。

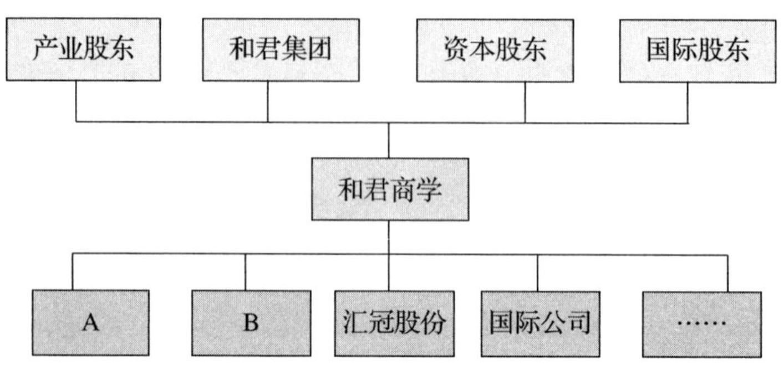

图 7－6　和君商学外延式增长格局示意图

五、愿景展望

和君商学的最高理想是建树和君商学派，在世界商学里造就一个中国学派。

这个学派的特点：中体西用、融汇古今、化繁为简、学术规范。

这个学派的精神：旨归是利益众生（佛），原理是道法自然（道），路径是内圣外王（儒），至高境界是九九归一、左右逢源、圆融会通，执一而牧天下。

展望未来十五年（2015—2030），和君商学将搭乘中国梦，努力融入伟大的历史进程。

2030 年的中国：经济总量逼近或超越了美国，雄踞全球第一；世界 500 强企业名单里出现大量的中国企业；中国人的消费取向对世界经济的牵引影响远胜于今。中国经济的崛起、中国企业的世界范围内扩张、中国市场在世界经济里扮演的戏份鼎重，造成中国思想和文化的世界性影响和传播。一场东方文艺复兴，风吹全球。

2030 年的世界各大商学院：主流学说和理论，都必须能够解释中国的经济现象，必须经得起中国经济实践的证实或证伪，否则就会缺乏说服力、形不成影响力。各国商学院的教授和学生，即便是思考本国企业和经济，也言必称中国，就像过往几十年中国人言必称美国一样。中国的商业案例，成为世界各大商学院最热门的教学内容。以前人们一张口就是迪士尼、麦当劳、GE、苹果、摩托罗拉、诺基亚、通用汽车、朗讯科技、柯达、雷曼兄弟、花旗银行、房利美、卡特皮勒，我们希望将来人们一张口就是华为、阿里、腾讯、小米、华大基因、大疆科技、光启科学、恒安、海印、陕鼓、华熙、海王、汉威电子、威创股份、国电清新、新大陆、康恩贝、星河、华夏幸福、新东方、华新世纪、千合资本、微众银行、海捷、证大、中植、东联、聚光、瑞茂通、向日葵投资、江中、洋河、潮宏基、和君等。

和君商学派应运而生：和君商学基金会财力雄厚，聚合一流学术人才，像编撰四库全书或萨缪尔森经济学一样编撰和君商学系列教科书和案例库，该系列教科书就像萨缪尔森经济学和罗宾斯管理学一样被世界各大商学院广泛采用，造就一批旗帜性、代表性的学者、教授和大师，开坛讲学、著书立说，以中国经济实践和商业样本为基础、中体西用、融会贯通的和君商学，蔚为大观，遂成显学。

2030年的和君镇：和君商学身居哪里哪里重，各地竞相盛邀和君落户当地。造镇资金？不差钱。文化重镇、商学圣地。山清水秀、空气甘甜。天人合一、人文飘香。镇子的钟声飘飘荡荡，生态之美、文化之美、思想之美、教育之美、人情之美、生活之美，尽在其中。和君人集体落户安家，各得其所，和谐共生，生生不息，基业长青。传世事业，以镇为家。世界最美小镇，在太阳升起的东方，有了一个“居一隅而怀全球、远喧嚣而拥潮流、极静穆而满峥嵘”的小镇，它叫和君镇。这个小镇，以及小镇里的居民生活，成了知识精英生命形态的终极向往。

2030年的和君商学在线科技股份有限公司：在中华民族伟大复兴的历史进程中，和君商学在线科技股份有限公司做了两件事情，第一，培养了一批又一批士魂商才，他们知行合一和致良知的工作与人生，对产业效率、经济发展和民生改善作出了卓越贡献。第二，在世界商学里造就了一个中国学派，成为中华文明伟大复兴的标志性事件，以思想和文化，登上了世界商业文明的新高峰。

第八章
针对性的股权激励——打造企业核心竞争力

对于高科技企业来说，核心人员是一个非常重要的存在，核心人员主要分为管理层、研发层两个主要层面。同时，不同类型、不同阶段的企业要根据企业本身与发展阶段的特性来确定对不同层面核心人员的激励方式。对于高科技企业来说，股权激励往往是最常见的激励办法。

【问题类型】

核心人员激励

【行业类型】

高科技企业

【案例详情】

某科技股份有限公司成立于2009年8月，公司主要产品与服务项目：量子点半导体材料及应用产品的研发、生产、销售和服务，细分产品的应用领域包括科学研究、照明、显示和生物产业。公司成立后累计接受风险资本投资超过3亿元人民币。2014年8月在全国中小企业股份转让系统挂牌。

目前该公司处在发展时期，为进一步完善内部治理结构，建立长期且有效的激励约束机制，完善薪酬考核体系，提升公司凝聚力，促进公司持续、稳健、快速的发展，确保公司未来的发展战略和经营目标的实现，公司分阶段采取了股权激励措施。

【解决方案】

在此背景下，针对公司管理层与研发层，公司实行了不同的股票激励计划。

第一节　管理层股权期权激励计划

（1）授予对象：由公司董事会提名，本次股权激励计划的激励对象为目前公司管理人员，参与股权激励人数为 9 人。

（2）激励价格：管理层激励价格（即行权价格）为 3.75 元/股。

（3）授予的激励股权数量：本次激励规模为 27 万股，占公司截至 2015 年 3 月 31 日股本总额 7500 万股的 0.36%。

（4）激励计划的有效期、授权日、可行权日。

① 有效期：3 年，自股东大会审议批准本激励计划之日起计算。

② 授权日：公司股东大会审议批准本激励计划的日期。

③ 可行权日：本计划授予激励股权的及各期行权时间及行权比例安排见表 8－1。

表 8－1　各期行权时间及行权比例

行权期	行权时间	可行权数量占获授期权数量比例
第一个行权期	自授权日起 12 个月后的首个工作日起至 10 个工作日止	25%
第二个行权期	自授权日起 24 个月后的首个工作日起至 10 个工作日止	35%
第三个行权期	自授权日起 36 个月后的首个工作日起至 10 个工作日止	40%

（5）激励股权的授予：激励对象只有在同时满足下列条件时，才能获授激励股权：

1）公司未发生以下任一情形：

① 最近一个会计年度财务会计报告被注册会计师出具否定意见或者无法表示意见。

② 最近一年内因重大违法违规行为被行政处罚。

2）激励对象未发生以下任一情形：

① 因严重失职、渎职等原因被追究刑事责任。

② 严重违反公司管理制度，或给公司造成巨大经济损失，或给公司造成严重消极影响，受到公司行政处分。

③ 自行辞职。

④ 被公司解除劳动合同。

（6）行权条件（见表8－2）。

① 个人考核要求：激励对象在行权期内的考核须达到良好以上。

② 公司业绩考核要求。

表8－2　行权条件

序号	行权期	行权条件
1	第一个行权期	2014年和2015年营业收入之和不低于5000万元，净利润之和不低于0万元
2	第二个行权期	2016年公司净利润与2015年相比，增长率不低于20%
3	第三个行权期	2017年公司净利润与2016年相比，增长率不低于20%

第二节　研发层股权期权激励计划

（1）授予对象：本次股权激励计划的激励对象由公司董事会提名，为目前公司研发人员。参与股权激励的人数为3人。

（2）激励价格：研发层激励价格（即行权价格）为10.00元/股。

（3）授予的激励股权数量：本次激励规模为115万股，占公司截至2015年3月31日股本总额7500万股的1.53%。

（4）激励计划的有效期、授权日与管理层等同。

（5）激励股权的授予与行权条件及时间。

1）激励股权授予条件与管理层等同。

2）行权条件及时间。

① 个人考核要求：个人获授的30%激励股权，激励对象在行权期内的考核达到良好以上，见表8－3。

表8－3 30%激励股权行权时间及数量

行权期	行权时间	可行权数量占获授期权数量比例
第一个行权期	自授权日起12个月后的首个工作日起的10个工作日止	10%
第二个行权期	自授权日起24个月后的首个工作日起的10个工作日止	10%
第三个行权期	自授权日起36个月后的首个工作日起的10个工作日止	10%

② 公司业绩考核要求：个人获授的70%激励股权按公司的里程碑行权，经董事会确认达到里程碑目标后可行权，见表8－4。行权条件自授权日起36个月内有效。

表8－4 70%激励股权行权条件及数量

行权期	行权条件	可行权数量占获授期权数量比例
第一个行权期	完成厂建，在试验线上实现RGB材料与器件的验证，初步完成小器件的制备、封装和测试	10%
第二个行权期	小器件效率达到（R）20%、（G）15%、（B）10%（允许波动+/－15%），红绿蓝起始亮度分别为100、300、100 cd/m² 下寿命（T70）达到5000小时；完成手机大小（5吋）显示面板的demo	10%

（续）

行权期	行权条件	可行权数量占获授期权数量比例
第三个行权期	小器件红绿蓝起始亮度分别为100、300、100cd/m^2下寿命（T70）达到10 000小时；完成一整套可量产QLED的印刷工艺，在中试规模上能实现连续自动化生产	50%

【思考与启示】

随着中国经济的发展，企业核心竞争力逐渐从物质资源转到了对关键人才的拥有和把控上，对于一个企业来说，如何留住人才就成为其保证核心竞争力的重要任务。

股权激励，作为企业保持核心竞争力的一个不可或缺的手段，通过对企业核心人员采取不同模式的持股方式，使其与企业形成一个整体，并做到利益共享、风险共担。在某种意义上，股权激励也是一种企业内部分配制度，通过该制度企业可以实现人才激励的最大化，更好地发挥核心人员的作用，调动其更高的工作热情，达到提高企业核心竞争力的目的。

对于上述案例的分析，主要有以下两点：

（1）激励对象：对高科技企业而言，核心人员是根本。而核心人员从企业创造价值的来源来说，主要可分为两类：

第一类，具有专业技能的核心人员（即核心研发层）。这类核心人员主要是拥有企业某一方面或领域的专业技能的人才，其工作效果关系着企业的正常运转。

第二类，具有管理技能的核心人员（即核心管理层）。这类人员主要是能够帮助企业抵御经营管理风险，节约管理成本，其工作绩效与企业的发展密切相关。

案例中企业结合其当前的发展阶段，主要对核心研发层和核心管理层进行了针对性的股权激励方案，从而实现有效的激励和约束机制，吸引和稳定高素质的人才，取得竞争优势，实现长期发展的目的。使公司的长远利益和人员的长远利益有机地结合在一起，有助于公司凝聚和吸引优秀的人才，建立公司长期发展的核心动力。

（2）激励方式亮点及分析：企业基于自身的行业属性、战略目标及目前发展阶段，通过股权激励方式明确了企业核心人员，并对企业的发展目标和核心人员进行有效的捆绑。

具体方案亮点如下：

①通过行权价格与股权激励规模以及参与激励人数的不同，实施了有区隔性、有侧重性的股权激励模式，以满足企业现阶段“以研发为中心，以管理为辅助”的经营发展策略，起到了稳定核心人员，同时进行有效激励的作用。

②设定企业三年期经营目标，即“当年完成 5000 万元销售并实现盈利，后两年 20% 纯利递增”。以该目标为考核依据，对核心管理层进行 3 年期的考核行权期，以确保目标的实现。

③设定企业研发三年期“从厂建到 demo 到量产”的里程碑目标，对核心研发层进行考核，实行了 3 年期里程碑加固定期行权的行权方式，以提高核心技术人员的稳定性和积极性。

如案例所示，股权激励制度是企业管理制度、分配制度乃至企业文化的一次重要的制度创新，无论企业的形态和资本结构如何，无论是不是新三板挂牌公司，都有必要建立和实施股权激励机制。

和君咨询　朱志信

第九章 专利纠纷导致公司暂停股份公开转让

知识产权，亦称“知识财产权”，包括著作权、商标权、专利权等，指“权利人对其所创作的智力劳动成果所享有的财产权利”，一般只在有限时间期内有效。各种智力创作，如发明、文学和艺术作品，以及在商业贸易中使用的标志、名称、图像以及外观设计，都可被认为是某一个人或组织所拥有的知识产权。

对于高科技企业来说，公司的核心竞争力大多来自于对产业核心技术的掌控，此类案例不胜枚举。知识产权既是企业核心竞争力的重要保障，又是公司商业模式和经营变化的核心影响因素，因而越发被资本市场所关注。当新三板的挂牌公司产生知识产权问题时，必须要进行详细的说明，若可能造成重大影响，则公司还需暂停股份转让，否则对公司影响则是巨大的。接下来通过一个案例介绍知识产权对于新三板挂牌企业的重要性和关键性。

【案例详情】

北京某设备股份有限公司（以下简称公司）成立于1998年12月24日，注册资本6000万元，从事的主营业务是“建筑节能领域内的自动控制产品、计量产品和成套系统以及太阳能热水系统的研发、生产、销售和服务”，是国内领先的建筑节能领域自动控制、计量及成套系统一体化解决方案的提供商。公司主要产品包括中央空调节能控制系统及产品、供热采暖节能控制系统及产品、太阳能热水系统、公共建筑节能综合解决方案及服务。具体产品包括上述系统所需的控制器、温控器、电动阀门、热量表以及包含这些产品的监测、计量成套系统以及平板太阳能集热器、太阳能热水控制器。

2015年1月28日，该公司获得全国中小企业股份转让系统有限责任公司的批准，同意其挂牌，但是由于中信建投证券股份有限公司收到一张公告——全国中小企业股份转让系统有限责任公司转发的郑州竞争对手某股份有限公司的举报函，致使它暂停了在全国中小企业股份转让系统挂牌的公开转让事宜。

对于此专利纠纷的过程，公开进展如下：

第一节 公司与竞争对手相关专利纠纷情况及进展

1. 公司濮阳市客户与竞争对手之间专利纠纷

2013 年 5 月 13 日、2013 年 6 月 3 日，竞争对手对公司客户 A 房地产开发有限责任公司、濮阳市 B 房地产开发有限公司向河南省濮阳市知识产权局提出专利侵权纠纷处理请求。竞争对手提出 A 房地产开发有限责任公司、濮阳市 B 房地产开发有限公司购买并安装的 HL－TM04 风机盘管计时器，对竞争对手“基于电压互感技术的多档速电机档位识别方法及装置”（专利号：ZL200810231195. 5）的专利构成侵权。

2013 年 11 月 21 日，竞争对手与 A 房地产开发有限责任公司、濮阳市 B 房地产开发有限公司分别签订濮知法处字〔2013〕2 号《专利侵权纠纷调解协议书》、濮知法处字〔2013〕5 号《专利侵权纠纷调解协议书》，双方就该纠纷达成和解。

2. 公司客户 C 置业有限公司与竞争对手之间的专利侵权纠纷

2013 年 7 月 5 日，竞争对手向安阳市知识产权局提交 C 置业公司侵犯专利权纠纷处理请求。

2013 年 7 月 9 日，安阳市知识产权局向竞争对手下发《专利侵权纠纷处理请求立案通知书》（安知法处字〔2013〕20 号），就 C 置业有限公司涉嫌侵犯竞争对手“基于电压互感技术的多档速电机档位识别方法及装置（专利号 200810231195. 5）”的专利予以立案。

2013 年 8 月 29 日，安阳市知识产权局进行了口头审理。

2013 年 9 月 12 日，安阳市知识产权局出具《专利侵权纠纷案件处理决定书》（安知法处字〔2013〕20 号），认定 C 置业有限公司使用的涉案产品包括了涉案专利权利要求中的所有技术特征或其等同特征，落入该专利权保护范围。决定要求 C 置业停止使用侵犯竞争对手 200810231195.5 号专利权的产品的行为。

2013 年 9 月 29 日，C 置业有限公司不服安阳市知识产权局的处理决定，对安阳市知识产权局及第三人竞争对手向郑州市中级人民法院提起行政诉讼，请求撤销安知法处字〔2013〕20 号《专利侵权纠纷案件处理决定书》。

2014 年 5 月 26 日，郑州市中级人民法院做出〔2013〕郑知行初字第 3 号《行政判决书》，认为被控侵权产品采用的技术方案包含与涉案专利记载的全部技术特征相同或者等同的技术特征，已经落入专利权的保护范围，驳回 C 置业有限公司的诉讼请求。

2014 年 6 月 16 日，C 置业有限公司不服郑州市中级人民法院〔2013〕郑知行初字第 3 号《行政判决书》，依法向河南省最高人民法院提起上诉，请求判令撤销郑州市中级人民法院〔2013〕郑知行初字第 3 号《行政判决书》，以及撤销安阳市知识产权局安知法处字〔2013〕20 号《专利侵权纠纷案件处理决定书》。

2014 年 11 月 5 日，河南省高级人民法院对该案进行了二审开庭。

2014 年 12 月 18 日，河南省高级人民法院对该案进行了第二次开庭。

截至目前，河南省高级人民法院尚未对 C 置业有限公司与竞争对手专利侵权纠纷案件作出裁判。

3. 公司经销商与竞争对手之间专利侵权、无效纠纷

2014 年 8 月，河南省知识产权局受理竞争对手向公司在河南的经销商河南某自控设备有限公司提出的专利侵权处理请求，发出了豫知法处〔2014〕5 号《专利侵权纠纷处理请求立案通知书》。

2014 年 8 月 6 日，河南某自控设备有限公司对竞争对手“基于电压互感技术的多档速电机档位识别方法及装置”的专利向国家知识产权局提出无效宣告请求，国家知识产权局予以受理。

2014 年 9 月 24 日，国家知识产权局分别向公司发送《无效宣告请求口头审理通知书》，通知公司于 2014 年 10 月 20 日参加竞争对手专利无效口审。

2014 年 11 月 12 日，河南省知识产权局通知两个公司于 2014 年 11 月 25 日参加专利侵权纠纷口审。

2014 年 11 月 25 日，河南省知识产权局对该专利权纠纷处理请求进行口头审理。

2014 年 12 月 19 日，国家知识产权局专利复审委员会作出了竞争对手专利“基于电压互感技术的多档速电机档位识别方法及装置”（ZL200810231195.5）全部无效的决定。2014 年 12 月 29 日，由于国家知识产权局专利复审委员会做出涉案专利无效的决定，河南知识产权局对竞争对手请求处理公司涉嫌专利侵权纠纷案件予以撤案处理。

2015 年 3 月 11 日，竞争对手在北京知识产权法院，对国家知识产权局专利复审委员会与公司提起行政诉讼，要求撤销国家知识产权局关于宣告其专利权“基于电压互感技术的多档速电机档位识别方法及装置”（ZL200810231195.5）无效的决定。

4. 公司请求宣告竞争对手专利权无效

2013 年 12 月 27 日，公司对竞争对手专利“基于电压互感技术的多档速电机档位识别方法及装置”（ZL200810231195.5）向国家知识产权局专利复审委员会提起专利无效申请。

2014 年 4 月 1 日，公司收到《无效宣告请求审查决定书》，国家知识产权局做出了继续维持 ZL200810231195.5 专利有效的决定。2014 年 6 月 17 日，公司对竞争对手 200810231195.5 号专利权向国家知识产权局再次提出无效宣告请求。

2014 年 6 月 26 日，国家知识产权局做出《无效宣告请求受理通知书》，受理公司对竞争对手 200810231195.5 号专利权提出的无效宣告请求。2014 年 12 月 19 日，国家知识产权局专利复审委员会做出了竞争对手专利“基于电压互感技术的多档速电机档位识别方法及装置”（ZL200810231195.5）全部无效的决定。

2015 年 3 月 27 日，公司收到北京知识产权法院于 2015 年 3 月 24 日发出的（2015）京知行初字第 1456 号《行政案件参加诉讼通知书》，竞争对手于 2015 年 3 月 11 日对公司经销商河南海林与国家知识产权局专利复审委员会提起行政诉讼，要求撤销国家知识产权局关于宣告其专利权“基于电压互感技术的多档速电机档位识别方法及装置”（ZL200810231195.5）无效的决定，公司作为案件第三人参加诉讼。

5. 竞争对手请求宣告公司专利权无效

2014 年 9 月 30 日，公司 ZL201010240102.2 号专利权被竞争对手提出无效宣告请求。

2014 年 11 月 4 日，国家知识产权局出具《无效宣告请求受理通知书》，受理竞争对手无效宣告请求。

截至目前，国家知识产权局专利复审委员会尚未出具审查决定。

2015 年 2 月 5 日，公司出具声明：公司自 2012 年 1 月 1 日至今不存在其他未披露重大事项。2015 年 2 月 5 日，公司实际控制人李海清出具声明与承诺：公司自 2012 年 1 月 1 日至今不存在其他未披露重大事项，因公司存在其他未披露重大事项给公司造成损失由其本人承担赔偿责任。

第二节　关于公司与竞争对手签订《调解备忘录》的说明

以上专利纠纷事宜发生后，公司及客户、经销商尝试与竞争对手进行友好商谈，多次正式或非正式商讨均未达成有效成果。河南省知识产权局于

2014 年 8 月 4 日受理专利侵权纠纷请求后，按照工作程序于 2014 年 11 月 25 日主持召开第一次调解会谈，因公司为涉嫌侵权产品生产商，公司受其代理商委托派人参与调解会谈。调解会谈过程中，竞争对手提出由公司支付专利技术使用费 150 万元，但各方未能就此达成一致意见，也未签署和解协议。调解会谈结束后，根据河南省知识产权局办案人员的程序性要求，公司受其代理商委托所派参与调解会谈人员在备忘录上签字。

备忘录签署后，公司及其代理商河南海林均未与竞争对手签署任何和解协议，也未因该专利纠纷向竞争对手支付任何专利使用费。

2014 年 12 月 19 日，国家知识产权局专利复审委员会宣告竞争对手涉案专利无效。至此，竞争对手失去请求某支付专利技术使用费的事实与法律基础。截至目前公司未就该专利侵权事项与竞争对手进行和解。

【思考与启示】

国内企业由于劳动力成本上涨这一现实，不得不提高利润率，方法：一是提高企业在全球产业链中的地位，从事具有更高技术含量的高科技产品生产；二是塑造自主品牌，提升品牌影响力。这两种途径都可能面临知识产权风险，前者面临的是专利风险、技术秘密风险和软件著作权风险等；后者面临的是商标风险或著作权风险等。

新三板挂牌公司，尤其是以高科技和品牌作为核心资产的公司，对于知识产权有任何处置不当的情况，甚至是知识产权纠纷，都可能对公司财务和业务经营产生难以估计的影响。

对于新三板挂牌公司的知识产权问题，有 3 个方面需要格外注意：

(1) 公司层面存在潜在或未决的知识产权纠纷（上述案例就显示了此类风险)。潜在或未决的知识产权纠纷，意味着潜在的巨大经营风险，主动或被动地遭遇知识产权重大未决诉讼，有时带给企业的损失将是无法衡量的，无法判断的前景可能使资本市场出现企业价值评估的巨大争议，一旦在纠纷中落败，将会直接影响企业的价值命脉和投资者的切身利益。

（2）无法保证企业的商业行动自由，缺少能够保障企业安全经营或创造持续盈利的知识产权。强大的知识产权是保障企业商业行动自由的核心要素。知识产权的储备不足往往高度制约企业的品牌认知度、美誉度，以及业绩成长性和技术优势的构建，尤其对于一些知识产权诉讼高发领域的高技术或优势品牌的企业而言，没有知识产权保护就意味着缺少防卫的工具和博弈的武器，意味着很高的财务风险和经营风险。

（3）披露信息不真实、不全面而导致挂板失败或者被迫暂停转让。新三板挂牌公司需要对自身知识产权的内容，包括商标、专利、专有技术的取得、使用、价值等情况进行真实、准确、完整、及时的披露，对存在许可使用的要披露许可合同的主要内容，对知识产权纠纷或潜在纠纷应当明确提示。刻意隐瞒或者虚假披露企业的知识产权储备情况或者知识产权纠纷情况，会极大影响企业的诚信，使企业在资本市场举步维艰。

和君咨询　白洁

第十章
逆风飞扬——一家文化企业借力新三板实现战略的完美转型

1982年，Gort和Klepper通过对46个产品最多长达73年的时间序列数据进行分析，按产业中的厂商数目进行划分，建立了产业经济学意义上第一个产业生命周期模型。行业的兴衰如人生跌宕起伏，往往感叹造化弄人。三十年河东，三十年河西，在宏观环境、消费者需求、竞争对手等多方因素的影响下，当今大量传统行业纷纷进入行业衰退期。

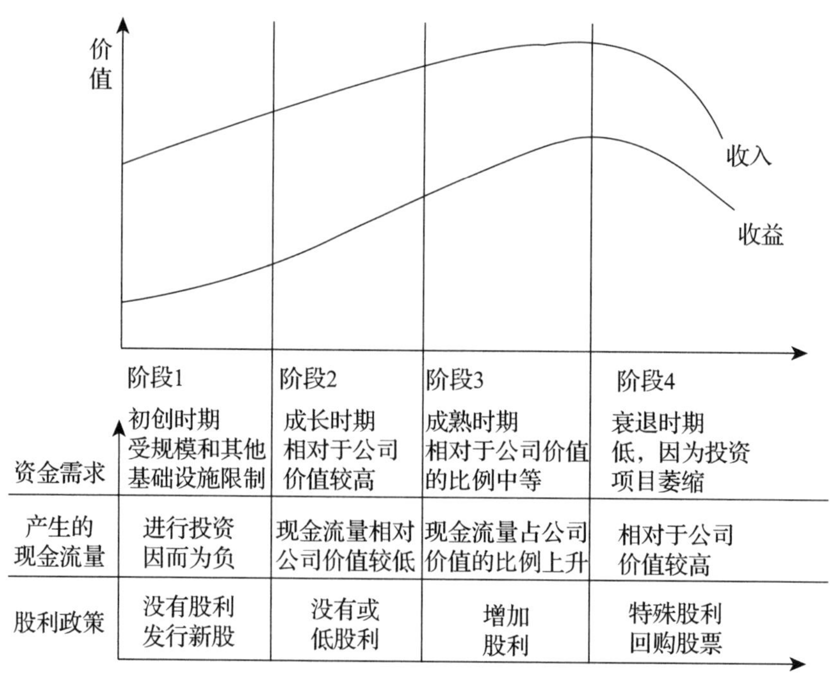

第一节 汇智光华的发展困境

你所在的行业是否呈现出以下狼藉景象：行业夕阳渐渐落下山头，大型民营公司陆续关门以削减成本，小型个体门店纷纷打折贱卖，关门、倒闭者数不胜数，甚至沦落到需要政策扶持与总理出面“相救”的地步。

而这，也正是图书零售行业的行业现状。

2010 年 1 月，全国最大的民营书店第三极书局停业；2011 年 6 月，拥有 16 年历史的民营学术书店风入松书店停业；2011 年 9 月，广州仅余的两家三联书店宣布关门；2011 年 10 月，号称拥有全国最大连锁渠道的民营连锁书店光合作用书房也关张歇业；以广州新华书店为例，从 2008 年到 2014 年，平均每年便有一家新华书店从广州消失……除此之外，还有许许多多数不清的“街边小店”相继倒闭，惨不忍睹。

传统图书零售行业的没落，从微观层面看，是一位位老板的失业；从宏观层面看，是减少了一国文化传播的路径。为此，财政部于 2013 年做出了“救市”举措。

2013 年 12 月 25 日，财政部发布了财税〔2013〕87 号文——《关于延续宣传文化增值税和营业税优惠政策的通知》，以促进我国文化事业的发展，文件明确表示：自 2013 年 1 月 1 日起至 2017 年 12 月 31 日，免征图书批发、零售环节的增值税。

不仅如此，就连李克强总理也为此发出声音：

2014 年世界读书日前夕，李克强总理给北京三联韬奋书店全体员工回信，肯定其创建 24 小时不打烊书店这一创意，并指出这是对“全民阅读”活动的生动践行，希望三联韬奋书店把 24 小时不打烊书店打造成为城市的精神地标，让不眠灯光引领手不释卷蔚然成风。李克强总理信件原文如下：

北京三联韬奋书店全体员工：

来信收悉。获知你们于近日创建 24 小时不打烊书店，为读者提供“深夜书房”，这很有创意，是对“全民阅读”的生动践行，喻示在快速变革的时代仍需一种内在的定力和沉静的品格。阅读能使人常思常新。好读书，读好书，既可提升个人能力、眼界及综合素质，也会潜移默化影响一个人的文明素养，使人保持宁静致远的心境，砥砺奋发有为的情怀。

读书不仅事关个人修为，国民的整体阅读水准，也会持久影响到整个社会的道德水平。希望你们把24小时不打烊书店打造成为城市的精神地标，让不眠灯光陪护守夜读者潜心前行，引领手不释卷蔚然成风，让更多的人从知识中汲取力量。

李克强

2014年4月22日

消费者需求的变化、购买方式的多样化、阅读习惯的转变，再加上电子出版物的兴起，共同组成了图书零售行业大幅衰退的“罪魁祸首”。行业夕阳渐渐落下山头，图书零售行业的前途在哪？

本案例讲述这家公司，便是这个行业中的一员。

汇智光华创立于2005年9月，主营业务为图书、报刊、音像制品等出版物以及旅行纪念品、综合百货的零售。公司以机场、高铁连锁店为零售载体，为商旅人士提供购物、候车的站内休闲空间。公司在全国范围内拥有约200家店面，营业收入主要来源于零售、推广。

虽为行业龙头，但覆巢之下，焉有完卵？在大环境的影响下，汇智光华也是筚路蓝缕，经营压力日渐增大。客户的购买途径从书店转为网络书店、阅读习惯从纸质出版物转为电子阅读、价格的冲击、品类的冲击……这一切对于一家传统书店来说可谓招招见血。

难道在这场时代的浪潮中，以零售为单一业务来源的传统行业势必被时代所淘汰？处在这样一种时代困境之下，传统书店的战略转型命题重重地压在了汇智光华的头上。

第二节　借力新三板完美转型

两个月的辗转反侧与苦苦思索，汇智光华人最终做出了决定公司前途的关键性决策——挂牌新三板。

一、产业为本——肩负一国文化传播重任

汇智光华人认为：从表面上看，传统出版物零售行业虽大幅没落，经营业绩虽日渐下降，但仔细分析，老本行绝不能丢，一切的战略转型都须以传统行业积累下来的资源为基础而开展。而这项宝贵的资源，就是商旅人士。

在和君咨询的项目调研过程中，总裁林永超说："我们之所以只将门店置于高铁站、机场之中，完全取决于我们对目标客户群的定位。虽然互联网打击了大量的线下零售业，但无法突破人们的出行方式——比如高铁、飞机。因此，我们的门店始终保持着较高的客流量，目标群体在高铁站与机场内有等候、打发时间、体验阅读的需求，我们就以传统行业为本，继续奔跑。一个国家不能失去文化，文化是一国之魂，为全国商旅人士传播商旅文化依然是我们的产业抱负，商旅人士对商旅文化的需求没变，变的只是接收知识的渠道、方式、工具……我们应该立足于我们的老本行，围绕商旅人士的习惯开发出除传统纸媒以外的多类传播途径，并应该思考基于商旅人士如何开发出更多帮助公司实现多元化发展且具有想象前景的业务……"

战略转型，虽然绚丽、夺人心智，但最基本的因素——资金怎么解决？

主板几乎不太可能。中小板？创业板？

想到这里，汇智光华人眼前一亮：新三板！

当前新三板市场如火如荼，市场的挂牌门槛低。无论从主营业务、利润要求、公司治理要求上，汇智光华都非常符合新三板对拟挂牌企业制定的条件。新三板市场就像是为这个转型的时代应运而生的产物！

天时已到，刻不容缓！

二、金融为器——借力新三板，资本助力战略转型

2014 年 11 月 6 日，汇智光华在全国中小企业股份转让系统正式挂牌，证券代码：831292。

2015 年 5 月，汇智光华在第三次临时股东大会上审议通过《汇智光华（北京）文化传媒股份有限公司股票发行方案》，参与本次股票发行的对象为鹰潭市淳银投资有限合伙企业、海通证券股份有限公司、中信证券股份有限公司、中山证券股份有限公司。经本次重大资产重组后，汇智光华与资本大佬们的资本晚宴正式开始。

登陆新三板市场后，汇智光华的平台瞬间打开，基于战略布局的设想和公司未来的价值描述，汇智光华受到了多方资本大佬的青睐，资本、品牌、股东背景等有形或无形的资源统统流向汇智光华，汇智光华的经营空间从此一发不可收拾，剩下的就是策马扬鞭、飞速驰骋了！

至于是何种因素让大佬们对汇智光华如此看好，在采访当中汇智光华人说道："如果我们仅仅是一家书店的话是毫无吸引力的，我们不认为我们的定位是一个卖书的，我们是文化传媒行业从业者。基于此定位的战略选择，让资本方对我们产生了兴趣。"

三、战略为势——传统书店实现互联网 +

大量书店纷纷关门的现象虽然说明了行业的衰落，但汇智光华人却认定：对于汇智光华而言，这并非坏事，而是机会。机会就在于汇智光华能利用产业下滑的窗口期奠定行业地位，竞争者的出局，实际上更有利于汇智光华今后的战略布局。

在与和君咨询探讨战略布局时，汇智光华人谈道："我们第一步就是要实施卡位策略，想尽一切办法在全国高铁站、飞机场铺设更多的线下门店，卡位就等于客流量的占领，直接指向的是市场份额。我们先尽量卡住更多的位，在此基础之上，我们能够获取更多的商旅人士资源。第二步，我们将线下门店产生的资源从线下转移到互联网上面去，通过互联网思维实现 O2O 服务与业务上的'互联网 +'，从而为商旅人士提供更加多元化的服务，逐步扩大公司的业务圈。"

登陆新三板后，公司借助 APP——智商旅，嫁接互联网，实现与线下门店的 O2O。在问到 O2O 业务布局时，汇智光华人通过三个场景阐述了 O2O 未来业务的设想。

场景一：杨女士是某民营企业的人力资源管理总监，即将乘坐去上海的高铁参加某人力资源管理高峰论坛。在高铁站内，杨女士意识到自己接下来几个小时的旅程会略显无聊，但又忘记带书籍或其他阅读材料了。此时她看到了眼前的汇智光华书店，便迈步走了进去，想找找看有无不错的书籍。让杨女士惊喜的是，汇智光华书店除了出售传统纸质书籍，还可以为会员提供各类管理培训视频课程的下载，杨女士很乐意地注册了会员，并通过店内急速 WIFI 下载了几部关于人力资源管理的培训视频到手机当中。就这样，杨女士的旅途中时间不但没有浪费，而且顺便为即将参加的高峰论坛做足了准备。

场景二：王先生是一位管理咨询从业者，于北京出差两个月后终于到了项目结案期。由于十分挂念家人，王先生于项目结束后立刻订了回家的机票。在匆匆赶赴机场的的士内，他突然意识到应该给家人带一些具有北京当地文化特色的纪念品，但时间紧迫，他已无法折回市区商圈，这该怎么办？此时，王先生想到了汇智光华的线上产品 APP——智商旅，智商旅为王先生显示出北京机场航站楼内汇智光华书店的旅行纪念品清单，王先生坐在的士内通过 APP 完成了商品的选择并在线完成了支付。抵达航站楼后，他很快找到了汇智光华书店，店员早已将他订购的烤鸭和画册准备好，快速取货后，王先生按时登机。这就是 O2O 的价值，为一位商旅人士节约了大笔的时间和决策成本。

场景三：李女士是国内某知名会计师事务所的注册会计师，长期出差是她的生活常态。这次两个月的项目完工后，李女士预计下午回到北京陪儿子前往医院复检，由于担心飞机晚点耽误挂号，李女士在登机前就用智商旅完成了医院的挂号工作。落地后，李女士免去了挂号排队的时间，顺利带着儿子做完了复检。

在津津乐道地介绍完今后的业务场景后，汇智光华人谈道：“我们实际上是在努力成为一个商旅人士所需的即时信息提供商。商旅人士出行在外的频次高，在路上的时间会占取他们总时间的一大部分，因此，旅途中的学习、思考就变得尤为重要，商旅人士最重视的是时间，我们致力于帮商旅人士充分利用旅途时间来学习从而提升个人能力，我们预提供的信息内容覆盖资本经营、企业管理、股市、政策、商机等，一切围绕商旅人士展开，让商旅人士不再浪费旅途的时间。除此之外，我们后期会渐渐围绕商旅人士的需求拓展到生活服务，最终形成围绕商旅人士衣、食、住、行、工作的全流程管家服务。"

资本大佬们的入股表明了他们对汇智光华未来战略的认可。之所以汇智光华的互联网转型成为可能，是因为汇智光华于全国范围内的线下门店提供了有效的用户基数，反之还能够利用互联网盘活线下的既有用户存量，提升产业规模。在这种线上线下联动的战略布局下，传统门店在互联网时代下的价值并没有丧失，反而一跃成为关键性资源。行业会衰退，但资源可永生。基于客流资源的"互联网+"，让我们不禁感叹：这就是企业家的战略思维。

四、创新为魂——三大创新促汇智光华突破传统行业发展格局

在战略转型的大命题下，多层次的创新成了战略转型成功条件的支撑力量。在汇智光华战略转型的大动作下，实际上是在经营重点、业务结构、商业模式的创新。

第一大创新：经营重点的创新，由产品经营过渡到资本经营的创新。登陆新三板，汇智光华利用资本杠杆撬动企业运营的狭窄困境，将格局瞬间做大，公司由关注销售额转变到关注市值；由关注人均消费量转变到关注用户数量；由关注行业价值转变到关注资本价值。这一系列的转变，均由资本而产生，由资本而牵引。

第二大创新：业务结构的创新。由传统零售拓展到在线产品运营，后期拓展到基于商旅人士的业务创新，这一切对于汇智光华而言，在盈利空间上具备了无限的想象力。然而，想象力正是"互联网+"的灵魂，正是资本市

场看好的。

第三大创新：商业模式的创新。由传统零售模式转型为基于O2O的“互联网+”模式，背后是对用户思维、流量思维、平台思维等互联网思维的准确理解。基于用户量、用户数据衍生出的商业模式有千万种，不可想象，实在快意！

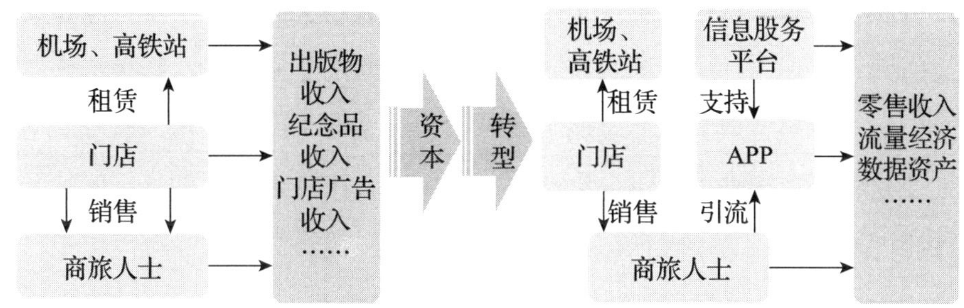

五、启示

中国的商业社会呈现出一派逐鹿中原、龙争虎斗的商业景象，意想不到的市场容量、意想不到的竞争对手数量、意想不到的竞争策略让无数商业豪杰若喜若悲、捉襟见肘！置身此商业混沌之中的民营企业只能借助风驰电掣似的速度跑马圈地、快速占领利基市场以奠定行业领跑者的位势。然而，能够造就企业以风驰电掣般的速度占领市场的工具只有一个——资本市场。对于中小企业来说，新三板便成了中小企业能够借助其力量迅速做大规模、做大体量的不二之选。

说到传统企业转型的话题，传统企业可借助资本之力实现战略转型、突破发展格局，新三板就像是为这个万众转型的时代而生的。挂牌容易，转型亦可，但持续经营不容易！战略转型命题下对企业家及管理团队于综合能力上的挑战不容小觑。凡人感叹造化弄人；智者感恩时代洪流！尤其是面对互联网的冲击时，广大传统行业从业者应该正视互联网、拥抱互联网、与时共进！互联网对传统行业的跨界打劫并不可怕，可怕的是企业家不具备创新思维，试想：还有什么行业比汇智光华这样的零售公司更加传统呢？

著名的美国1号公路风景如画。在旧金山和洛杉矶两大城市之间，美国1号公路连接了数个如明珠一般璀璨的小镇，它们散落在太平洋沿岸，月亮湾的秀美、蒙特雷的老加州风情、大瑟尔的慑人气魄、圣巴巴拉的西班牙情调、卡梅尔的艺术品位以及17英里景观大道的美轮美奂，处在1号公路上的游客们无一不仿若置身于天堂。当今时代，人们正在创建的正是像1号公路一样的信息高速公路，不同的行业正是散落在1号公路旁的各个小镇。但如果传统企业不与时俱进，不及时与资本市场、与互联网紧密嫁接，则永远无法知道自己是否有机会成为像月亮湾、蒙特雷、大瑟尔、圣巴巴拉一样坐落在1号公路旁的璀璨明珠，是否有机会点缀照亮这条康庄大道，还是只能被其他想要并且势必会成为明珠的同类所替代，最终只能沦为沧海一粟。传统行业如何利用新三板的力量实现战略转型，是时代交给我们的又一大命题。

伍洲　撰写于2015年夏

第十一章
微度咖啡——股权众筹缔造新星

微度咖啡，坐落在以“中国硅谷”著称的北京市海淀区中关村。它缘起和君商学院第七届某班“众筹一个家”的心愿，以时下最火的“众筹”方式，经过109天的协同作战而创立。它于2015年3月28日正式对外开门营业，拥有近120个股东，在过去几个月的时间里，逐步建立起比较完善的治理结构，有着出色的执行团队和配套机制，品牌、营销、人力、运营、财务和股东联络等工作也有序展开，慢慢步入正轨。

至今，微度咖啡已快速逼近盈亏平衡点，并有望在年内实现盈利。所有运营指标都显示出微度咖啡出色的业绩成长性和品牌影响力。一时吸引了河北省团委、泰安市政府、澳门电视台、中关村创盟、共青团社区青年汇、和君咨询、和君商学院和和君资本等政府、企业、协会的关注，它们纷纷派代表团前去参观考察。在“大众创业，万众创新”的时代背景下，微度咖啡俨然成为众筹界冉冉升起的一颗新星。这也为未来登陆新三板奠定了发展基础。

微度咖啡以股权众筹方式创立。在众多昙花一现的众筹咖啡馆面临倒闭、转让、经营不善的背景下，微度以其欣欣向荣快速发展的面貌吸引了很多人的关注。同时，微度咖啡也面临着诸多众筹咖啡馆曾经面临的问题。在“大众创业，万众创新”的时代，微度咖啡的发展模式无论对于股权众筹项目登陆新三板，还是对于股权众筹本身都具有一定的参考意义。

第一节　微度咖啡如何为新三板挂牌做准备

微度咖啡未来几年的目标是在新三板挂牌。这就要求我们从未来上市的要求倒推现在的股东结构、治理结构、组织结构、品牌管理等工作。主要可从两个方面去考虑：第一是合规性要求，即满足新三板挂牌的基本条件。第二是成长性要求，即在满足挂牌的基本条件下，获得更高的市场关注度和认可，从而提高融资能力和融资效率。

新三板挂牌条件：

（1）依法设立且存续满两年（有限公司整体改制可以连续计算）。

（2）业务明确，具有持续经营能力。

（3）公司治理机制健全，合法规范经营。

（4）股权明晰，股票发行和转让行为合法合规。

（5）主办券商推荐并持续督导。

（6）全国股份转让系统公司要求的其他条件。

作为股权众筹咖啡馆，从合规性角度看，上述第（3）条和第（4）条值得特别关注。对于很多众筹项目，由于众筹股东比较分散，很难行使公司股东的权利，很多股东不能亲自参加股东会、参与股东会表决和投票。从众筹公司的角度来说，协调众多股东（甚至多达上百人）和决策都会有很大挑战；也会因为人多嘴杂，难以达成共识。所以，众筹股东都参与决策，会严重削弱公司决策效率。但是，如果不尊重众筹股东的参与决策权，众筹股东的利益又很难得到保障。为了保证微度咖啡顺利上市，我们充分考虑众筹咖啡馆的特殊困难，严格执行了上市基本条件要求。

微度咖啡从开始就严格按照法律法规设立，并建立健全治理结构：

（1）依法设立股份有限公司，与项目支持者线下签署投资协议等文件。

（2）及时召开第一次股东大会，选举执委会（相当于董事会）和监事会成员，依法组建各个职能部门并任命部门负责人；对于不能到场的股东，通过线上方式，使其行使选举权和表决权等股东权利。

（3）股东大会、执委会和监事会分别健全议事规则。

（4）设立独立的财务部门进行独立的财务会计核算。

（5）监事会定期对公司经营成果、制度执行效果和高级管理人员进行监督，并向股东大会报告。

另外，对于基本条件的第 4 条规定“股权明确，股票发行和转让行为合规合法”，也值得特别注意。原因在于，股权众筹的部分甚至全部资本都是通过众筹形式获得的，股东众多，股权分散，存在触及公开发行证券或“非法集资”红线的风险。另外，随着企业的扩张，股权结构会变得越来越复杂，代持等情况可能随之增多。尽管法律认可委托持股的合法性，但是还需要证明众筹股东有委托过实名股东。这种委托关系，是众筹股东和实名股东之间的内部约定。如果这种约定没有书面文件，或者没有其他证据证明，股权的明确性就会出现纠纷，甚至影响企业在新三板挂牌。企业需要在挂牌之前梳理清楚股权结构，做到合法合规。

从成长性要求看，微度咖啡需要有明确的业务，并且具有持续的经营能力。在此基础上，若要获得资本市场更高的关注和认可，需要在战略和业务模式上有更大想象空间。比如，空间上横向扩张，进行全国连锁，变成一个连锁品牌和经营体系；业务线上纵向扩张，多业务模块协同发展。同时坚持用标准化、互联网思维和互联网运营理念、大数据理念、社区理念等，构建一个微度咖啡连锁集团，践行“四化”（标准化、互联网化、数据化、社区化），从而在资本市场上获得更高的认可。

以下为微度咖啡如何具体进行股权众筹的内容，以及如何在细节中体现对新三板上市条件的重视和遵守。

第二节 微度咖啡的设立细节

一、选择何种众筹方式（融资机制）

融资机制是众筹与生俱来的功能，众筹的诞生就是为了解决中小企业融资难的问题。它可以使大众手中分散的小量闲散资金汇集到难以通过传统融资方式进行融资的中小企业手中，而融资机制中需要解决的问题是如何提高融资效率，即如何使资金以更低的成本到达所需要的企业手中。同时，从长远看，融资机制又会影响众筹项目后续的运营，设计精妙的融资机制将取得一石多鸟的效果。

微度咖啡的众筹方式具有一定的特殊性。首先，体现在项目发起人和募资对象上。简单讲，微度咖啡的起点是一个成员之间有着较强认同感的圈子。他们在一个商学院上学，沐浴在同样的文化光华之下，互相之间的信任程度很高。加之不必通过众筹平台进行项目路演、宣传和融资，从而有效降低了融资成本和时间成本，提高了效率。从发起众筹到获得首批启动资金仅仅用了一周左右时间。

其次，微度咖啡不是单一的股权众筹方式，兼具股权众筹和商品众筹双重特性。它将项目一定比例的股权分成若干份，每份设定一定的金额，由项目支持者认购一定份数（比如，拿出项目 90% 的股权进行众筹，假定分为 90 份，每份 1 万元，项目支持者最多可认购两份，那么投资者将获得最高不超过 2% 的股份），从而成为微度咖啡股东，按股权比例享有表决权、分红权等股东权利。同时，每位股东还会得到一张与出资额等值的消费卡。这样做的好处是有效降低了项目支持者的风险和顾虑，同时增强股东们的归属感和参与感，借力 100 多位股东带动周边亲戚朋友同事同学等，为后续的市场开发和运营优化等工作做好铺垫，也体现了“众筹、众智、众力、众乐、众享”的微度理念。

最后，微度咖啡的众筹是根据项目的进展程度和具体需求分阶段进行的。前期门槛较低，以“筹钱”为首要目标，保证咖啡店的顺利开张。后期门槛较高，以“筹人”“筹资源”为主，致力于推动微度咖啡的市场推广和业务扩张。不同阶段股东的出资额范围以及溢价情况等，可根据现实需要灵活调整。

二、如何设计回报机制

回报机制是众筹项目支持者参与众筹的原动力，合理且多样化的回报设置和有效的回报保障能够激发投资者的长期投资热情。目前，已存在的众筹项目在回报机制的多样化上仍然缺乏想象力和创造力。微度咖啡通过更好地挖掘投资者的动机和需求，有针对性地丰富了回报形式；并为实现投资回报建立了多方面的制度及规则保障。

从投资者动机的角度分析，可分为两大类：经济动因和社会动因，或者二者兼有。经济动因主要是投资者希望通过众筹获得某种产品等实物回报，以及现金、股息、证券、分红等金融回报，这都属于经济上的回报。社会动因主要是投资者希望通过投资获得认知价值得以实现的期待感、企业发展后的成就感、相同投资人之间交流的社交情感和归属感等。

微度咖啡围绕着这两大类动因设计了回报机制。从经济动因角度考虑，首先，股东获得一张与其出资额等值的消费卡，可以在咖啡店里消费饮品、糕点和使用场地等。其次，作为股东，投资者享有分红权等股东权利，从而获得一定的投资收益。最后，值得一提的是，投资者通过入股可以进入更多新圈子，在与其他股东的互动中可以获得更多投资机会，从而获得更多投资收益。从社会动因角度考虑，微度咖啡的使命是“成为现代中国人的精神岛屿和中华文化的传播使者，愿景是打造后校园时代的社交社区和新经济潮头上的众创空间”，并且以“从心开始，知行合一”为核心价值观。使命愿景上的高远和精神气质上的挺拔吸引了大批有共鸣的人加入微度咖啡成为股东，并为共同的梦想奋斗，这在一定程度上满足了他们的认同感、成就感和归属感。具体形式包括给股东优先参加各种活动的权利，比如微度众创空间、微度读书会、微度证券投资分享、微度微电影众筹、微度电影之夜、微度出版等。

同时，微度咖啡一开始就设立了股份有限公司，制定了公司章程，并明确了股东的权利和义务。其中，明确规定了回报机制等内容。设立了监事会，定期监督回报机制的执行情况，切实保护股东利益。

三、如何建立沟通机制

众筹项目的支持者分布在世界各地，且多通过互联网进行融资活动和后续股东联络。因此，信息沟通机制是众筹项目成败的关键。当前的众筹活动中，都会强调信息沟通的重要性，很多众筹平台都要求项目发起人有与支持者沟通的平台，项目发起人和支持者之间能够积极交流，信息沟通渠道也非常多元且畅通，在硬件上这一机制的运行是有保障的，这一机制当前的不足更多体现在沟通技巧、信息消化及沟通结果的有效性等方面。

根据沟通媒介，分为线下和线上沟通。微度咖啡首先根据公司章程建立比较完善的治理结构，召开股东大会，选举产生执委会（相当于董事会）、监事会等机构，并由执委会根据需要设立多个职能小组，分别负责品牌、运营、财务、股东联络等具体工作，并建立相应的考核机制和激励机制。在建立较为完善的治理结构后，严格按照公司章程，定期召开股东大会、董事会会议、监事会会议和各个职能小组的会议，并将会议纪要及时发送给所有股东，从而征求意见和获得重大决策授权等。

多数情况下，项目发起人（一般会进入董事会）与股东的沟通是在线上进行，借助互联网工具（比如微信群、有道云协作、明道等），定期发布财务报表以及运营现状的日报、周报、月报、季报等，完全透明化、市场化，使股东能够及时获取咖啡馆的运营状况及财务状况，从而实现对众筹项目进行有效的监督。

四、如何建立投资者保护机制

投资者保护机制是众筹活动中最重要的，也是监管机构关注的地方。就当前的投资者保护机制来看，美国等国家已经有相应的法律出台，投资者风险意识也比较高，投资经验比较丰富，投资者保护机制相对完善；而中国仍然处于法律的真空期，对投资者的保护更多是依靠众筹平台的审核及众筹制度的设计。

微度咖啡在以下几个方面进行了有益的探索，包括股东和管理者之间的约束机制、经营的收支监督机制，以及咖啡馆的市场化企业运营制度。简单点说，就是股东要能约束咖啡馆发起人（或者执行团队），收支要透明化，运营要市场化。

第一点，微度咖啡在众筹初期，制定了信息披露原则，通过各种途径和方式，向项目潜在投资者详细说明项目背景、商业模式、股东权利与义务等相关信息，并做好风险提示，使项目潜在投资人能够对项目有深入的了解。

第二点，微度咖啡一开始即明确了咖啡馆的所有权和经营权，以及股东和经营者双方的权力义务。线上的沟通方式（微信、邮件和电话等）有其局限性，难以在众筹者之间建立相互约束的利益机制。微度咖啡采用了“线上众筹、线下注册企业”的方式，建立完善的公司治理结构，定期召开线下股东大会、董事会会议和监事会会议等，明确双方的利益诉求，同时利用线上沟通方式的便捷性，及时披露咖啡馆的运营状况。

第三点，微度建立了咖啡馆的监督运营方式，及时公开咖啡馆的营业状况、收支情况、商务合作以及市场营销等相关内容，建立考核机制，对执行团队的员工进行定期考核，力求消除信息不对称给股东带来的风险，并有效发挥股东的监督作用。

第四点，微度咖啡的运营步入正轨后，将长远发展提上日程。一个是空间上的横向扩张（连锁），一个是业务内容上的纵向延伸。到了这个阶段，众筹所代表的创业阶段也就基本结束了，原始股东和经营者需要考虑的是引入更大的风险投资，在股权结构和公司治理上进行多元化的探索，建立微度品牌，从长远角度保护投资者的利益。

第三节　微度咖啡的其他经验

微度咖啡在创立过程中，也遇到很多困难，这些困难不仅给我们以警醒，也让我们从众多倒下的众筹咖啡馆的案例中总结了经验和教训。

首先，众筹咖啡馆不仅仅是为了某种情怀和梦想的一个游戏，而是一个必须以盈利为目的的企业行为。只有追求盈利并把盈利作为首要目标，才能让咖啡馆持续经营下去，才是对股东利益最切实的保护。微度咖啡从一开始就明确必须以盈利为目的，积极拓展新业务，有效控制成本，让我们从开始就避免误入歧途。当然，我们也理解部分股东入股微度咖啡并非出于分红目的，更多的是希望有一个线下聚会、资源对接的平台，甚至只是一个心愿。然而，盈利是咖啡馆存续的关键，作为一个有使命感的咖啡馆，我们将始终把追求盈利作为目标之一，才有可能更好地为股东创造价值。

其次，微度咖啡的股东几乎都有自己的事业和家庭，很难抽出时间为咖啡馆工作。这样就可能出现，有的股东认缴份额之后就消失了或者难以持续性地为咖啡馆工作。另一种可能是很多股东想参与咖啡馆的工作，但是由于缺乏经验和相应能力，七嘴八舌，莫衷一是，最后影响了决策效率和质量。微度咖啡从探索中总结出三点原则：①明确所有权和经营权，按照公司章程选举执委会（相当于董事会），并明确执委会委员的权利和义务，制定相应的述职制度和考核机制，并接受监事会的监督。②坚持“闻道有先后，术业有专攻”的原则。聘任专业的全职店长和店员负责咖啡馆的日常运营工作。执委会委员和各个职能小组的成员根据各自背景和特长负责一部分工作。③明确纪律，建立制度。比如例会制度、财务制度、报销制度、薪酬制度、激励制度、决策制度等。

最后，众筹模式有其先天的缺陷，即股东占股比例相差微小，股权极其分散，一是造成决策上容易出现平均主义，二是部分股东出资后，不能按照协议约定为咖啡馆做应有的贡献。因此，众筹模式不能搞平均主义，发起股东必须占主导，以提高决策效率和质量；另外，对股东要有筛选，并设立退出机制。微度特别提出“五众”理念，即“众筹、众智、众力、众乐、众享”。不仅要求股东“出资”，还要求股东“出智慧、出劳力”，然后才有资格“众乐”和“众享”。在股东入股成为股东之前，都需要签署这样一个协议，明确规定了上述理念，对于不遵守上述理念的股东，执委会有权提请股东大会对这些股东进行“劝退”。

微度咖啡，开业仅仅两个月，还是一个股权众筹界的孩子，从学步时的跌跌撞撞，到现在自信满满地走起来了。随着盈亏平衡点的临近，我们感到越来越有信心，力争成为股权众筹界的一个新标杆。

微度咖啡虽然缘起一个小小的心愿，但是它承载了我们一个大大的梦想。我想以和君集团董事长、和君商学院院长王明夫先生在微度咖啡开业典礼上的讲话作为结束，那是梦想，那是方向，以此与股权众筹探索路上的同仁共勉。

“一个村庄总有一所庙宇，一个城市总有一座教堂，一个城市也应该有一间真正好的咖啡馆（比如微度咖啡），它是这座城市里的精神岛屿，一群人的温暖家园，是善待社会和他人的不灭梦想。商业上它也应该是千亿市值的连锁商业体系。现在刚刚起步，道路险阻且漫长。”

闫保磊

附　录

附录 A　新三板现行规则文件

法律法规

一、《公司法》

二、《证券法》

三、《国务院关于清理整顿各类交易场所的实施意见》

四、《国务院关于清理整顿各类交易场所切实防范金融风险的决定》

五、《国务院关于全国中小企业股份转让系统有关问题的决定》

六、《国务院办公厅关于进一步加强资本市场中小投资者合法权益保护工作的意见》

七、《国务院关于开展优先股试点的指导意见》

部门规章

一、《优先股试点管理办法》

二、《全国中小企业股份转让系统有限责任公司管理暂行办法》

三、《非上市公众公司监督管理办法》

四、《非上市公司收购管理办法》

五、《非上市公司重大资产重组管理办法》

六、《非上市公司信息披露内容与格式准则【共 8 号文件】》

七、《非上市公司公众公司监管指引【共 4 号文件】》

业务规则

一、综合类

《全国中小企业股份转让系统业务规则（试行）》

二、挂牌业务类

《全国中小企业股份转让系统股票挂牌条件适用基本标准指引（试行）》

三、公司业务类

《全国中小企业股份转让系统非上市公众公司重大资产重组业务指引（试行）》

《全国中小企业股份转让系统股票发行业务细则（试行）》

《全国中小企业股份转让系统挂牌公司信息披露细则（试行）》

四、交易监察类

《全国中小企业股份转让系统交易单元管理办法（试行）》

五、机构业务类

《全国中小企业股份转让系统做市商做市业务管理规定（试行）》

《全国中小企业股份转让系统主办券商管理细则（试行）》

六、投资者服务类

《全国中小企业股份转让系统投资者适当性管理细则（试行）》

七、两网及退市公司类

《全国中小企业股份转让系统两网公司及退市公司股票转让暂行办法》

《全国中小企业股份转让系统两网公司及退市公司信息披露暂行办法》

附录 B　服务指南及协议文本

服务指南

一、综合类

《中小企业股份转让系统申请材料接收须知》

【附：股份公司申请在全国中小企业股份转让系统公开转让、股票发行的审查工作流程】

二、挂牌业务类

《全国中小企业股份转让系统股票挂牌业务操作指南（试行）》

三、公司业务类

《全国中小企业股份转让系统股票发行业务指南》

【附：挂牌公司股票发行备案报告模板（豁免申请核准的股票发行适用）；挂牌公司申请出具股份登记函的报告模板（经中国证监会核准的股票发行适用）；全国中小企业股份转让系统挂牌公司持续信息披露业务指南（试行）；全国中小企业股份转让系统挂牌公司暂停与恢复转让业务指南（试行）；全国中小企业股份转让系统挂牌公司权益分派业务指南（试行）】

四、交易监察类

《全国中小企业股份转让系统交易单元业务办理指南（试行）》

五、结构业务类

《全国中小企业股份转让系统做市业务备案申请文件内容与格式指南》

六、投资者服务类

《全国中小企业股份转让系统挂牌公司股票公开转让特别风险揭示书》必备条款

七、两网及退市公司类

《全国中小企业股份转让系统退市公司股票挂牌业务指南（试行）》

《全国中小企业股份转让系统两网公司及退市公司股票分类转让变更业务指南（试行）》

相关协议文本

《新三板协议》

《保密协议》

《一致行动协议》

《全国中小企业股份转让系统挂牌协议》

《推荐挂牌并持续督导协议书》

《企业在全国中小企业股份转让系统挂牌专项法律服务协议》

【资料支持：文丰律师事务所】

附录 C 各地新三板政策支持

根据最新的数据统计：截止到2015年6月10日，新二板挂牌公司数量为2547家（这一数字还在不断更新），大概是2014年1月新三板开始扩容时的7倍；总股本为1186.17亿股，截止到2015年5月31日，新三板整体总市值12 500.86亿元，市盈率为52.31倍。挂牌公司已经覆盖19类行业，31个省、自治区、直辖市。6月19日，新三板挂牌数量增至2600家，预计年底挂牌公司数有望冲击4000家。

2015年是新三板跨越式发展的一年，新三板的快速发展得益于国家的政策红利，也同样得益于政府的相关补贴。以下简要搜集了国内主要地区的新三板挂牌相关补贴政策。（最新政策请拨打二维码内当地政府部门电话咨询。）

省市	地区	财政补贴金额及发放时间	税收优惠政策
辽宁	大连市	“四板”挂牌企业拟在新三板挂牌的，按照确定保荐机构、完成挂牌两个环节分别给予补贴不超过40万元和60万元；转板补贴额度最高为100万元；在新三板成功挂牌的，补贴160万元	《大连市企业上市补贴专项资金管理办法的再次补充通知》
	大连高新区	高新区补贴150万元（自2010年12月1日起施行，有效期为5年），另外，大连市政府补贴采取实报实销，半年一申报，签约、改制、挂牌的补贴分别为40万元、40万元、60万元，一共是290万元补贴	
	沈阳高新区	挂牌上市后发放130万元	
	鞍山高新区	分四次发放补贴240万元	
	抚顺市	新三板挂牌奖励50万元	
	阜新市	新三板挂牌奖励100万元	
	葫芦岛市	新三板挂牌奖励50万元	《关于贯彻落实省政府促进当前经济稳增长十五条措施实施意见》
上海	上海张江	改制补助最高不超过60万元；挂牌补助最高不超过100万元	《上海市张江高科技园区科技孵化及加速发展扶持办法》
	上海嘉定	补贴挂牌公司总额不超过200万元；对于新落户于嘉定区的企业，额外补贴50万元	《上海市嘉定区人民政府关于鼓励企业进入代办股份转让系统和开展股权托管交易的实施意见》
	上海闵行	成功挂牌的，奖励最高不超过50万元	《闵行区人民政府关于批转闵行区加快现代服务业发展扶持政策实施细则的通知》

（续）

省市	地区	财政补贴金额及发放时间	税收优惠政策
上海	上海徐汇	对进入新三板挂牌的企业，由市区两级按照1:1的比例给予补贴；对在股交中心挂牌的企业可由市区两级给予最高100万元补贴。如成功转板上市，可按累计不超过200万元给予差额补贴	上海市徐汇区人民政府印发《关于推进企业上市的扶持办法（试行）的通知》
	上海宝山	挂牌产生的中介费用按发生额的50%给予扶持，最高150元	《宝山区金融服务“调结构、促转型”专项资金使用管理办法》
	上海崇明县	对成功挂牌的企业，按照实际中介服务费用发生额的50%给予扶持，最高200万元；县外企业迁至崇明并成功在上海股交中心挂牌的，再给予50万元奖励	《崇明县关于鼓励企业开展股权托管交易暂行办法》
	上海普陀	成功挂牌的，改制补贴最高50万元，挂牌补贴最高70万元；挂牌期间缴纳的监管费、信息披露费，连续三年每年给予10万元补贴	《普陀区金融产业专项扶持办法》
	上海奉贤	挂牌过程中的中介费用，按实际发生额给予扶持，最高不超过100万元；对将注册地迁至奉贤区张江分园或区内其他区域的外企企业两年内成功挂牌的，再给予20万元奖励	上海市奉贤区人民政府关于印发《奉贤区金融服务业财政扶持办法（试行）》的通知
	上海虹口	改制过程中的手续费，按实际发生额的50%给予扶持，最高金额不超过30万元；改制过程中缴纳的所得税，按50%给予扶持，最高不超过70万元。挂牌、交易费用，按实际发生额的50%给予扶持，最高不超过50万元	《虹口区发展和改革委员会关于印发虹口区推进企业改制上市扶持细则（2013年修订版）的通知》

（续）

省市	地区	财政补贴金额及发放时间	税收优惠政策
上海	上海青浦	因挂牌产生的中介费用，按 50% 给予扶持，累计不超过 200 万元；区外迁至青浦成功挂牌的，再奖励 50 万元；之前已成功挂牌的或在区外挂牌后迁至青浦并纳税的企业参照执行	《关于鼓励企业进入代办股份转让系统和开展股权托管交易的专项扶持办法》
	上海金山	完成改制给予最高 50 万元的补贴；成功挂牌再给予 100 万元的补贴；转板上市的，不超过 200 万元给予差额补贴；区外企业迁至区内并挂牌，再奖励 50 万元	金山区人民政府关于印发《金山区推进企业改制上市工作的实施意见》的通知
	浦东新区	在新三板挂牌的，给予 50 万元补贴；挂牌后 IPO 上市，在上海证监局备案后，给予 30 万元补贴；收到证监会受理函后给予 70 万元补贴；申请提交证监会审核后，给予 50 万元补贴；新迁入浦东并在两年内上市，奖励 50 万元	《浦东新区促进金融业发展财政扶持办法实施细则》
四川	成都高新区	成功挂牌的分阶段给予最高 100 万元补贴	《关于促进企业发展壮大的优惠政策》。企业改制过程中整体变更产生的个人所得税，高新区留存部分全部返还（约为税费的 25%）
	绵阳高新区	完成股改的，奖励 30 万元；成功挂牌的，奖励 50 万元	
	乐山高新区	100 万元	
天津	天津滨海新区	完成股改的园区资助 20 万元；在新三板挂牌的资助 50 万元；有重大贡献的最高补贴 320 万	挂牌融资 2000 万元以上的企业，新增部分税收连续 3 年给予 80% 的奖励。补交的税金地方留成部分先征后返 50%

（续）

省市	地区	财政补贴金额及发放时间	税收优惠政策
天津	天津市	对符合条件的科技小巨人企业，可获得不少于 500 万元补贴；初始融资超过 500 万元的，补贴 50 万元	《关于进一步促进科技型中小企业发展的政策措施》
		完成股改的，给予不超过 20 万元补贴；区县财政按 1:1 比例给予配套补贴。	《科技型中小企业股份制改造补贴资金管理办法》
	天津南开区	在“新三板”挂牌交易的本区企业，一次性专项补助 100 万元	《南开区促进企业发展扶持资金政策》
广西	南宁市	拟挂牌获国家监管部门受理后奖励 20 万元；正式挂牌奖励 30 万元	《南宁市鼓励企业进入代办股份转让系统暂行办法》
	南宁高新区	签订财务顾问协议即发放 20 万元，开始股改即发放 30 万元，申请备案即发放 50 万元，挂牌成功发放 50 万元（以上合计 150 万元为高新区政府补贴。另企业挂牌成功，南宁市政府另行补贴 20 万）	
	柳州市	改制阶段按实际发生费用给予最高 40 万元的奖励；成功挂牌后，给予 90 万元的奖励，给予主办券商 20 万元奖励	《支持非上市企业进入证券公司代办股份转让系统奖励资金管理暂行办法》
	柳州高新区	改制最高奖励 40 万元；正式挂牌 90 万元	
	防城港市	挂牌成功的，可获得最高达 200 万元奖励	《防城港市鼓励企业进入全国中小企业股份转让系统挂牌交易暂行办法》
	玉林市	完成股改的，奖励 20 万元；获监管部门受理的，奖励 30 万元；正式挂牌的，奖励 100 万元	《玉林市鼓励中小企业改制并进入全国中小企业股份转让系统挂牌暂行办法》

（续）

省市	地区	财政补贴金额及发放时间	税收优惠政策
湖北	武汉东湖高新区	改制成功给予5万元奖励，申请获得受理给予20万元，挂牌成功补贴150万元	
	武汉市高新区	完成股改的奖励20万元；备案材料被受理的，奖励20万元；成功挂牌的，奖励80万元；成功转板上市的，省市区三级给予535万元奖励（省级奖励200万元，市级奖励150万元，区级奖励185万元）	《武汉东湖新技术开发区关于充分利用资本市场促进经济发展的实施意见》
	黄石市	成功挂牌且募集资金70%以上用于本市范围内投资项目的，按照融资额的1%给予补贴奖励，单个企业奖励上限总额为80万元。其中，大冶市、阳新县政府承担所辖受奖企业奖励总额的60%；各城区政府和黄石经济技术开发区管委会承担所辖受奖企业奖励总额的40%	黄石市人民政府办公室关于印发《加快多层次资本市场建设发展若干意见的通知》
	十堰市	成功挂牌的奖励50万元；一次性直接融资额度超过5000万元的再奖励企业10万元，超过1亿元的，奖励30万元	《十堰市人民政府关于加快多层次资本市场建设发展的若干意见》
	荆州市	前30家挂牌企业，奖励50万元	《荆州市人民政府关于加快发展多层次资本市场的实施意见》
	宜昌市	完成股改并经管理部门正式受理备案后，奖励30万元；正式挂牌且募集资金70%以上用于在本市募投项目的，奖励50万元；其税收在县市（含夷陵区，下同）的，正式挂牌且募集资金70%以上用于在本市募投项目的，奖励40万元	《市人民政府关于支持鼓励企业进入“新三板”和其他场外市场挂牌上市的若干意见》

（续）

省市	地区	财政补贴金额及发放时间	税收优惠政策
湖北	襄阳市	成功改制的，奖励 10 万元；材料被受理的，奖励 30 万元；正式挂牌后，奖励 40 万元	《关于鼓励和促进企业在“新三板”挂牌上市的若干意见》
北京	北京中关村科技园区	改制资助 30 万元，挂牌资助 30 万元，主办券商资助 20 万元	《中关村国家自主创新示范区企业改制上市和并购支持资金管理办法》
	北京东城区	完成股改后奖励 100 万元；挂牌成功后奖励 50 万元；融资达到 3000 万元及以上的奖励 100 万元	《东城区支持企业上市挂牌融资若干意见的通知》
	北京西城区	与券商签订协议并备案登记后，补贴 20 万元；申请被正式受理，补贴 80 万元；成功挂牌的，补贴 50 万元	《北京市西城区鼓励和促进企业上市办法》
	北京丰台区	挂牌后奖励 50 万元，奖励主办券商 10 万元	《丰台区支持“新三板”挂牌企业发展实施细则（试行）》
内蒙古	成功挂牌的奖励 50 万元；实现首次融资的，按照融资额的 1.5% 给予费用补贴，最高不超过 100 万元		《内蒙古自治区人民政府关于进一步推进多层次资本市场融资的若干意见》
	包头市高新区	改制结束奖励 20 万元，完成券商内核奖励 20 万元，挂牌成功奖励 60 万元。最多将获得 100 万元的资金补助	《包头稀土高新技术产业开发区鼓励企业证券市场挂牌上市补助资金管理办法》。企业改制过程中产生的增值税、营业税、所得税，高新区留存部分全部返还
河北	石家庄高新区	改制结束、券商内核结束后补贴 50 万元，挂牌成功补贴 50 万元	《石家庄国家高新区“新三板”企业上市资助资金管理办法》

（续）

省市	地区	财政补贴金额及发放时间	税收优惠政策
河北	承德市	成功挂牌的奖励不低于50万元；转板上市的再奖励50万元	《承德市人民政府关于鼓励中小企业在“新三板”市场挂牌上市的实施意见》
	廊坊市	成功挂牌的奖励100万元；由区域性股交中心转板到新三板的奖励50万元	廊坊市人民政府关于印发《廊坊市鼓励企业到多层次资本市场上市规定的通知》
	衡水市	成功挂牌的奖励50万元	《衡水市人民政府关于加快推进企业上市工作的意见》
	衡水市枣强县	成功挂牌的奖励50万元	《枣强县人民政府关于鼓励和扶持企业上市的若干意见》
浙江	杭州市高新区	改制结束后奖励30万元，挂牌成功后给予60万元	企业改制过程中整体变更产生的个人所得税，高新区留存部分返还50%
	杭州市余杭区	完成股改并提交申报材料的奖励30万元；成功挂牌交易的再奖励50万元；成功进行转板的，按相应奖励标准补足差额	《余杭区加快推进企业直接融资发展的若干意见》
	宁波市	对挂牌企业奖励50万元	《宁波市企业利用多层次资本市场发展专项资金管理办法》
	宁波市江东区	与券商签订协议后奖励10万元；材料被受理后奖励10万元；成功挂牌后奖励60万元；成功融资的，按融资额度的2%给予补助，最高不超过20万元	《关于新增我区企业到“新三板”挂牌融资扶持政策》
	宁波市江北区	对企业因挂牌规范需要形成新增税收中的地方留成部分，补助资金不超过200万元；前20家挂牌的（或实现外部股权融资500万元以上的），给予50万元奖励	《宁波市江北区人民政府办公室关于进一步支持金融产业促进区域经济发展的实施意见》

（续）

省市	地区	财政补贴金额及发放时间	税收优惠政策
浙江	宁波市北仑区	企业因股改形成的新增地方财政贡献部分，经批准后给予全额奖励；拟上市企业成功上市前一年度，年实现利润比上年增长 15% 以上的新增地方财政贡献部分，经批准后全额奖励，最高不超过 1000 万元	《北仑区（开发区）2014 年促进产业结构调整专项资金扶持政策》
	宁波市鄞州区	因挂牌新增地方财政贡献部分，奖励不超过 200 万元；成功挂牌后，奖励 50 万元	《加快金融创新促进鄞州经济社会转型升级十六条》
	宁波市镇海区	成功挂牌的补贴 100 万元	
	温州市	因股份制改造而需要补缴税款，可暂缓缴纳；成功挂牌的奖励 100 万元；成功转板上市的，按温州市人民政府《关于进一步加强企业上市工作的意见》统一执行。其中，各阶段性奖励不重复计算。完成上市股改时补助 30 万元，完成上市辅导验收时补助 70 万元；所融资金 50% 以上投资于本地的，对企业给予奖励。其中：融资额在 5 亿元人民币以内（含）的，奖励人民币 100 万元；融资额超过 5 亿元人民币的，每增加 1 亿元人民币再奖励人民币 5 万元。对企业实现买壳上市，注册地迁至温州，给予一次性奖励 200 万元	1.《温州市人民政府办公室关于鼓励和支持企业进入全国中小企业股份转让系统挂牌的意见》 2.《温州市人民政府关于进一步加强企业上市工作的意见》
	温州市瑞安市	成功挂牌奖励 100 万元	《关于进一步推进企业上市工作的意见》
	温州市永嘉县	成功股改奖励 10 万元；成功挂牌奖励 100 万元	《永嘉县人民政府关于鼓励和支持企业进入全国中小企业股份转让系统挂牌的意见》

（续）

省市	地区	财政补贴金额及发放时间	税收优惠政策
浙江	温州市苍南县	成功挂牌的奖励 100 万元；成功挂牌的企业迁入苍南县的，奖励 50 万元	《苍南县鼓励和支持企业进入全国中小企业股份转让系统挂牌实施意见》
	绍兴市	市区企业在其改制和挂牌过程中增加的税收，市本级地方留成部分给予全额资助。其资产转让过户时，所征收的行政事业性收费在扣除工本费和上缴部分后，市本级财政留成部分全额资助，所缴纳的税收市本级地方留成部分全额补助。成功实现国内外上市且总部在市区的，一次性给予融资额 2‰的奖励。实现股权再融资的，在扣除控股股东及其行动一致人认购金额后，按净融资额的 2‰给予奖励，最高不超过 200 万元；实现国内 A 股买壳上市且注册地迁至市区的，一次性给予 100 万元奖励；贡献特别重大的挂牌企业，补助 30 万元	《关于进一步促进经济转型升级若干政策的配套细则》
	绍兴市越城区	首次挂牌企业的每家奖励 20 万元	《越城区 2014 年经济奖励政策》
	绍兴市诸暨市	成功挂牌的，给予 30 万元奖励；因挂牌进行股改产生的地方财政贡献部分给予全额奖励，其中 70% 在股改完成后兑现，30% 在实现上市（挂牌）后兑现	《关于开展三百工程的若干政策意见》
	湖州市	完成股改和挂牌的企业分别奖励 50 万元	
	湖州市德清县	成功挂牌的奖励 200 万元	
	湖州市长兴县	对挂牌企业的经营者奖励 60 万元，其所融资金在本地的投资额按 2% 予以奖励	

（续）

省市	地区	财政补贴金额及发放时间	税收优惠政策
浙江	湖州市安吉县	给予企业实际控制人奖励100万元	
	嘉兴市秀洲区	成功挂牌后奖励50万元；挂牌后募集资金70%以上用于秀洲区项目建设的，按其募集资金额的1%给予奖励，每次最高不超过100万元	《秀洲区推进企业上市和场外市场挂牌实施意见》
	嘉兴市桐乡市	完成股改并与推荐券商签约，奖励40万元；成功挂牌后奖励40万元；挂牌后完成定向增资、股权转让或其他形式的资本运作，给予40万元奖励	《关于鼓励和扶持企业利用多层次资本市场促进我市经济快速发展的实施办法》
	嘉兴市海盐县	完成股改的奖励25万元；挂牌成功的奖励25万元；通过融资募集资金在本县范围的实际投资额给予奖励，最高限额300万元	《海盐县加快推进企业股改上市发展的实施意见》
	台州市	成功挂牌的奖励30万元；成功挂牌的企业改制时对地方财政的贡献全额奖励给企业；自挂牌当年起三年内，企业对地方财政做出的贡献每年增长超出上一年度15%的部分，全额奖励给企业；对于每年实现股权融资累计达到1000万元，并且80%投在台州辖区内的企业，按2000万元（含）以下、2000万~5000万元、5000万元（含）以上三档分别奖励20万元、30万元、40万元	《台州市人民政府关于扶持企业直接融资发展的若干政策意见》

（续）

省市	地区	财政补贴金额及发放时间	税收优惠政策
浙江	台州市温岭市	成功挂牌的奖励 80 万元；对从区域性股权交易中心转到新三板挂牌的奖励 60 万元；对从区域性股权交易中心创新板直接转到新三板挂牌的企业奖励 80 万元；经新三板转板上市的，再给予 50 万元奖励	《温岭市人民政府关于扶持企业直接融资发展的若干意见》
	丽水市	完成股改并成功挂牌的奖励 120 万元；对成功转板上市的奖励 150 万元	《丽水市人民政府关于加快推进企业直接融资工作的意见》
	丽水市云和县	完成股改的奖励 60 万元；成功挂牌的奖励 70 万元	《关于加快推进企业直接融资工作的若干意见》
重庆	重庆市	对挂牌的企业给予挂牌费用的 50% 且累计不超过 100 万元的补贴；对在境内外交易所成功上市的企业给予累计不超过 200 万元财政奖励（含挂牌费用补贴）	《重庆市重点拟上市企业财政补贴和奖励暂行办法》
	重庆市高新区	对挂牌的企业给予挂牌费用 50% 且累计不超过 100 万元、市区两级累计不超过 150 万元的奖励；成功转板上市的奖励最高 200 万元	《关于进一步加快民营经济发展的实施意见》
广东	广州市	奖励前 30 家挂牌企业 30 万元	《广州高新技术产业开发区企业进入代办系统进行股份制转让奖励资金的申请和发放办法》
	广州市天河区	对挂牌的企业奖励累计不超过 80 万元	《广州高新技术产业开发区天河科技园/广州天河软件园促进园区优势产业发展的若干措施》

（续）

省市	地区	财政补贴金额及发放时间	税收优惠政策
广东	深圳市高新区	挂牌成功后，依据相关票据实报实销，不超过180万	
	深圳市龙华新区	按照股份改制、成功挂牌予以不超过实际支出费用，分别最高50万元、160万元，总计最高210万元的资助；成功转板上市的，按照挂牌和上市资助（一般企业资助240万元，战略性新兴产业重点企业资助300万元）的差额予以补齐	《龙华新区关于加快高新技术和战略性新兴产业发展的若干措施实施细则（科技企业上市资助类）》
	珠海高新区	完成股份制改造的，奖励20万元；与主办券商签订协议并提交文件的奖励50万元；成功挂牌的，奖励50万元；首次实现融资，且募集资金主要投放在我区的奖励50万元；每年享受各项扶持政策项下资金扶持的总额不超过该企业当年缴纳税收对高新区财政实际贡献的80%	《珠海高新区关于鼓励企业进入全国股份转让系统（新三板）管理办法（试行）》
	珠海市金湾区	完成股改的奖励40万元；通过券商内核的奖励30万元；成功挂牌的奖励20万元，奖励企业法定代表人10万元	《金湾区促进“三高一特”产业发展暂行办法》
	佛山高新区	改制成功补贴30万元，挂牌成功补贴30万元，挂牌后按融资资源补贴10～30万元	
	佛山市南海区	首次挂牌的，给予50万元补助。企业挂牌后按累计融资金额分阶段给予企业领导班子及有关人员奖励： 1. 累计融资资金1000万元以下，奖励50万元 2. 累计融资资金达到1000万～5000万元（含1000万元），奖励100万元	《佛山市南海区促进优质企业上市和发展扶持办法（修订）》

（续）

省市	地区	财政补贴金额及发放时间	税收优惠政策
广东	佛山市南海区	3．累计融资资金达到5000万~1亿元（含5000万元），奖励200万元 4．累计融资资金达到1亿元（含1亿元）以上，奖励250万元	
	佛山市顺德区	完成股改奖励50万元；主管机关正式受理挂牌文件奖励50万元；成功挂牌后，根据首次募集资金规模按照以下三个档次进行奖励： 1．首次募集金额5000万元以下（含5000万元）的，奖励50万元 2．首次募集金额5000万元以上，1亿元以下（含1亿元）的，奖励100万元 3．首次募集金额1亿元以上的，奖励200万元	顺德区人民政府办公室关于印发《顺德区企业上市扶持奖励办法（修订）的通知》
	东莞市高新区	挂牌后备名单的企业，可获得资助总额达200万元；对于前10名挂牌的企业，资助金额最高达300万元	
	肇庆市	完成股改的奖励30万元；材料被有关部门受理，奖励50万元；成功挂牌的奖励50万元；成功转板上市的享受市政府有关鼓励企业上市的优惠政策；对迁入肇庆高新区的企业在该区成功挂牌交易的，同样适用本办法对应的扶持及奖励的政策	关于印发《肇庆国家高新技术产业开发区“新三板”挂牌上市企业扶持暂行办法的通知》
	江门市	成功挂牌的市区企业，奖励30万元；证监会正式受理挂牌材料的，奖励30万元；成功挂牌的奖励20万元	《关于鼓励江门高新区企业改制进入代办股份转让系统实施意见的通知》

（续）

省市	地区	财政补贴金额及发放时间	税收优惠政策
广东	江门市蓬江区	证监会正式受理挂牌材料的，奖励 30 万元；成功挂牌的奖励 20 万元	《蓬江区中小微企业科技金融奖励实施细则（试行）》
	茂名市	成功挂牌的奖励 50 万元	《关于支持企业上市和上市再融资的若干意见》
	中山火炬高新技术产业开发区	前 10 个完成股改的企业奖励 150 万元，其他给予 10 万元奖励；申报并得到证监会受理的，奖励 50 万元；前十家成功挂牌的企业奖励 100 万元，其余奖励 50 万元；挂牌后连续两年给予补助，最高不超过 1000 万元	
江苏	南京市	股改完成券商内核完毕材料报到发改委后，补贴 80 万元；正式挂牌后，再补贴 20 万元；成功融资的，再补贴 20 万元	
	南京市高新区	完成内核、上报材料和挂牌交易，分别补贴 50 万元、50 万元和 80 万元；完成挂牌后，对企业股改时用未分配利润和公积金转增股本的，企业个人股东缴纳的个人所得税，园区给予地方留成部分的 50% 奖励，60 万元封顶；实现融资的且在园区投资达到 80% 或 1 亿元以上的，按照实际募集资金的 1% 给予奖励，最高 50 万元	《南京高新区企业“新三板”挂牌的工作指引》《关于进一步鼓励和扶持企业进入代办股份报价转让系统挂牌的（暂行）规定》
	南京市溧水区	完成改制、主管部门备案、正式挂牌新三板以及进入新三板挂牌交易不同阶段分别资助 10 万元、20 万元、30 万元、40 万元，同时享受市级财政补贴；实现融资且投资在区内比例达 80% 或 1 亿元以上，按其实际募集资金的 1‰奖励，最高 50 万元	《关于鼓励和支持企业“新三板”挂牌的若干意见》

（续）

省市	地区	财政补贴金额及发放时间	税收优惠政策
江苏	苏州市	企业改制时，缴纳的企业所得税按地方留成部分的70%补助；企业改制时，涉及土地、房产等资产所有权办理变更登记时，按规定缴纳的契税，给予地方留成部分的50%补助；企业改制时，因未分配利润、盈余公积金转增股本缴纳所得税数额较大的，缓征个人所得税。以缴纳个人股东用未分配利润、盈余公积金转增股本个人所得税点算起，两年内缓征，从第三年开始分年度缴清（第三年30%，第四年30%，第五年40%）。在规定的缓征期限内，发生股权转让时一并按规定缴纳个人所得税	《苏州市新三板挂牌企业三年培育计划》
	苏州工业园区	分企业改制结束、递交申请材料和挂牌交易三阶段，分别补贴50万元、50万元、100万元；转板上市的，再补贴300万元	《苏州工业园区管委会关于新三板政策的抄告单》
	苏州市姑苏区	企业改制时缴纳的企业所得税按区级留成部分的70%给予补助；成功挂牌后，给予50万～200万元补贴；区外企业迁至区内并成功挂牌，再给予其他奖励	《关于鼓励企业进入资本市场的扶持办法》
	苏州市相城区	企业改制时缴纳的企业所得税，给予区级地方留成部分的全额补助；在企业改制时，涉及土地、房产等资产所有权办理变更登记时，按规定缴纳的契税，给予区级地方留成部分的全额补助；在企业改制时，因未分配利润、盈余公积金转增股本缴纳所得税数额较大的，缓征个人所得税。以缴纳个人股东用未分配利润、盈余公积金转增股本个人所得税时点算起，两年内缓征，从第三年开始分年度缴清（第三年30%，第四年30%，第五年40%）。在规定的缓征期限内，发生股权转让时一并按规定缴纳个人所得税	《关于推进新三板挂牌企业培育工作的实施意见》

（续）

省市	地区	财政补贴金额及发放时间	税收优惠政策
江苏	苏州市昆山市	完成股改后，可获奖励资金 100 万元；提交备案材料，可获奖励资金 50 万元；成功挂牌交易，可获奖励资金 100 万元	《关于鼓励昆山高新区企业在“新三板”市场挂牌的若干政策（试行）》
	苏州市太仓市	完成股改后，给予 50 万元奖励；挂牌申请文件被受理后，给予 50 万元奖励；成功挂牌后，再给予 100 万元奖励	《关于鼓励扶持企业在新三板、区域性股权交易市场挂牌的政策意见》
	镇江市	挂牌成功可获奖励资金 100 万元	《关于推荐拟在“新三板”挂牌交易企业的通知》
	常州市高新区	完成改制奖励 50 万元；通过主管部门备案奖励 50 万元；正式挂牌奖励 50 万元	《常州国家高新区新三板企业上市资助资金管理办法（试行）》
	常州市武进区	挂牌涉及的行政规费按规定的下限收取；挂牌而涉及的税收地方留成部分，由区财政给予企业补贴；对企业审计或评估中出现的净资产增值部分，依法补交的企业所得税地方留成部分，由区财政给予企业补贴；企业成功挂牌后，自挂牌当年起三年内，以挂牌前一年实际入库的企业所得税为基数，其上缴的新增企业所得税地方留成部分，由区财政给予企业补贴；企业为挂牌将未分配利润和资本公积转增为股本所缴纳的个人所得税区留成部分，在企业成功挂牌后，由区财政给予纳税人补贴	《常州市武进区关于加快企业在新三板等场外市场交易挂牌的意见》
	常州市天宁区	分阶段给予补贴共计 150 万元	《关于加快企业在“新三板”等场外市场交易挂牌工作的意见》
	南通市启东市	完成股改奖励 10 万元；递交材料奖励 20 万元；成功挂牌奖励企业有功人员 20 万元	《启东市关于企业在新三板等场外市场挂牌交易的优惠政策》

（续）

省市	地区	财政补贴金额及发放时间	税收优惠政策
江苏	南通市海门市	完成股改并注册登记奖励 10 万元；备案材料被受理的奖励 20 万元；成功挂牌奖励企业主要经营者及有功人员 20 万元	《海门市市政府关于大力推进企业上市的若干政策意见的补充意见》
	无锡新区	挂牌后首次融资 500 万以上的奖励 10 万元	《无锡市人民政府新区管理委员会关于推动企业上市挂牌的实施意见》
	无锡市滨湖区	完成股改后奖励 50 万元；成功挂牌的奖励 30 万元；挂牌后首次融资的按照融资额度的 2% 予以奖励，最高不超过 50 万元	《关于大力推进我区中小企业场外市场股权融资工作的意见》
	无锡市南长区	在企业股改结束、过券商内核并报送挂牌备案文件、正式挂牌后，按 50 万元、100 万元、150 万元的额度分步奖励	《无锡市南长区关于鼓励和扶持企业上市的若干意见》
	无锡市惠山区	招商银行对已上市的“新三板”企业，给予每家企业最高达 300 万元的信用贷款	
	连云港市	完成股改的，在主管部门备案确认并受理的，奖励 10 万元；成功挂牌的奖励 60 万元；募集资金 60% 以上用于本市生产性、经营性项目（房地产项目除外）建设的，按照募集资金额的 3‰给予奖励	《市政府关于鼓励企业在“新三板”挂牌的意见》
	连云港经济技术开发区	成功挂牌的，奖励 100 万元	《连云港经济技术开发区关于鼓励和扶持企业上市及新三板挂牌的意见》
	徐州市	完成股改并提交申请后，补贴 20 万元；成功挂牌后补贴 30 万元；募集资金 80%（含）以上用于该市范围内生产性、经营性项目（房地产项目除外）建设的，按照融资额的 5% 比例给予奖励，最高不超过 50 万元	《关于充分利用资本市场推动企业“新三板”挂牌的意见》

（续）

省市	地区	财政补贴金额及发放时间	税收优惠政策
江苏	徐州市邳州市	成功挂牌融资的企业，所募集资金80%（含）以上用于本市范围内生产经营性项目建设的，奖励30万元。同时，按固定资产投资额的5‰再次给予企业奖励，最高不超过50万元；从企业挂牌当年起，企业年纳税额以不低于15%比例环比增长的，超过15%部分的地方留成由受益财政给予奖励	《关于推进企业到“新三板”、“E板”等场外资本市场挂牌融资工作的意见》
	淮安市	申请文件被受理的奖励20万元；成功挂牌后奖励100万元；募集资金80%以上用于我市范围内生产性、经营性项目（房地产项目除处）建设的，按照融资额的2%给予奖励，最高不超过30万元	无
	盐城市	2015年12月31日前挂牌奖励100万元；2015年12月31日后挂牌奖励50万元；成功转板上市奖励100万元	《盐城市人民政府办公室关于加快推进企业新三板挂牌的意见》
	盐城市盐都区	2015年12月31日前挂牌奖励100万元；2015年12月31日后挂牌奖励50万元；成功转板上市奖励100万元	《中共盐都区委盐都区人民政府关于激励中小企业在“新三板”挂牌上市的意见》
	盐城市建湖县	申请材料被受理的，给予前期实际支付工作经费50%的补助，总额不超过50万元；成功挂牌后，含补助前期工作经费，给予累计不超过200万元补贴	《关于推进企业在“新三板”和股权托管交易中心挂牌的意见》
	扬州市高邮市	完成股改的奖励20万元；正式递交材料的奖励20万元；成功挂牌的奖励50万元；对前三家挂牌的企业，分别奖励50万元、40万元和30万元	《关于支持鼓励企业进入“新三板”和其他场外市场挂牌上市的政策意见》

（续）

省市	地区	财政补贴金额及发放时间	税收优惠政策
江苏	宿迁市	申报材料被受理的奖励 15 万元；成功挂牌的奖励 30 万元；所融资金投资在宿迁市的，按融资额的 0.1% 比例给予奖励，最多不超过 50 万元	《宿迁市市政府办公室关于印发鼓励和扶持企业利用场外市场融资意见的通知》
安徽	合肥市	企业进入新三板融资的，给予 50 万元补助	
	合肥市高新区	可分阶段获得最高 70 万元的财政补贴。	
	芜湖市	完成股改并注册的，奖励 20 万元；成功挂牌的，奖励 30 万元；成功实现融资的，奖励 70 万元	《鼓励企业进入全国中小企业股份转让系统挂牌交易暂行办法》
	蚌埠市	成功挂牌的奖励 40 万元，进入全省第一批挂牌的另行奖励 20 万元；成功募集资金的按照募资总额的 2‰给予奖励	《蚌埠市人民政府关于支持进入全国中小企业股份转让系统和安徽省股权托管交易中心挂牌交易有关事项的通知》
	马鞍山市	完成股改造及注册，奖励 50 万元和 20 万元；成功挂牌，奖励 100 万元，若在第一批挂牌，再给予 20 万元奖励；成功实现股权融资并全部投资我市的，给予投资额 2% 的奖励，最多不超过 30 万元	《马鞍山市鼓励企业进入全国中小企业股份转让系统和安徽省区域性股权交易市场挂牌交易暂行办法的通知》
	阜阳市	对完成股改造并注册登记的，属于市属企业的，市政府给予 30 万元的补助，属于县（市、区）属企业的，市政府给予 15 万元的补助；成功挂牌的，属于市属企业的，市政府给予 60 万元的奖励，属于县（市、区）属企业的，市政府给予 30 万元的奖励；挂牌后融资用于实体经济的，属于市属企业的，市财政按所募集资金总额的 0.5% 予以奖励，最高不超过 100 万元，属于县（市、区）属企业的，市财政按所募集资金总额的 0.3% 予以奖励，最高不超过 50 万元	《阜阳市人民政府办公室关于印发阜阳市鼓励企业进入全国中小企业股份转让系统和区域性股权交易市场挂牌交易暂行办法的通知》

（续）

省市	地区	财政补贴金额及发放时间	税收优惠政策
安徽	宿州市	企业因挂牌所产生的券商或推荐商费用及审计、法律、评估等费用，由市政府全额支付；成功融资并全额投资于宿州本地的，按照200万元在扣除市政府前期支付的费用后给予一次性奖励	《宿州市人民政府关于鼓励企业进入“新三板”和场外市场挂牌融资工作的意见》
	亳州市	完成股改及注册的奖励30万元；成功挂牌的奖励70万元；成功实现股权融资并全部投资在我市的企业，给予融资金额2%的奖励，但最高不超过30万元	《亳州市鼓励企业进入全国中小企业股份转让系统和安徽省区域性股权交易市场挂牌交易暂行办法》
	安庆市	在新三板成功挂牌的企业，奖励150万元	
	黄山市	在新三板成功挂牌的企业，奖励50万元	
	淮北市	完成股份制改造的，奖励10万元；获得监管部门审查备案的，奖励20万元；成功挂牌的，奖励20万元；成功获得融资并全部投资淮北本地的，按融资额的1%，给予最高不超过100万元奖励	
	池州市贵池区	最高可获得50万元奖励	
山东	济南市高新区	申请经受理的奖励50万元，正式挂牌后再奖励20万元；转板上市的，奖励100万元	《济南高新区关于扶持企业改制上市工作的意见》
	青岛市高新区	完成改制并通过券商内部审核的，按不超过实际发生费用的70%给予补助，每个企业最高补助金额不超过70万元	《关于支持我市企业在全国中小企业股份转让系统挂牌有关事项通知》
	淄博市高新区	给予挂牌公司50万元补贴	

（续）

省市	地区	财政补贴金额及发放时间	税收优惠政策
山东	潍坊市高新区	企业改制、挂牌过程中，因正常调整以前年度应纳税所得额而补交的企业所得税地方留成部分给予等额补助；企业在改制、挂牌过程中，因资产过户上缴税收地方留成部分给予等额补助；正式挂牌后奖励180万元；企业挂牌后3年内成功融资且融资额2000万元（含）以下的，奖励2万元；融资额2000万~5000万元（含）的，奖励5万元；融资额超过5000万元的，奖励10万元	《高新区推进科技型中小企业“新三板”挂牌的若干规定》
	济宁市	分阶段予以补助，最高200万元	《关于推进济宁高新区申报“新三板”扩容试点园区的实施方案》
	聊城	120万元	
	烟台市	成功挂牌的奖励200万元	
	威海市	成功挂牌的，奖励企业高管30万元；转板上市，其融资额不满5亿元的，奖励企业高管30万元；其融资额在5亿元以上的，奖励企业高管50万元	《威海市推进企业上市融资暂行办法》
	日照市	成功挂牌的奖励150万元	《关于进一步加快全市金融业创新发展的实施意见》
	德州市	成功挂牌的奖励最高80万元	
	菏泽市	成功挂牌的奖励20万元	《菏泽市人民政府关于加快推进企业上市工作的意见》

（续）

省市	地区	财政补贴金额及发放时间	税收优惠政策
福建	福州高新区	140 万元	
	厦门市高新区	改制结束补贴 30 万元，挂牌成功补贴 50 万元，返还挂牌当年以及第二年与上一年比较的新增财政贡献（不超过 50 万元）	
	泉州市	成功挂牌的奖励 50 万元；市科技计划优先支持挂牌的非上市公司的创新项目，支持金额不低于 20 万元	《关于推动泉州高新技术产业开发区非上市企业进入全国中小企业股份转让系统挂牌工作的若干意见》
	泉州市晋江市	一次性奖励 80 万元	
	龙岩市	改制完成后奖励 10 万元；成功挂牌的奖励 30 万元；首次融资的按实际投资我市资金总额的 2‰进行奖励，最高限额为 100 万元	《关于印发龙岩市鼓励和支持企业赴“新三板”等股权交易市场挂牌融资若干意见的通知》
江西	南昌市	完成股改并注册登记的奖励 50 万元；申请材料被受理的奖励 100 万元	
	九江市	完成改制的奖励 20 万元；挂牌成功的奖励 50 万元	
	上饶市	完成改制的奖励 20 万元；挂牌成功的奖励 50 万元	《关于推荐拟在“新三板”挂牌交易企业的通知》
	赣州市	完成股改和注册登记的奖励 20 万元；申请材料被受理的奖励 50 万元；前 10 名的企业奖励 50 万元	《关于加快推进企业进入全国中小企业股份转让系统拄牌的实施意见》
	吉安市	与中介机构签订协议并完成股份制改造、提交申请材料并取得受理回执，奖励 15 万元。成功挂牌奖励 35 万元	《吉安市人民政府关于落实支持企业上市和“新三板”挂牌有关政策的通知》

（续）

省市	地区	财政补贴金额及发放时间	税收优惠政策
江西	吉安市	各受益财政应于企业成功挂牌或上市后，按照不低于市财政奖励资金1.6倍（80万元）的比例予以配套奖励	
	萍乡市	完成股改和注册登记的奖励20万元；申请材料被受理的奖励50万元；前10名的企业奖励50万元，之后的奖励40万元	《萍乡市人民政府办公室关于进一步加快萍乡金融业发展的实施意见》
河南	郑州高新区	成功挂牌的奖励50万元	《加快推进企业上市工作的意见》
	洛阳市	成功挂牌的奖励30万元	
	洛阳市高新区	完成改制的奖励20万元；通过券商内核奖励每家20万元。对区内前5家挂牌的企业奖励80万元；对第6家至第10家挂牌的企业奖励70万元；对于10家之后挂牌的企业，奖励60万元。成功转板的，奖励200万元	《洛阳高新区管委会关于进一步加快企业上市和挂牌交易的意见（暂行）》
	新乡市	成功挂牌的前5家企业奖励50万元，第6～10家企业奖励30万元	《新乡市人民政府关于加快推进企业在全国中小企业股份转让系统挂牌的意见》
	焦作市	成功挂牌的奖励50万元；转板上市的再奖励50万元	《焦作市人民政府关于加快推进企业进入多层次资本市场的意见》
	濮阳市	在挂牌当年给予不少于50万元的奖励。转板上市的企业，申报材料经受理的，奖励50万元；对已成功上市且募集资金70%以上在市内投资的，奖励150万元，对通过增发配股实现再融资的上市公司高管人员给予适当奖励	《濮阳市人民政府关于鼓励企业进入全国中小企业股份转让系统挂牌交易的指导意见》

（续）

省市	地区	财政补贴金额及发放时间	税收优惠政策
河南	漯河市	成功挂牌的奖励 100 万元	《关于鼓励和扶持漯河市非上市股份有限公司进入全国中小企业股份转让系统挂牌的暂行办法》
湖南	长沙市	挂牌前后给予 50 万元和 30 万元的补助	《长沙市人民政府办公厅关于鼓励企业在场外市场挂牌有关事项的通知》
	株洲市高新区	最高补贴 100 万元	
	湘潭市高新区	成功挂牌的补贴 120 万元（完成股改补贴 35 万元，完成资料报会补贴 35 万元，完成挂牌补贴 50 万元）	《鼓励扶持企业利用资本市场发展暂行办法》
	邵阳市	成功挂牌并首次定向增发融资成功，奖励 50 万元	《关于鼓励企业赴新三板等资本市场挂牌融资的通知》
贵州	贵阳市	成功挂牌的，奖励 150 万元	《贵阳市企业进入全国中小企业股份转让系统（即“新三板”）扶持奖励办法（试行）》
	贵阳市花溪区	完成股份制改造的奖励 30 万元；主管机构正式受理后奖励 30 万元；企业成功挂牌后奖励 15 万元	《花溪区企业进入全国中小企业股份转让系统扶持奖励办法》
	贵阳市乌当区	完成股份制改造的奖励 20 万元；主管机构正式受理后奖励 25 万元；企业成功挂牌后奖励 30 万元	《乌当区企业进入全国中小企业股份转让系统扶持奖励办法（试行）》
宁夏	对 2014 年、2015 年、2016 年在“新三板”挂牌的企业，分别奖励 100 万元、50 万元、30 万元		《自治区人民政府关于加快资本市场建设的若干意见》

（续）

省市	地区	财政补贴金额及发放时间	税收优惠政策
宁夏	银川市	股份制改制阶段奖励 30 万元；申报挂牌上市阶段奖励 50 万元；正式挂牌后奖励 70 万元	
	中卫市	挂牌成功的，先享受自治区政策，对在 2014 年、2015 年、2016 年在新三板挂牌的，由区、市县财政分别按 50% 给予 100 万元、50 万元、30 万元的奖励，再由企业纳税地财政一次性奖励 100 万元	《中卫市人民政府关于中小企业直接融资扶持政策》
山西	太原市	成功挂牌的奖励 165 万元	
吉林	长春市高新区	股改阶段给予 10 万 ~ 20 万元的补助，并对企业改制过程中企业所得税区留用部分给予补贴；实现挂牌给予 50 万 ~ 100 万元奖励，对主办券商给予 10 万元奖励	《鼓励企业进入代办股权转让系统暂行办法》
	通化市	成功挂牌的奖励 30 万 ~ 50 万元；转板上市的再奖励 30 万元	《通化市人民政府关于推进企业上市和挂牌工作的意见》
	延边州	与中介机构签订协议奖励 20 万元；完成股改的奖励 40 万元；募集资金全部在州内投资的给予扶持。其中，第一户扶持资金 100 万元，第二户扶持资金 80 万元，从第三户始扶持资金 50 万元	《延边州人民政府关于扶持企业在全国中小企业股份转让系统挂牌的实施意见》
黑龙江	新三板挂牌奖励 200 万元		《黑龙江省人民政府关于印发黑龙江省促进经济稳增长若干措施的通知》

（续）

省市	地区	财政补贴金额及发放时间	税收优惠政策
黑龙江	哈尔滨市	新三板挂牌奖励50万元	《哈尔滨市人民政府印发关于进一步扶持中小企业发展的若干政策的通知》
	哈尔滨市高新区	完成股改后奖励30万元；材料通过主办券商内核奖励20万元；成功转板的奖励50万元	《哈尔滨高新技术产业开发区支持企业上市专项资金管理办法（暂行）》
	大庆市高新区	成功挂牌新三板可给予120万奖励	
	七台河市	挂牌成功的企业，奖励50万元；挂牌后，在创业板或主板（中小板）上市的，分别奖励50万元和100万元	《七台河市推进企业进入全国中小企业股份转让系统工作实施方案》
	黑河市	企业与中介机构签订协议后，奖励30万元。未实现挂牌由企业全额返还；挂牌后实现转板上市的，奖励30万元；爱辉区、黑河边境经济合作区、五大连池风景区对域内企业实现挂牌的，应给予不低于以上奖励标准30%的奖励资金	《黑河市鼓励企业上市和挂牌扶持奖励办法》
陕西	成功挂牌的企业最高奖励50万元		
	西安市高新区	完成股改制奖励50万元；成功挂牌后奖励100万元。企业改制时，非货币性资产经审计评估增值转增资本部分，用未分配利润和盈余公积转增股份，依法缴纳的企业所得税及个人所得税，按其纳税额高新区留成部分的60%予以奖励，最高100万元。企业挂牌后，三年内（含挂牌当年）按企业所缴纳营业税、企业所得税、增值税高新区留成部分的50%予以奖励。企业挂牌后在资本市场定向增发成功融资的，对企业管理团队按融资额的1%予以奖励，单个企业累计不超过50万元。主办券商的项目团队奖励10万元	《西安高新区关于鼓励企业进入全国中小企业股份转让系统挂牌交易的暂行办法》

（续）

省市	地区	财政补贴金额及发放时间	税收优惠政策
云南	昆明市高新区	对成功挂牌的，给予管理团队 30 万元奖励	《昆明高新技术产业开发区鼓励企业上市及投融资发展暂行办法》
新疆	在新疆股权交易中心成功挂牌的企业可享受 40 万元补助，在交易中心挂牌企业成功转板至全国新三板可再享受财政补助 20 万元		《自治区企业上市政策引导专项资金管理办法》
	乌鲁木齐市高新区	成功挂牌的，最高可奖励 140 万元	《乌鲁木齐高新技术产业开发区（新市区）企业进入代办股份转让系统资助资金暂行管理办法》

附录D 新三板入市投资指南

一、机构与个人投资者准入门槛

全国股份转让系统实行投资者适当性制度，只有符合法定条件的投资者才能参与股票交易。

全国股份转让系统公司于2013年2月8日发布施行了《投资者适当性管理细则》，并于2013年12月30日进行了修订，明确了机构投资者和个人投资者的准入门槛。

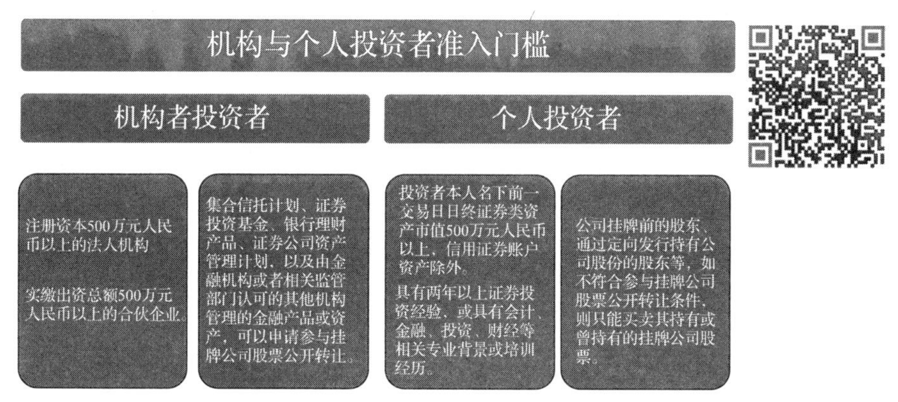

二、开户指南

1. 开户选择

投资者可以同一证券账户在单个或多个主办券商的不同营业部买入股票。投资者卖出股票，须委托代理其买入该股票的主办券商办理。如需要委托另一家主办券商卖出该股票，须办理股票转托管手续。

2. 投资者开户方式

投资者开立证券账户应根据中国证监会和中国证券业协会有关规定办理。

根据中国证券业协会发布的《证券公司开立客户账户规范》规定，证券公司可以通过见证、网上等非现场方式为投资者开立证券账户。

3. 投资者开户流程

一般而言，投资者开通挂牌证券交易权限须经过以下几个步骤：

步骤	所需材料或注意细节
1. 适当性审查	自然人投资者适当性审查所需的证明材料有：①加盖营业部业务专用章的业务单据，以证明投资者前一交易日日终证券类资产市值500万元人民币以上，以及其具有两年以上证券投资经验。②其他证明材料，若投资者无法提供两年以上证券投资经验，应提供其具有会计、金融、投资、财经等相关专业背景或培训经历的证明材料
	机构投资者适当性审查所需证明材料：由挂牌企业出具并能证明投资者为挂牌企业股东、挂牌企业董事、监事、高级管理人员、核心员工的股东名单、任职文件等证明材料
2. 风险测评	营业部对于具备资格且有意向参与挂牌证券交易的投资者，应按相关规定对其进行风险测评，判断其是否具备风险识别和风险承受能力
3. 开立深圳A股证券账户及资金账户	自然人投资者可根据中国结算要求，持个人有效身份证明文件、银行卡等相关文件至任何一家具有经纪业务资质的主办券商营业部开立深圳A股账户，同时开立资金账户 机构投资者开户须携带以下开户资料： （1）机构法人有效身份证明文件（营业执照或注册登记证书）副本及其复印件或复印件（加盖发证机关确认章） （2）组织机构代码证副本及复印件或复印件（加盖发证机关确认章） （3）税务登记证书及其复印件或复印件（加盖发证机关确认章） （4）法定代表人证明书 （5）法定代表人的有效身份证明文件及复印件 （6）依法指定合法的代理人，提供加盖机构公章、由法定代表人签字或加盖法定代表人名章的授权委托书原件 （7）代理人的身份证明文件原件及复印件 （8）按要求提供的预留印鉴卡 （9）主办券商要求的其他材料

（续）

步骤	所需材料或注意细节
4. 开通挂牌证券交易权限	在已开立深圳A股证券账户、资金账户的前提下，营业部经认真审核投资者提交的相关材料后，对于通过适当性资格审查和风险测评的投资者，应与其书面签署《买卖挂牌公司股票委托代理协议》和《挂牌公司股票公开转让特别风险提示书》，并要求投资者亲笔抄录《挂牌公司股票公开转让特别风险提示书》中的特别声明，在保留风险提示的影像的前提下，为投资者开通挂牌证券交易权限

三、交易指南

1. 获取挂牌公司发行信息

投资者可以在全国股份转让系统指定信息披露平台 www. neeq. com. cn 或 www. neeq. cc 上获取挂牌公司的发行信息。

2. 查询全国股份转让系统股票行情

投资者可通过各主办券商的交易转件，如通达信、大智慧、同花顺、Wind 等证券软件以及全国股份转让系统官方网站（www. neeq. com. cn 或 www. neeq. cc）的“市场数据—行情信息”栏目进行查询。在全国股份转让系统官方网站上发布的股票行情延迟时间为 15 分钟。

相关行情软件使用指引如下：

相关行情软件名称	使用指引
通达信	股转→挂牌公司
大智慧	相关市场→股转系统→挂牌公司
同花顺	报价→股转系统→挂牌公司
万得	专题统计→股转系统→挂牌公司行情
安翼电脑终端	客户端主界面→股转系统→全部

3. 交易权限

投资者申请开通权限，主办券商于当日 15:00 ~ 15:30 统一向全国股份转让系统公司上报合格投资者的证券账户信息，全国股份转让系统公司汇总处理后于当日向各主办券商下发合格投资者证券账户信息和受限投资者证券账户信息。主办券商于当日设置完成投资者权限后，投资者于次一转让日开始交易。

4. 转让时间

新三板挂牌公司的股票转让时间为9:15～11:30、13:00～15:00，但是特别注意以下两点：①转让时间内若出现因故停市，那么转让时间则不作顺延。②凡遇全国股份转让系统公司公告的休市日和法定节假日，全国股转系统全部休市。

5. 申报价格最小变动单位

计价单位	“每股价格”
申请价格的最小变动单位	“人民币0.01”
【备注：按成交原则达成的价格不在最小价格变动单位范围内的，按照四舍五入原则取至相应的最小价格变动单位。】	

6. 申报数量

买卖挂牌公司股票的申报数量应当为1000股或其整数倍，单笔申报最大数量不得超过100万股。当卖出股票时出现余额不足1000股的部分，应当一次性申报卖出。

不足1000股的股票，可通过互报成交确认的申请方式卖出，举例如下：

例1：投资者余股2200股。此时，投资者可以一次性申报卖出2200股；也可以先申报卖出2000股，再申报卖出200股，但不能先申报卖出200股，再申报卖出2000股。

例2：投资者余股500股且一次性定价申报卖出。此时，对手方拟与之成交的，需进行成交确认申报，申报数量应当为1000股或其整数倍，不能小于1000股（如500股、600股）。

例3：投资者余股500股，该投资者与其他投资者协商一致，拟通过互报成交确认申报方式成交，买卖双方进行成交确认申报的数量均可以且只应为500股。

例4：投资者余股600股，此时，投资者只能一次性申报卖出600股，不能进一步拆细，如先申报卖出300股，再申报卖出300股。

7. 涨跌幅限制

不设涨跌幅限制。

8. 回转交易

（1）投资者买入的挂牌公司股票，买入当日不得卖出。

（2）做市商做市买入的挂牌公司股票，买入当日可以卖出。

（3）做市商之间买入的挂牌公司股票，买入当日不得卖出。

9. 申报效力

只在申报当日有效。

10. 有效报价区间

（1）开盘集合竞价的申报有效价格区间应当为前收盘价的上下20%以内。

（2）连续竞价、收盘集合竞价的申报有效价格区间应当为最近成交价的上下20%以内。

（3）当日无成交的申报有效价格区间应当为前收盘价的上下20%以内。

（4）不在有效价格区间范围内的申报不参与竞价，暂存于交易主机，当成交价波动使其进入有效价格区间时，交易主机自动取出申报并参加竞价。

11. 交割

股份过户和资金交收采用逐笔结算的方式办理，股份和资金T+1日到账。

交易模式即投资者当天买入的股票当天不可以卖出；卖出股票所得的资金当天可用来买入股票或其他证券产品，但不可从资金账户转账至对应的个人结算存款账户。

12. 转托管

投资者卖出股份，须委托代理其买入该股份的报价券商办理。如需委托另一家报价券商卖出该股份，须办理股份转托管手续。

13. 股票交易税费

投资者所需缴的税	对应税费的计算
转让经手费	全国股份转让系统按照成交金额的0.5%双边收取
佣金	根据中国证监会等联合下发的《关于调整证券交易佣金收取标准的通知》规定，主办券商向客户收取的佣金（包括代收的证券交易监管和证券交易所手续费等）不得高于证券交易金额的3‰，也不得低于代收的证券交易监管和证券交易所手续费，全国股份转让系统佣金标准适用此通知的上下限规定
交易印花税	根据《关于在全国中小企业股份转让系统转让股票交易印花税政策的通知》的要求，交易印花税应按实际成交金额的1‰，由出让方缴纳

14. 持有挂牌公司股票，股息红利所得税优惠

根据财政部、国家税务总局发布的《关于实施全国中小企业股份转让系统挂牌公司股息红利差别化个人所得税政策的有关问题的通知》（财税［2014］48号）相关规定：

个人及证券投资基金持有挂牌公司股票期限在1个月以内（含1个月）的，其股息红利所得全额计入应纳税所得额；

持股期限在1个月以上至1年（含1年）的，股息红利所得暂减按50%计入应纳税所得额；

持股期限超过1年的，暂减按25%计入应纳税所得额，股息红利所得统一适用20%的税率计征个人所得税。

四、股票交易转让方式

在全国股份转让系统中，共设立了三种转让方式：协议转让、做市转让和竞价转让。

文章来源：中商情报网，编辑有修改、删减

附录E　新三板市场交易制度

新三板交易制度，是指在全国股转系统中对主体资格、交易规则、报价规则和交易方式的要求。

一、主体资格

全国股转系统规定新三板的交易主体资格为：新三板交易机构的投资者，包括法人、信托、合伙企业等；新三板交易公司挂牌前的自然人股东（挂牌公司的自然人股东只能买卖其持股公司的股份）；通过定向增资或者股权激励而持有公司股份的自然人股东；因继承或者司法裁决等其他原因而持有公司股份的自然人股东；协会认定的其他投资者。

二、交易条件

（1）依法成立且有满两年的存续期（有限公司整体改制可以连续计算）。

（2）公司的业务十分明确，并且具有持续的经营能力。

（3）治理机制完善，经营合法且规范。

（4）股权明确、清晰，股票发行和转让行为都合乎法律法规。

（5）主办券商推荐并持续督导。

（6）具备全国股份转让系统公司要求的其他条件。

三、交易规则

新三板的交易规则包含以下几方面：交易时间为周一至周五9:15～11:30、13:00～15:00；在计价单位方面的规定是每股价格的最小变动单位是0.01元；无涨跌停限制；交易数量为1000股或其整数倍，当卖出时余额不足1000股时，应一次性申报，股票转让单笔不得超过100万股；借助电话、电脑、书面、自助终端等进行委托交易，均可委托主办券商买卖；买卖申报——按时间上的先后顺序，由主办券商上报股转系统，经股转系统交易主机撮合成交；回转交易——投资者买入证券，经过确认成交后，若在交收完成前全部或部分卖出，即可实现证券的回转交易。

四、交易费用

收费项目	收费标准	收费对象	收费单位
股份过户费	成交金额的0.025%（双边）	投资者	中证登
转让经手费	成交金额的0.5‰（双边）	投资者	股转公司
结算费	成交金额的0.1‰（双边），暂免收取	结算参与人	中证登
印花税	成交金额的1‰	出让方	税务机关
做市转让交易佣金	券商自定，3‰左右	投资者	经纪券商

五、交易方式

关于新三板交易方式，全国股份转让系统推出三种股票转让方式，分别是协议转让、做市转让和竞价转让（预计2016年推出）。

交易方式	协议转让	做市转让	竞价交易
关键差别	买卖双方在交易中心的主持下通过洽谈、协商的方式以协议成交	做市商从卖方处“批发”股票，买方从做市商处购得股票	卖方发布要约，符合资格的买方自主加价或减价，在规定的时间内以最高买价或最低卖价成立
开始实施时间	新三板诞生之日起	2014年8月25日	尚未实施
采用该种交易制度的企业占比（截至2015年5月27日）	85.4%	14.6%	0

（一）协议转让方式

1. 协议转让定义

协议转让是指产权交易双方在交易中心的主持下通过洽谈、协商以协议成交的交易方式。

2. 协议转让方式下的委托类型

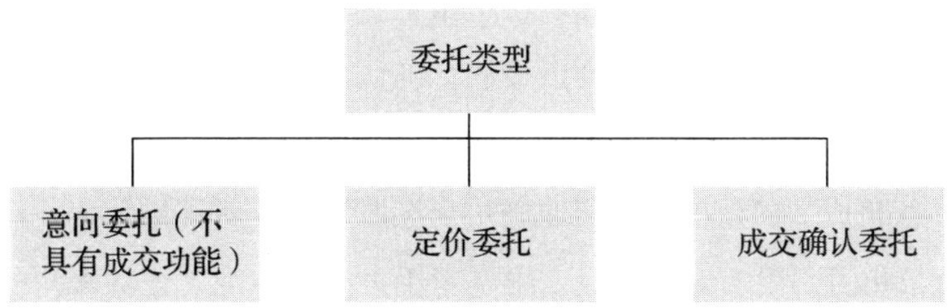

3. 时间

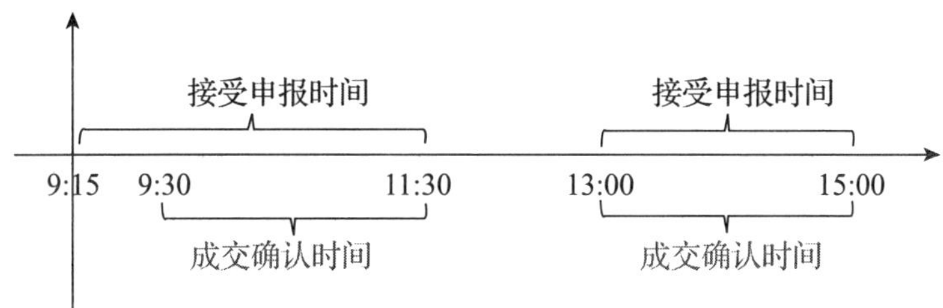

4. 成交匹配

时间	原则	代码	申报价格	买卖方向	备注
转让时间内	时间优先	相同	相同	相反	约定号一致
转让日15:00					当日未成交的定价申报

5. 开盘价

以当日第一笔成交的价格为准。

6. 收盘价

当日最后30分钟转让时间加权平均价；最后30分钟无成交的，取当日加权平均价；当日无成交的，取以前收盘价。

7. 信息公布

行情信息	收盘价、成交价、累计成交数、定价申报等
成交信息	代码、简称、价格、数量、券商营业部等

8. 协议转让方式下的成交原则

(1) 成交确认申报与定价申报成交原则：全国股转系统按照时间优先原则，将成交确认申报和与该成交确认申报证券代码、申报价格相同、买卖方向相反及成交约定号一致的定价申报进行确认成交。成交确认申报与定价申报可以部分成交。成交确认申报未成交部分以撤单处理。

(2) 互报成交确认申报成交原则：全国股转系统对证券代码、申报价格和申报数量相同，买卖方向相反，指定对手方交易单元、证券账户号码相符及成交约定号一致的成交确认申报进行确认成交。

(3) 收盘自动匹配成交原则：每个转让日 15:00，全国股转系统按照时间优先原则，将证券代码和申报价格相同、买卖方向相反的未成交定价申报进行匹配成交。

(二) 做市转让方式

1. 做市商制度的定义

做市商制度是一种市场交易制度，由具备一定实力和信誉的法人充当做市商，不断地向投资者提供买卖价格，并按其提供的价格接受投资者的买卖要求，以其自有资金和证券与投资者进行交易，从而为市场提供即时性和流动性，并通过买卖价差实现一定的利润。

2. 做市商制度分类

- 传统做市商制度与混合做市商制度。
- 竞争性做市商制度与垄断做市商制度。

3. 做市商制度的优势

- 市场实时可看到做市商报出的相对公允的价格参考，能促进价格发现。
- 做市活动可以提高订单成交效率，增加市场的流动性。
- 做市商天然具备熨平股价的作用，在一定程度上可以做到防止暴涨暴跌。

4. 做市商制度的基本设计原则

(1) 采用传统竞争性做市商制度。

- 竞争性做市商制度：由两家以上做市商为一家挂牌公司做市。
- 传统做市商制度：做市转让撮合时间内，投资者之间、做市商之间不能成交。
- 允许做市商间盘后通过互报成交确认方式调节做市库存股票。

（2）成交原则——引入撮合机制。

- 投资者和做市商之间按价格优先、时间优先原则自动撮合成交。
- 成交价均以做市申报价格为准。

（3）做市商管理——适度从紧。

- 对做市商初始库存股来源、初始数量、做市期限、持续报价时间、买卖价差等均做了量化规定。
- 明确细化了做市商重点监控内容，防止做市商出现违规行为。

（4）做市转让方式：应当有两家以上做市商为其提供做市报价服务；申请挂牌公司股票拟采取做市转让方式的，其中一家做市商应为推荐其股票挂牌的主办券商或该主办券商的母（子）公司。

5. 做市方式转换为竞价或协议方式

- 做市方式转化为竞价或协议方式：挂牌公司应事前征得该股票所有做市商认可并经本公司同意。
- 做市强制变更协议：做市商不足两家，且未在30个转让日内恢复为两家以上做市商的，如挂牌公司未提出变更申请，则其转让方式将强制变更为协议转让方式。

6. 做市转让方式的委托与申报

（1）委托类型。投资者可以采用限价委托方式委托主办券商买卖股票。

（2）申报时间。全国股份转让系统接受申报的时间为每个转让日的9:15~11:30、13:00~15:00。

（3）做市申报类型。

- 做市转让时间内，全国股份转让系统接受主办券商的限价申报、做市商的做市申报。做市申报是指做市商为履行做市义务，向全国股份转让系统发送的，按其指定价格买卖不超过其指定数量股票的指令。

- 做市商提交新的做市申报后，前次做市申报的未成交部分自动撤销。

注意：即使新提交的仅是单边报价，前笔申报的未成交部分（包括买卖两个方向）也均会被自动撤单。例如：做市商提交了一笔双向报价，买单成交了，卖单没有成交。然后重新提交了新的买入单向报价，之前的未成交的卖单也会被直接自动撤单。

7. 成交的基本制度

（1）做市转让撮合时间。每个转让日的9:30~11:30、13:00~15:00为做市转让撮合时间。

注：9:15~9:30，系统接受限价申报、做市申报，但不对申报进行撮合成交。

（2）传统做市商制度。仅限价申报与做市申报之间可以成交；限价申报之间、做市申报之间不能成交。

（3）成交原则。

1）限价申报到价即成交。对于高于等于卖出做市申报的投资者买入申报，或是低于等于买入做市申报的投资者卖出申报，全国股份转让系统自动将其与做市申报撮合成交。做市商对上述报价负有成交义务。

全国股份转让系统对到价的限价申报即时与做市申报进行成交；如有两笔以上做市申报到价的，按照价格优先、时间优先原则成交。成交价以做市申报价格为准。

例如：① 做市商001：成交2000股，成交价18元。

② 做市商002：成交2000股，成交价18元（同一价格、时间优先）。

③ 做市商003：成交1000股，成交价17元（价格优先）。

有两笔以上做市申报到价的，按照价格优先、时间优先原则成交，成交价以做市申报价格为准。

2）做市商更改报价使限价申报到价。限价申报未到价时，做市商不负有成交义务。

因做市商更改报价使限价申报到价的，全国股份转让系统按照价格优先、时间优先原则将到价限价申报依次与该做市申报进行成交。成交价以做市申报价格为准 。

但限价申报未到价，做市商不负有成交义务；做市商有意愿与投资者订单成交，可以更改报价，使限价申报到价。

例如：①投资者订单005：成交2000股，成交价15.5元（价格优先）。

②投资者订单002 ：成交2000股，成交价15.5元（同一价格、时间优先）。

③投资者订单003 ：成交1000股，成交价15.5元。

做市商更改报价使投资者订单进入成交范围的，到价投资者订单按照“价格优先、时间优先”原则与其成交，成交价格以做市商报价为准。

（4）成交流程。

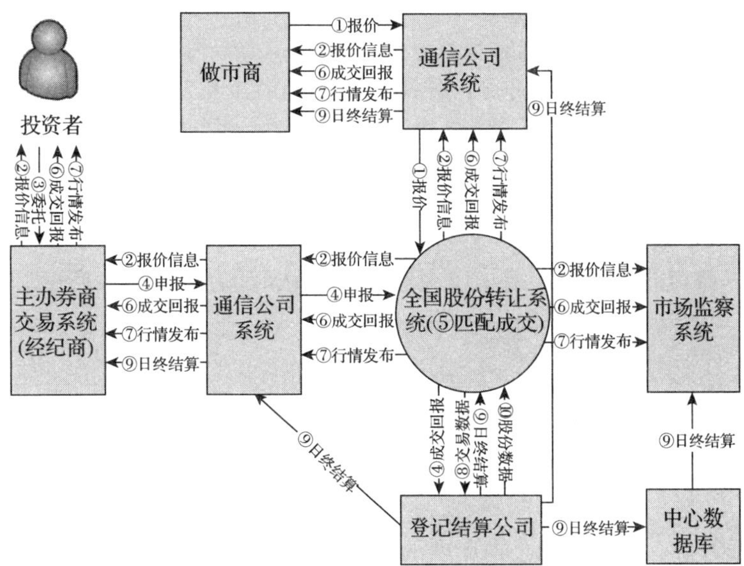

（5）成交时间安排。做市转让方式只有一个成交原则：全国股份转让系统对到价的限价申报即时与做市申报进行成交；如有两笔以上做市申报到价的，按照价格优先、时间优先原则成交。做市商更改报价使限价申报到价的，全国股份转让系统按照价格优先、时间优先原则将到价限价申报依次与该做市申报进行成交。

9:30 前只收单、不处理，申报顺序不做调整。

自 9:30 开始，按照订单申报时间顺序，逐笔处理做市申报和限价申报。

（6）即时行情。即时行情，主要是向全市场提供的行情。每个转让日 9:30开始发布即时行情，其内容主要包括证券代码、证券简称、前收盘价、最近成交价、当日最高价、当日最低价、当日累计成交数量、当日累计成交金额 、做市商实时最高 3 个价位买入申报价格和数量、做市商实时最低 3 个价位卖出申报价格和数量等。

注：做市转让撮合时间内，行情系统揭示的 3 档买卖盘信息均是做市商做市申报的信息，由于做市商只能与投资者成交，做市商之间不能成交，行情可能会出现价格倒挂情况，如买一价格高于卖一价格。

（7）做市商间转让。接受申报和成交确认时间：15:00 ~ 15:30；接受申报类型：成交确认申报。

注：15:00 ~ 15:30，如果做市商报出做市申报、主办券商报出限价申报会立即撤单返回。

申报数量：买卖挂牌公司股票的申报数量应当为 1000 股或其整数倍。卖出股票时，余额不足 1000 股部分，应当一次性申报卖出。

注：买入成交确认申报的申报数量不作任何限制。

成交原则：全国股份转让系统对证券代码、申报价格和申报数量相同，买卖方向相反，指定对手方交易单元、证券账户号码相符及成交约定号一致的做市商成交确认申报进行确认成交。

成交流程：

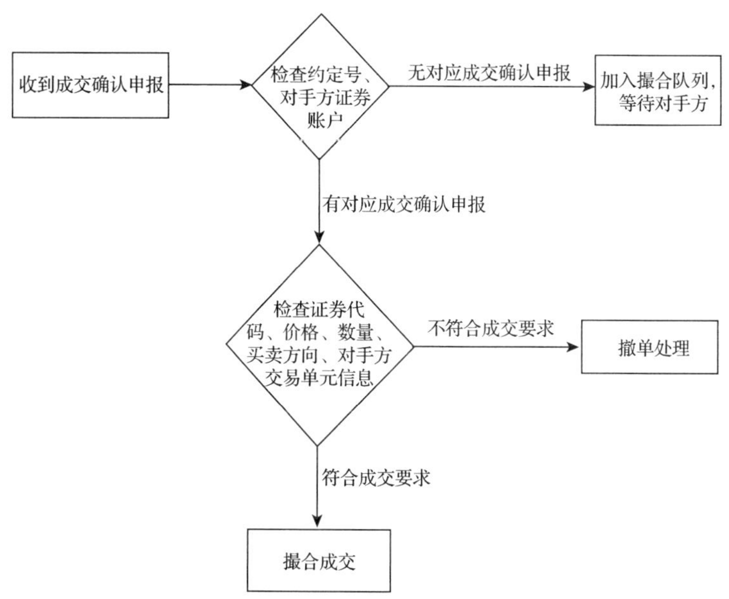

成交价格限制：成交价格应在该股票当日最高、最低成交价之间；当日无成交的，其成交价格不得高于前收盘价的110%且不低于前收盘价的90%。

回转交易限制：15:00～15:30，做市商当日从其他做市商处买入的股票，买入当日不得卖出。

行情信息处理：做市商间转让不纳入即时行情和指数的计算，成交量在每个转让日做市商间转让结束后计入该股票成交总量。

转让公开信息：每个转让日做市商间转让结束后，全国股份转让系统公司逐笔公布做市商间转让信息，包括证券名称、成交量、成交价以及买卖双方做市商的名称等。

（三）竞价转让方式

由于企业采取竞价转让所需条件尚未由股转系统制定完毕，所以当前新三板市场采取的转让方式只有做市转让及协议转让，竞价转让预计将在未来推出。